"十三五"国家重点出版物出版规划项目

中国经济治略丛书

国家社会科学基金一般项目14BJY164

公平、效率、国际竞争力原则博弈下的个人所得税改革研究

Study on the Reform of Personal Income Tax under the Gaming of Equity, Efficiency and International Competitiveness Principles

李 文 著

中国财经出版传媒集团

经济科学出版社
Economic Science Press

图书在版编目（CIP）数据

公平、效率、国际竞争力原则博弈下的个人所得税改革研究/李文著．—北京：经济科学出版社，2020．5
（中国经济治略丛书）
ISBN 978－7－5218－1406－4

Ⅰ．①公…　Ⅱ．①李…　Ⅲ．①个人所得税－税收改革－研究－中国　Ⅳ．①F812．424

中国版本图书馆 CIP 数据核字（2020）第 047259 号

责任编辑：于海汛　冯　蓉
责任校对：蒋子明
责任印制：李　鹏　范　艳

公平、效率、国际竞争力原则博弈下的个人所得税改革研究
李　文　著
经济科学出版社出版、发行　新华书店经销
社址：北京市海淀区阜成路甲 28 号　邮编：100142
总编部电话：010－88191217　发行部电话：010－88191522
网址：www.esp.com.cn
电子邮箱：esp@esp.com.cn
天猫网店：经济科学出版社旗舰店
网址：http：//jjkxcbs.tmall.com
北京季蜂印刷有限公司印装
710×1000　16 开　15.5 印张　260000 字
2020 年 7 月第 1 版　2020 年 7 月第 1 次印刷
ISBN 978－7－5218－1406－4　定价：56.00 元
（图书出现印装问题，本社负责调换。电话：010－88191510）

总序

经过了30多年波澜壮阔的改革开放，中国的经济建设成就辉煌、举世瞩目。然而在欣喜之余，我们却蓦然发现，资源枯竭、环境恶化、发展失衡、矛盾凸显……如何克服这些困扰从而实现强国之梦？这已经成为每一位中国人时常思考的问题。作为在中国这片热土上成长起来的经济学者，汲取着经济腾飞的红利，享受着承平盛世的幸福，自然不敢也不该忘忧祖国的困境。总结、梳理我们的经验，守护、完善我们的制度，恪守、坚持我们的目标，均构成了中国经济学者义不容辞的责任与担当。

然而，经济系统纷繁复杂、新生现象如火如荼、现实问题无限细分，利益主体盘根错节，我们既无心更无力全面而深入地分析中国经济所面临的每一个问题。但是，我们深信躬身学习是崛起之道、强壮自身是发展之本。因此，我们选择了美国贸易竞争力、新政治经济学、品牌经济学、中国宏观金融风险、企业出口市场选择、人民币汇率、税收以及收入分配制度改革、“三农”问题等专题，出版了这套《中国经济治略丛书》，希望既能探寻学术研究的科学之道，又能落脚经济学的基本原则——经世济民，竭力让学术探索回归其普惠大众的终极功能。我们试图剖析、破解约束中国经济发展的上述一系列难题，为实现中华民族的振兴之梦贡献自己的绵薄之力。

诚然，囿于时间、知识以及能力，错误与不足之处在所难免，恳请各位前辈后学不吝赐教，以期抛砖引玉，激发对中国经济问题的更多分析或关注。最后，我们感谢所有参与丛书编写工作的专家学者，感谢经济科学出版社总编辑吕萍女士以及其出色的工作团队。

李长英

2016 年仲秋

前言

改革开放40余年来，随着市场化进程的日渐深化，我国的基尼系数持续维持高位，个人收入差距较大，因此，作为政府重要再分配工具的个人所得税被寄予了厚望。但是，政府的目标是多元化的，除了努力缩小收入分配差距之外，在一个全球化的开放环境中，还不得不考虑促进经济增长和提高本国在国际经济体系中的竞争力。所以，我国个人所得税制度的改革就不能仅仅囿于公平的视角，而应当是一个公平、效率和国际竞争力原则博弈下的过程，而本书正是围绕这个主题实施了研究，最终提出了我国个人所得税改革中各原则的定位方针及我国个人所得税的改革取向。

本书的主体分为8个部分：第1部分探讨了公平、效率、国际竞争力原则在个人所得税改革中的定位和相互影响；第2部分在第1部分一般分析的基础上，分别对福利国家的二元所得税、发展中国家的单一税、传统的综合所得税等不同课征模式的个人所得税进行了案例分析；第3部分研究了不同时期我国个人所得税产生和演进中对公平、效率和国际竞争力原则的权衡；第4部分使用宏观数据对我国个人所得税的公平效应进行了定量分析；第5部分使用微观数据对我国个人所得税的公平效应进行了定量分析；第6部分对我国个人所得税的效率效应进行了定量分析；第7部分对不同原则对我国个人所得税制度的要求、各原则定位的一般约束进行了探讨；第8部分在前述分析的基础上，阐释了公平、效率、国际竞争力原则在我国个人所得税改革中的定位，提出了个人所得税改革的具体取向，并探讨了改革的配套措施。

本书的主要观点如下：

①在个人所得税制度的设计中，公平原则虽然非常重要，但其与效率、国际竞争力原则是存在相互博弈的。这些税制原则对税制的具体要求有部分相同之处，但也存在较多差异，因此需要政府对各原则实施排序定位和协调。鉴于上述原因，个人所得税的改革不能一味强化公平，而是一个公平、效率、国际竞争力原则博弈和协调的综合过程。

②公平、效率、国际竞争力原则在一国个人所得税改革中的定位受社会经济发展阶段、国内市场规模、政府偏好、国际环境、临时性社会经济形势等多种因素的影响，存在收入约束、税源约束、征管约束和路径依赖约束，而纳税人的主观意愿也会对公平原则的强化构成约束。所以，不同国家在不同的发展阶段倾向于不同的税制原则排序，个人所得税也因此存在综合所得税、二元所得税和单一税等税制原则定位存在一定差异的不同课征模式。

③个人所得税是政府实施收入再分配的重要工具，但并非唯一工具。若将视野扩大到整个税收制度的范畴，个人所得税的再分配职能在一定程度上能够被特别消费税和财产税等税种补充甚至部分替代；若将视野扩大到整个财政政策范畴，则除了税收政策之外，财政支出政策也具有较强的收入分配调节能力，因此，当个人所得税的收入分配职能因囿于各类限制而无法充分发挥时，通过制度设置使得财政支出政策和税收政策在再分配领域密切配合也是一种解决之道，此时仅仅将个人所得税视为整体再分配财政政策的一个有机组成部分即可。我国作为一个发展中国家，尤其应当从这个视角认识个人所得税的再分配职能。

④纳税人的主观感受和认知对个人所得税的公平和效率均有影响。首先，参照依赖、锚定效应、损失厌恶、心理核算、对概率的感觉偏差、框架效应等均会影响民众对强化税制的公平功能

的接受程度，可能导致对公平取向的税制结构改革的主观因素抵触，而民众的主观公平感也可能对再分配税制改革的被接受程度构成影响；其次，纳税人对自身个人所得税税负的准确认知与否会显著影响个人所得税对劳动供给的效应，个体税收认知与个人所得税降低一定幅度后增加工作时间之间存在非常显著的正相关关系。

⑤我国现行个人所得税制度的再分配能力有限，原因并非个人所得税的累进性低，而是个人所得税的平均税率过低。换言之，我国个人所得税制的累进性已经很高，个人所得税再分配效应较差的原因是收入规模过小。2019 年的个人所得税改革提高了税制的累进性，但平均税率的大幅降低抵消了累进性的提高，进而削弱了税制的再分配能力。

⑥我国当前的个人所得税改革应当将公平置于各原则的首要位置，但是这种前置是存在约束的， 方面受到税源、税收征管、路径依赖等“客观界限”的限制，另一方面受到决策者不得不重视效率和国际竞争力原则的“主观界限”的限制，因此，在个人所得税改革中，公平原则对效率原则和国际竞争力原则的冲击应当是有限的，这就限制了公平原则对个人所得税的影响。

⑦我国个人所得税改革的基本思路是：税负适当，累进程度适当，完善与简约并举。具体的制度设计取向是：继续优化分类综合课征模式；课税单位仍保持为个人；拓宽税基；设定科学的费用扣除额；适当降低最高边际税率，缩减税率级次；适当细化税收优惠政策。在改革税制的同时，还应当强化税收征管，并采取措施减少纳税人对改革的主观抵触。

CONTENTS 目录

第 1 章

引　言

1.1　问题的提出

随着我国经济的快速发展，在人均收入迅速提高的同时，个人收入差距也在不断拉大，据国家统计局数据，2003 年以来我国的基尼系数多年在 0.47 之上，2018 年虽有所下降，但仍高达 0.468（中国统计出版社、国家统计局住户调查办公室，2019），超过了国际公认的警戒线 0.4。市场经济本身无法解决收入分配问题，单纯的市场经济必然导致禀赋、机遇等不同的个人获得的收入差异较大，因此，对于收入分配差距问题，政府的介入是一个必然选项。在政府的政策工具中，税收和转移支付是非常重要的两个选择，而个人所得税又在再分配税收政策中承担着重要角色。

但是，纵观各国个人所得税的发展轨迹，会发现某些个人所得税的重大改革措施似乎并未充分体现公平原则，甚至还明显违背公平原则。这种现象表明，公平虽然是个人所得税所追求的重要原则，但其可能会受到其他原则的制约。那么，在个人所得税的演进过程中，公平原则的地位如何？个人所得税改革还可能会受其他哪些原则的影响？这些原则与公平原则的关系如何？这都是亟待理清的课题。

在早期的经济学文献中就有税收原则的踪迹，如威廉·配第提出的公平、简便、节约原则，亚当·斯密提出的平等、确定、便利和最小征收成本原则，瓦格纳提出的财政政策原则、国民经济原则、社会正义原则和税务行政原则，以及马斯格雷夫提出的税收公平、最小行政成本和最小负激励原则。这些原则概括起来，除了税制的基本原则——收入原则外，基本聚焦在了公平和效率这两方面。而随着全球化进程的深入，生产要素在国与国之间流动的壁垒日益弱化，要素在国际间的流动性越来越强，税收政策又承担了吸引生产要素流入和遏制生产要素流出的责任，国际竞争力原则也日益受到重视。个人所得税作为整体税制的一部分，在其制度设计中，也不可避免地面临公平、效率、国际竞争力原则之间的博弈和妥协问题。

由于收入差距较大，我国的个人所得税在收入分配调节方面被寄予厚望，但是，在个人所得税的改革中，公平原则虽然重要，但并非唯一需要关注的问题，在个人所得税努力强化公平效应的同时，也需要考虑其对效率和国际竞争力的影响。在我国个人所得税的改革过程中，若不能对公平、效率、国际竞争力进行适当的协调，则最终的税制将会对社会经济的发展造成负面影响。

本书拟在对公平、效率、国际竞争力原则对税制的基本要求实施分析的基础上，探讨这些原则在个人所得税制度设计中的定位规律，随后对我国个人所得税制的公平、效率效应进行评价，并阐述我国个人所得税改革中诸原则定位的约束，最后就我国个人所得税的改革取向进行探讨。

1.2 研究框架及内容

本书的分章节内容概括如下。

第1章为引言，阐释了问题的提出，并对整体研究框架及内容进行了介绍。

第2章探讨了公平、效率、国际竞争力原则在个人所得税改革中的定位和相互影响。在这一章，首先从概念界定、对税制的具体要求、定位的影响因素等方面对公平、效率、国际竞争力原则的基本问题进行了辨析，其次分别从个人所得税产生及发展的视角、经济发展水平约束的视角分析了上述原则在个人所得税制设计中的定位和相互博弈及协调。

第3章在第2章一般分析的基础上，分别对福利国家的二元所得税、发展中国家的单一税、传统的综合所得税等不同课征模式的个人所得税进行了案例分析，以进一步探讨不同社会经济背景下个人所得税制度设计对公平、效率和国际竞争力原则的定位和诸原则之间的博弈及协调。

第4章将中华人民共和国成立后我国个人所得税的发展分为了1949～

1977年、1978~1993年、1994年至今三个时期，分析了不同时期我国个人所得税的产生和演进中对公平、效率和国际竞争力原则的权衡。

第5章使用宏观数据对我国个人所得税的公平效应进行了定量分析。本部分测算了我国城镇居民个人所得税的实际征收额、地上名义征收额及包含地下收入的全部征收额下的再分配效应，并对我国个人所得税的名义再分配效应和实际再分配效应进行了评价。

第6章使用微观数据对我国个人所得税的公平效应进行了定量分析。本部分从评估我国2019年个人所得税改革对公平效应影响的视角，估算了旧税制、新税制（不扣除专项附加扣除）、新税制的公平效应，对其进行了比较，并对成因进行了分析。

第7章对我国个人所得税的效率效应进行了定量分析。由于我国现行个人所得税在效率方面的效应主要体现在对私人劳动供给的影响方面，因此本章利用调查问卷数据，采用似不相关双变量 Probit 模型对个人所得税给私人劳动供给造成的影响进行了实证研究。

第8章分别从收入约束、税源约束、征管约束和路径依赖约束对我国个人所得税改革中公平、效率、国际竞争力原则定位及其对个人所得税要求的约束进行了探讨，并依据行为经济学理论定性分析了纳税人主观意愿对我国个人所得税公平原则强化的约束，以及基于调查问卷数据的实证研究。

第9章在前述分析的基础上，探讨了公平、效率、国际竞争力原则在我国个人所得税改革中的定位，提出了个人所得税改革的具体取向，并探讨了个人所得税改革的配套措施。

1.3 创新之处

本书的创新之处在于以下几个方面。

（1）研究视角的创新。现有文献一般分别关注个人所得税的再分配效应或个人所得税对效率的影响，而本书从公平、效率、国际竞争力原则在个人所得税制度设计中的博弈和协调切入，提出个人所得税的改革是一个公平、效率、国际竞争力原则博弈的综合过程，有利于对我国个人所得税改革的取向做出更加准确全面的分析和判断。

（2）理论外延的创新。本书将行为经济学的前景理论和主观公平感纳入了理论分析框架，打破了个体理性人假设，就纳税人主观意愿对个人所得税公平原则强化的约束建立了理论分析框架，并依据调查问卷数据实施了实证分析，使得研究结论和政策建议更加切合现实。同时，还依据调查问卷实证分析了个人对个人所得税的主观认知对私人劳动供给效应的影响。

（3）研究方法的创新。本书在对个人所得税对私人劳动供给的影响进行分析时使用了似不相关双变量 Probit 模型；在对主观公平感对再分配税制改革接受程度的影响进行分析时使用了结构方程模型（SEM）的 PA－OV 模型和定序 Logit 模型实施分析，而上述方法在与本书研究主题相关的文献中尚未发现。此外，本书在对个人所得税的再分配效应进行测算时，考虑了个人所得税实际征收额、地上收入名义征收额和包括地下收入的全部名义征收额的区别，区分了个人所得税的实际再分配效应和不同名义再分配效应，这也是现有文献所未做到的。

第 2 章

公平、效率、国际竞争力原则在个人所得税改革中的定位和协调

公平、效率、国际竞争力原则均有自身特定的内涵，它们对总体税负、税率、税基、税收优惠、税制结构、税制特点等也各有不同要求。在个人所得税制度的设定过程中，公平、效率、国际竞争力原则如何排序会受到诸多因素的影响。

2.1 公平、效率、国际竞争力原则辨析

2.1.1 公平、效率、国际竞争力原则界定

税制的公平、效率、国际竞争力原则各有其丰富含义和具体要求。

2.1.1.1 公平原则

公平原则的产生远晚于税收的出现。当税收的征收依附于封建等级制度时，税收的缴纳是没有公平这个概念的。封建社会后期，当君主肆意课税阻碍了新兴资本主义的发展时，资产阶级的反抗促成了社会契约论的产生。所谓社会契约论，即认为公民让渡一部分权利给国家，而国家应当保护公民的生命、自由和财产权利，因此，纳税人的税收支付不再是绝对无偿的，而是为政府提供的公共品给付的税价。既然税收是公共品的价格，则税款的公平支付就进入了人们的视线。

早期的税制公平标准是受益原则，即税额应当依据纳税人从政府供给

的公共品中获得的受益高低来确定。这种公平观念与私人品市场类似，但公共品的供给和获得与私人品差异很大，从公共品中获益最大的往往是缺乏劳动能力的低收入者，若遵循受益原则的要求，这些弱势群体应当承担更高的税负，这显然与社会民众能够接受的伦理道德和公平观念相悖，受益原则也因此受到诟病。

随后的税制公平标准转变为支付能力原则，即税收的给付应当依据纳税人支付能力的高低，拥有同样支付能力的纳税人应当承担相同的税负，而拥有不同支付能力的纳税人应当承担不同的税负，且其税后的相对福利水平仍与税前相同，这就是支付能力原则下的横向公平（horizontal equity）和纵向公平（vertical equity）。支付能力原则避免了受益原则下低收入者可能要承担更多税负的悖论，看似更加公平。但是，支付能力原则产生于政府职能范围较窄的小政府时代，在当时，纳税人从政府供给的公共品中的获益相对较小，因此考虑公平标准时即使忽略不计也没有过多偏差。但在政府职能范围日益广泛，公共品占全部社会最终产品份额相当可观的当今，完全漠视纳税人从公共品中的获益也存在片面之处。

而不论是受益原则，还是支付能力原则，均存在对受益程度或支付能力大小的衡量标准问题，即能代表受益程度和支付能力的指标是什么？同时，对于受益程度或支付能力不同的纳税人，其缴纳税收的差异程度如何确定，即应当按照累进、比例还是累退税率课税也是一个问题。确定受益程度或支付能力的衡量指标即是确定税基，对此有各种不同意见，收入、消费和财产均被纳入了考虑范围，而这几种衡量指标均有其优点，也各有缺陷，因此现实中所得税、消费税（货物与劳务税）、财产税互为补充；而对于税率结构，虽然从理论上分析，在不同的条件下，累进、比例、累退税率都可能是最公平的，但由于在现实经济中实施精确的定量分析几无可能，因此，一般默认累进税率是最公平的。

由此可见，所谓税收的公平在理论上并没有一个一致同意的客观标准，而只是将大致的横向公平和纵向公平作为一个基本的原则，并更多依据直觉将累进税率作为较为公平的税率结构。现实中的公平往往被理解为政府通过一定的税收制度，将资源从高收入者转移给低收入者，从而减少收入分配差距，弥补市场的初次分配缺陷。

2.1.1.2 效率原则

一般而言，效率原则主要包括两个方面：最低的超额负担和最小的征纳成本。

（1）最低的超额负担。超额负担即税收导致的效率损失，所谓最低的超额负担，指税制应当尽量中性，即避免或减少对资源配置造成扭曲，从而使效率损失最小。在税前的均衡条件下，不同产品之间、闲暇和工作之间、消费和储蓄之间均达到了边际替代率等于边际转换率的帕累托最优条件，若税收的征收不破坏这些帕累托最优条件，就不会导致效率损失。而收入效应不会导致效率损失，只有替代效应才会导致效率损失。

在局部均衡框架下，是有可能避免效率损失的。如在产品市场中，对所有商品课征一般消费税，由于这种税是普遍征收且税率相同，不同商品之间的相对价格不会改变，此时只有收入效应，没有替代效应，商品之间的边际替代率不变，仍等于边际转换率，帕累托条件未被破坏，就没有效率损失。同样，在劳动力市场中，若不论工作与非，均对纳税人征收数量相同的税收，则同样不会产生替代效应，也不会有效率损失。

但是，不论是所得税还是消费税（货物与劳务税），在一般均衡框架下，均无法做到不破坏任何一个帕累托最优条件，从而完全中性的税收是不存在的，因此，现实中的税收效率原则，是在完全中性不存在的前提下，尽量降低税收的效率损失。

个人所得税所导致的税收效率损失用公式可以表示为：

$$EL = \frac{1}{2}t^2 \cdot \eta_{cs} \cdot L \cdot w$$

其中，EL 为税收导致的超额负担，t 为税率，η_{cs}为劳动的补偿供给弹性，L 为劳动时间，w 为工资率。由此可见，所得税的超额负担与税率的平方、劳动的补偿供给弹性、劳动时间和工资率成正比，其中，税率水平对超额负担的影响强度最大。

与所得税类似，消费税（货物与劳务税）所导致的效率损失为：

$$EL = \frac{1}{2}t^2 \cdot \eta_{cd} \cdot P \cdot Q$$

其中，η_{cd}为商品的补偿需求弹性，P 为商品的价格，Q 为商品的需求量。因此，消费税（货物与劳务税）所导致的超额负担与税率的平方、商品的补偿需求弹性、商品价格和商品的需求量成正比，税率水平对超额负担的影响强度同样最大。

（2）最小征纳成本。征纳成本包括两部分：税务当局的税收征收成本和纳税人的税收遵从成本，征纳成本的高低在很大程度上取决于税制和税收征管程序规定。就税制而言，首先，简单的税制其征纳成本更低，若税制规定相对简单，则税收征纳双方的税制学习成本就较低，税务当局的税制监督执行成本和纳税人履行纳税义务的成本也较低；其次，透明的税制其征纳成本更低，一个相对透明的税制会较明确地降低因模糊而产生的交易费用，从而节约征纳成本；最后，稳定的税制其征纳成本更低，一个相对稳定的税制一方面能降低征纳双方的税制学习成本，另一方面能遏制由于税制变换过于频繁而可能导致的征纳双方操作失误所带来的成本。

在现实中，税收的效率原则往往具体体现为尽量不扭曲纳税人的行为、不扭曲资源配置，从而不阻碍经济增长。

2.1.1.3 国际竞争力原则

在全球化的今天，资本与劳动力的流动常常是跨越国界的，尤其是资本，其在全球的流动基本上是没有壁垒的。鉴于资本逐利的本性，其追求的是最高的净回报，因此，税制也成为其确定落脚地的重要因素。资本所偏好的税制一般具有如下特点。首先，税收负担低。税收成本是企业成本的重要组成部分，税负与净利润存在此消彼长的关系，低税负意味着高回报，资本自然是喜欢税负低的地方。其次，税制简便、透明且稳定。如前所述，透明且稳定的税制虽然不能降低税负，但却能够降低交易费用、学习成本和失误成本，同时，透明稳定的税制还能够大大降低不确定性，有利于正确决策的制定，从而变相提高收益。最后，高比较税收利益。高比较税收利益指，若资本在一国或一国的某些区域能够在税制方面享受超国民待遇，则其在市场竞争力方面就会获得较普遍的一般性低税负更高的利益。如，若一国对外资实行较本土资本更低的税负，则与内外资企业实行统一的普遍低税负相比，外资企业会由于更低的税负而较本土企业具有更强的竞争力，从而在市场竞争中占据更多的优势。

综上所述，若一国的税制符合资本的偏好，则税制的国际竞争力就较强，就更有利于吸引外资进入本国，或阻止本国资本外流。

2.1.2 公平、效率、国际竞争力原则的具体要求

公平、效率、国际竞争力均为重要的税收原则，但由于各自的目的不同，其对税制的具体要求也有所不同，甚至存在较大差异。表2-1显示了这三个原则在总体税负、税率、税基、税收优惠、税制结构和税制特点等方面对税制的要求。

表2-1 公平、效率、国际竞争力原则的要求

原则	总体税负	税率	税基	税收优惠	税制结构	税制特点
公平	高收入者高水平，低收入者低水平	最高边际税率较高、税率级次较多	宽广	照顾性优惠	一般偏好直接税	相对复杂、动态调整
效率	低水平	低水平，级次较少	宽广	摈弃优惠	偏好税基较宽、征管和缴纳简便的税种	简便、透明、稳定
国际竞争力	低水平	低水平，级次较少	狭窄	鼓励性优惠	以一般消费税替代特别消费税，有时存在一定的间接税替代直接税的趋势*	简便、透明、稳定

注：*一般消费税替代特别消费税是一个普遍要求，但对于直接税与间接税比重的变化，不同国家的状况则较为不同，这主要与各国的初始税制结构不同有关。对于大部分发达国家而言，其所得税等直接税比重过高，对吸引税基的负向影响明显，为了提高税制的国际竞争力，可能会以间接税替代直接税（当然，在税制设计的主观意图上可能如此，但在税收数量的客观表现上不一定这样），但对于原本直接税比重较小、间接税比重较大的大部分发展中国家而言，往往不存在这种现象。

2.1.2.1 公平原则的具体要求

第一，在总体税负方面，公平原则一般要求高收入者承担较高税负，低收入者承担较低税负，以此来体现支付能力原则，并结合转移支付政策实现收入的再分配。

第二，在税率方面，公平原则要求较高的边际税率和较多的税率级次，即较高的累进性。较高的边际税率意味着更高的调节力度，而较多的税率级次则能够实现对不同收入级次纳税人和不同特征课税对象更加细致的差别对待，提高税制对收入再分配的灵敏度。

第三，在税基方面，公平原则一般要求将更广泛的课税对象纳入调节范围，以避免因某些应税对象未被纳入课税范围而导致税收调节范围缺失，不同纳税人或不同课税对象税负出现差异，进而损害公平的现象。

第四，在税收优惠方面，公平原则偏好多层次、多种类的税收优惠，以对不同的纳税人和课税对象施加细致的差别待遇。税收优惠政策就其目的而言，可以分为鼓励性税收优惠和照顾性税收优惠两类，公平原则偏好的往往是对某些特定纳税人和课税对象的照顾性税收优惠。

第五，在税制结构方面，公平原则更加关注具有较为直接和明确收入再分配效应的直接税，尤其是个人所得税，进而要求提高这类税种的收入比重。

第六，在税制特点方面，由于公平原则所要求的前述多级复杂税率及大量税收特别优惠条款的存在，税制相对复杂，且为了适应社会经济情况的不断变化，税制往往处于相对频繁的动态调整之中。

2.1.2.2 效率原则的具体要求

第一，在总体税负方面，效率原则要求低水平的总体税负。由于税收的超额负担与税负的平方成正比，高水平的税负对经济效率损害严重，因此效率原则偏好尽量低的总体税负。

第二，在税率方面，一方面，高税率所导致的较大的税楔（tax wedge）会降低劳动者的劳动供给偏好，扭曲消费者的消费行为，从而导致高额的超额负担，因此，效率原则要求降低税率水平；另一方面，为了削弱差别税率所引发的替代效应，效率原则更倾向于级次较少甚至单一水平的税率。总体而言，效率原则要求较低的累进性。

第三，在税基方面，效率原则要求将尽可能广泛的纳税人和课税对象纳入税收调节范畴，以消除税收待遇不同所导致的替代效应，避免超额负担的产生。

第四，在税收优惠方面，同样为了消除差别税负所导致的替代效应，效率原则要求尽量摈弃各类税收优惠。

第五，在税制结构方面，效率原则偏好税基宽广、征管和缴纳简便的税种。究其原因，首先，税基宽广一方面意味着在同样的税收总额限制下的较低税率，另一方面则意味着税制的中性，这两方面都会直接降低效率损失；其次，征管和缴纳简便的税种能够直接提高税收的行政效率。

第六，在税制特点方面，效率原则要求税制简便、透明和稳定，以降低征纳双方的涉税费用。

2.1.2.3 国际竞争力原则的具体要求

第一，在总体税负方面，国际竞争力原则与效率原则同样要求低水平的总体税负，但其目的却是提高税制对资本及高水平劳动力的吸引力，而非降低税收的超额负担。同时，国际竞争力原则有时倾向于给予外资更低的税收负担。

第二，在税率方面，同样为了提高对资本和高水平劳动力的吸引力，国际竞争力原则偏好低水平、级次较少的简单税率。此外，生产要素的国际流动性越高，国际竞争力原则越倾向于对其设定更低的税率。

第三，在税基方面，基于低税负的要求，国际竞争力原则倾向于较为狭窄的税基。

第四，在税收优惠方面，国际竞争力原则也倾向于实施较多的税收特别待遇，但其优惠指向与公平原则不同，其偏好于设立针对拟吸引的资本或劳动力的鼓励性税收特别待遇。

第五，在税制结构方面，国际竞争力原则倾向于以一般消费税替代特别消费税，以消除资本较为厌恶的效率损失，并在一定程度上倾向于以有利于出口退税的间接税替代直接税，从而降低资本的税收负担，同时提高出口产品的国际竞争力。

第六，在税制特点方面，同效率原则类似，国际竞争力原则也偏好简便、透明和稳定的税制，因为国际资本和高水平劳动力偏好易于了解和遵从、确定性较强的税收制度。

可以看出，公平、效率、国际竞争力原则在有些方面对税制的要求是相同的，但是却往往基于不同的目的，而在某些方面的要求则截然不同甚至相反，这就要求政府在制定税收政策的时候要综合考虑，适当权衡。

2.1.3　公平、效率、国际竞争力原则定位的影响因素

如前所述，公平、效率、国际竞争力原则对税制的要求是不同的，那么在政府确定税收政策，设立税制时，就面临对这些原则的定位和排序问题。笔者认为，这些原则在税制设定中的影响力取决于多重因素。

2.1.3.1　社会经济发展阶段差异

每个国家所处的发展阶段不同，一般而言，在不同的发展阶段政府会有不同的发展目标。如在人均收入较低阶段，政府的首要目标就是促进经济增长，因此效率往往会被放到公平之前，而为了吸引外部资本流入以填补本国的资本缺口，税制的国际竞争力也会受到重视。在这种情况下，税制的设计就会倾向于相对低的税负、相对扁平的税率结构，在税收总额

中，间接税尤其是一般消费税比重较高，直接税比重则相对较低；随着经济增长步伐的加快，人均收入得到显著提高，个人收入差距也随之拉大，主要矛盾就从经济增长逐渐转变到了缩小贫富差距，此时，政府往往会将公平放到首要位置，效率的地位下降，而增长后的社会经济也为国际资本提供了更好的非税条件，因此税制国际竞争力的重要性程度也随之相对弱化。税制的设计就倾向于对高收入者采用较高的边际税率，实行级次较多的累进税率结构，对个人所得税、财产税等直接税更加重视，税收总额中直接税的比重提高。

此外，不同的发展阶段还在很大程度上决定了不同的税收遵从水平和税收征管水平。首先，发展中国家的税收遵从状况欠佳。国际货币基金组织（IMF）认为，广泛的诚实可信的会计核算和纳税人高水平的自愿遵从是课征个人所得税或其他复杂的现代税种的前提条件。上述条件的缺乏将导致税务当局倾向于规避对个人自我评估及个人自愿遵从要求较高的个人所得税，转而课征易征管的消费税等税收（IMF，1989）。而许多发展中国家的现状是，一方面，地下经济泛滥，同时正规部门中不少经济主体的财务核算水平也较差，另一方面，纳税人的整体税收遵从意愿较低（Sabaini and Jiménez，2012；Kayaga，2007）。其次，发展中国家的税收征管水平也相对不足，税务部门对涉税信息的获取和处理能力不足，这也限制了政府对征管复杂税种的选择。在所有税种中，个人所得税、财产税等直接税的征管对税收遵从状况和税收征管水平的要求较高，因此，发展中国家往往倾向于弱化这些税种，而通过易于征管的间接税获取收入。一般而言，直接税的公平功能体现较为明显，因此，这种限制使得发展中国家政府不得不将公平原则押后。

2.1.3.2 国内市场规模差异

国家的大小不同，国内市场规模就不同，政府的政策目标就会因此有差异。一般而言，相对大国，小国的国内市场规模较小，需要大力开拓海外市场，同时，需要大力吸引外资进入，因此，税制的国际竞争力就会成为头等重要的原则，一些小国甚至不惜成为避税港，以保持经济的繁荣。在这种情况下，税制的设计就会倾向于全面的低税负。而对于大国而言，虽然也存在竞争压力，但是国际竞争力原则的重要性较小国低得多，因此，在对公平、效率、国际竞争力排序时，大国政府较小国政府有更多的回旋余地。

2.1.3.3　政府偏好差异

由于社会经济异常复杂，在政策制定方面，最优决策往往是不存在的，政府一般都是在若干各有千秋的次优决策中选择，此时政府及主要领导人的主观偏好就会起到关键作用。不同的领导人理念不同，信奉的经济理论类型不同，所作的选择就不同。崇尚供给学派理论的领导人可能倾向于效率优先，进而可能通过实施减税来促进经济增长；崇尚凯恩斯主义的领导人由于更注重政府的调控作用，效率原则可能会被后置；更具有平等观念的政党或领导人可能更关注公平原则，从而使得收入再分配措施在税制中得到更多体现。

2.1.3.4　国际环境差异

在全球化的当今，一国的税制不可避免地会受到其他国家税制的影响，当一个与本国具有竞争关系的国家改革税制时，本国税制往往也不得不通过改革加以应对。美国里根政府在 1986 年实施的减税法案就在全球引发了汹涌的减税浪潮。因此，当出现这种国际形势时，一国政府往往也需要在考虑自身状况的基础上，对税制原则的排序实施调整。

2.1.3.5　临时性经济社会形势差异

政府对税制原则一般有一个相对稳定的期限较长的排序规则，但是，当出现短期的社会经济事件，如经济阶段性紧缩时，政府可能会对排序规则进行短期调整。如，自 20 世纪 80 年代中期之后，各国税制基本呈现一种减税趋势，尤其个人所得税更是如此，呈现效率和国际竞争力优先的态势，但是，2008 年金融危机后，为了应对财政收入短缺，一些国家不得不修正了这种趋势，提高了增值税税率，甚至部分国家还提高了个人所得税税率，效率原则的地位有所下降。

2.1.4　公平、效率、国际竞争力原则的长期广泛协调

如前所述，公平、效率、国际竞争力原则对税制的要求存在诸多差异，但是，若调整一下时间和视野，这些原则也有一定的殊途同归的可能。

2.1.4.1　公平、效率、国际竞争力原则的长期协调

若将时间拉长，则税制的公平、效率和国际竞争力原则是可能存在异

曲同工之处的。

效率和国际竞争力原则的长期效果可能促进公平。效率原则强调税制设计应当尽量减少超额负担，从而促进经济增长，经济增长会导致经济总量增加，进而税源规模也会扩大，因此，可以用于财政转移支付的税收收入就会更加可观，从而促进公平。

然而需要注意的是，上述效率和国际竞争力原则对公平和国际竞争力的促进是一种长期的效应。可以看出，效率和国际竞争力对公平的影响是以经济增长作为中介的，而中性的有效率和国际竞争力较高的税收制度虽然对经济增长确实会有积极作用，但其效应应当是长期的，即效率和国际竞争力对经济增长的作用具有一定的时滞，因此，短期内效率和国际竞争力对公平的促进作用可能并不明显。

2.1.4.2 公平、效率、国际竞争力原则在财政领域的协调

税收仅涉及财政收入，若将财政支出政策也考虑在内，则公平、效率、国际竞争力原则可能会在更广阔的范畴内实现协调。

如前所述，一方面，效率和国际竞争力原则能够促进经济增长，进而增加税源，提高税收收入；另一方面，税制中广泛征收、税率统一的较为中性的一般消费税虽然不具有直接的收入再分配职能，但是，其具有强大的收入筹集职能，也能够聚敛大量的税收收入。基于效率和国际竞争力原则而增加的这些税收收入能够为聚焦于收入再分配的财政支出政策提供大量的可用资金，从而实现公平目标。

综上所述，从长期和更宽广的范畴内来看，公平、效率和国际竞争力原则之间也存在一定的相互协调和相互促进的关系，需要引起政府的重视。当然，这种关系的实现需要较为严格的前提条件：第一，效率和国际竞争力原则对经济增长的效应是确定的，若意图通过中性税收政策和税制较高的国际竞争力来促进经济增长的初衷未实现，则效率和国际竞争力对公平的促进恐怕也只能是镜花水月；第二，财政支出政策指向适当，只有基于效率和国际竞争力原则而提高的税收收入切实被使用在了有利于公平的方面，效率和国际竞争力对公平的促进才可能完成。从这个角度而言，税收的公平、效率和国际竞争力原则的协调并不仅仅是一个短期的税收范畴的政策过程，而是一个长期的超税收范畴的决策，需要政府开拓更广阔的视野。

2.2 公平、效率、国际竞争力原则的定位——从个人所得税产生、发展的视角

前文论述了公平、效率、国际竞争力原则的一般含义及政府在税制确立时对上述原则的排序选择，具体到这些原则在个人所得税上的定位，不同的阶段也各不相同。

个人所得税在美国的产生和发展较为典型，因此，本部分以美国个人所得税的产生和发展历程为例来说明不同阶段个人所得税的定位变化。

2.2.1 美国个人所得税的产生和发展简况①

同英国个人所得税的产生原因相同，美国个人所得税的产生源于战争导致的对财政收入的需求。

1812 年美国第二次独立战争爆发，巨额的战争支出对财政收入提出了很高的要求。其时美国的税种较少，主要税收收入来自关税，美国为应对战争采取的措施是将进口关税的税率提高一倍，并开征了消费税。此时有人提出了开征个人所得税的建议，但并未被采纳。这是开征个人所得税的建议第一次在美国被提出。随后，南北战争再次导致同样局面，关税税率被提高一倍，以至于严重阻碍了贸易，进而又反过来影响了关税数量，即使消费税税率也被提高并扩大了征收范围，政府获取的税收收入也仍然无法应付战争导致的巨额债务，于是 1862 年 7 月 1 日林肯总统签署了法案，个人所得税得到了正式实施。随后个人所得税几经调整，至 1872 年法案到期，个人所得税被取消。

1890 年，欧洲撤回在美国的证券投资引发了金融危机，并进而导致“1893 大恐慌”，大量企业破产，工人失业，通货紧缩，经济萧条。在这种背景下，一个对年收入超过 4000 美元者按照 2% 课征个人所得税的修正案被国会通过。当时的美国总统克利夫兰虽然允许个人所得税在没有其签字的情

① 本部分的部分内容根据 Young，Adam. The Origin of the Income Tax [EB/OL]. Mises Institute，2004－07－09. https：//mises. org/library/origin－income－tax.；Turbo Tax. A Brief History of Income Taxes [EB/OL]. 2010. https：//turbotax. intuit. com/tax－tools/tax－tips/General－Tax－Tips/A－Brief－History－of－Income－Taxes/INF18754. html 等资料整理。

况下成功立法，但他是反对个人所得税的，认为这是一个违背美国宪法的税种，这种观点在当时的美国也有一定代表性，一些美国人认为个人所得税侵害了个人的自由。在这种背景下，1895 年最高法院投票表决反对个人所得税。

1908 年西奥多·罗斯福总统批准了个人所得税和遗产税，成为第一个公开建议用政府的政治权力实施再分配的总统。1909 年关于个人所得税的修正案在国会以压倒多数通过，这一修正案于 1913 年 2 月 13 日被最后一个州批准，美国开始重新设立个人所得税，税率为 1% ~7%。随后个人所得税的税率不断提高，第一次世界大战期间的 1917 年为 67%，1918 年则达 77%，收入也不断增加，整个第一次世界大战期间征收了超过 10 亿美元，个人所得税从此成为一个永久性税种。

随后美国个人所得税的税率不断变化，战后先降后升，为了应付大萧条及战争所带来的政府收入减少，最高税率在 1932 年被提高到 63%，在 1944 ~1945 年间达到了 94%。第二次世界大战期间，个人所得税变为了一个普遍课征的税种，工资薪金也被纳入了课税范围。这种改变导致美国的个人所得税纳税人数量快速增加，个人所得税收入也随之水涨船高。1940 年只有不到 1500 万个申报，10 年之后的 1950 年，申报数变为了 3500 万；1939 年个人所得税征收了 10 亿美元收入，16 年后，收入则达到了 190 亿美元。国家发现了最丰厚的税收来源——中产阶层和工作阶层纳税人。

但这种高税率严重影响了经济增长，因此最高边际税率随后开始下降，至 1982 年降为 50%，1986 年里根总统签署了《1986 税收改革方案》(*the Tax Reform Act of* 1986)，将个人所得税最高边际税率降低到了 28%。随后，在布什政府期间，最高税率被提高到 31%，1993 年克林顿政府期间提高到 39.6%，之后又降低到了 35%。受金融危机对财政收入冲击的影响，2013 年个人所得税最高边际税率又被重新提高到了 39.6%。2017 年 12 月，共和党总统特朗普签署了税改法案，2018 年起将个人所得税最高边际税率降低到 37%。

2.2.2 美国个人所得税发展历程中的税收原则

从美国个人所得税的发展历程中可以看出：

第一，公平原则一直是在个人所得税改革过程中贯穿始末的基本原则。如前文所述，美国个人所得税的开征及税率提高一般都是与战争紧密相连的，表面看似乎都是为了满足财政支出的需要，但稍微深入分析，就会发现，公平原则一直贯穿始末。个人所得税的第一次开征始于美国南北战争时期，实行的是1%～7%的7级超额累进税率（Patton，2015），课征对象集中于高收入者，且工资薪金课税被置于课税范围之外，因此，个人所得税的开征一开始就是将为战争筹资与收入再分配联系在一起的。在个人所得税随后的发展过程中，为战争筹资更是成为一些具有公平思想的当政者推行量能负担的再分配思想，打造具有良好再分配功能的个人所得税的契机，他们利用战争这一特殊背景对个人所得税改革限制的弱化，常常将个人所得税的最高边际税率大幅提高，二战期间甚至达到94%的极高水平，使得个人所得税成为收入再分配的强有力工具。

个人所得税的最初采用就是与社会公正的意图紧密联系在一起的，所得税的采用主要是受“民主—中央集权制”（democratic-statism）——一种运用国家权力工具促进民主的社会秩序的思想——的推动，其目标是运用联邦政府的征税权力重构收入和财富的分配（格恩尔曼、高尔曼，2008）。美国1862年个人所得税的第一次实施、1884年的《威尔逊—戈尔曼关税法》（*Wilson – Gorman Tariff Act*）、1913年的《安德伍德关税法》（*Underwood Tariff Act*）、1916年的《税收法》等，均体现了这种思想，美国早期的个人所得税课征范围很窄，一般局限于富人的非工薪收入，因此，其奉行的是“敲富人竹杠”（soak-the-rich）的方针，再分配倾向明显。

在随后的时期中，虽然公平原则不时被削弱，但从来没有被彻底摈弃，即使在第二次世界大战时期个人所得税将工薪所得纳入课税范围，并大幅下调费用扣除额，使广大的中产阶级甚至收入较低者也成为纳税人，其也一直通过超额累进税率及针对中产阶级和较低收入阶层的大量税收特别待遇来使得收入不同的纳税人税负有别。由表2－2和图2－1可见，个人所得税自1917年以来，虽然最高税率水平时有波动，但绝大多数年份都保持在30%以上，超过一半的年份在50%以上，甚至一些年份高于90%，同时，税率一直是累进的，且常常累进级次较多，这说明，公平原则确实是个人所得税演进过程中的主旋律。

表2－2　美国联邦个人所得税最高边际税率的变迁

年份	最高税率（%）	年份	最高税率（%）	年份	最高税率（%）
1862	5	1932	63	1982	50
1894	2	1936	79	1987	38.5

续表

年份	最高税率（%）	年份	最高税率（%）	年份	最高税率（%）
1913	7	1940	81	1988	28
1916	15	1942	88	1991	31
1917	67	1944	94	1993	39.6
1918	77	1946	91	2001	39.1
1919	73	1952	92	2002	38.6
1922	58	1954	91	2003	35
1924	46	1964	77	2013	39.6
1925	25	1965	70	2018	37

资料来源：Tax Foundation. U. S. Federal Individual Income Tax Rates History，1862 – 2013［EB/OL］. 2013 – 10 – 17. https：//taxfoundation. org/us-federal-individual-income-tax-rates-history-1913 – 2013-nominal-and-inflation-adjusted-brackets；Turbo Tax. A Brief History of Income Taxes［EB/OL］. 2010. https：//turbotax. intuit. com/tax-tools/tax-tips/General-Tax-Tips/A-Brief-History-of-Income-Taxes/INF18754. html.

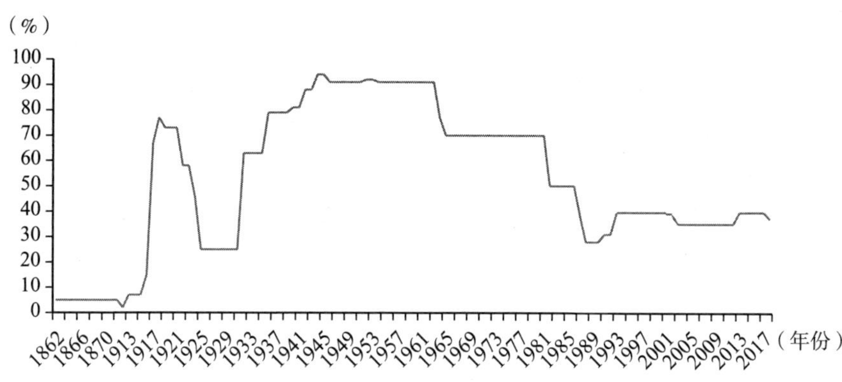

图2－1　美国联邦个人所得税最高边际税率的变迁

资料来源：Tax Foundation. U. S. Federal Individual Income Tax Rates History，1862 – 2013. 2013 – 10 – 17. https：//taxfoundation. org/us-federal-individual-income-tax-rates-history-1913 – 2013-nominal-and-inflation-adjusted-brackets；Turbo Tax. A Brief History of Income Taxes. 2010. https：//turbotax. intuit. com/tax-tools/tax-tips/General-Tax-Tips/A-Brief-History-of-Income-Taxes/INF18754. html.

第二，再分配严重影响经济增长时，效率原则会受到重视。在美国个人所得税的发展历程中，有些时期的政府特别重视其再分配职能，致力于通过个人所得税从富人手中获取大量的财政收入，如1913～1921年间担任总统的民主党的威尔逊就是公平原则的忠实推行者，他担任总统后，借着第一次世界大战需要大量财政资金的背景，将个人所得税的最高边际税率从1913年的7%提高到了1917年的67%和1918年的77%，累进级次也从1913年的7级提高到1917年的21级和1918年的56级（Tax Foundation，2013），最终招致产业界的强烈反对，并因此使民主党在议会和总统选举中失败，随后的共和党政府认为过高的税率会影响投资和增长，从而降低了个人所得税的累进幅度，并出台了一些税收优惠措施。这种“对公平的极端重视导致高税率→阻碍投资和经济增长→效率原则抬头、公平原则被削弱，税率下降”的过程在美国个人所得税发展史上较为典型，当意识到个人所得税对效率的较大损害时，美国就会减税，较近期的包括里根政府1986年的减税法案和特朗普政府2017年提出的减税方案。由表2－2和图2－1可见，美国个人所得税的最高边际税率随时间呈波浪起伏，当税率过高时就有下降的趋势，但税率降低后又往往在一段时间后提高，这种状况显示了效率原则对公平主线的修正。

第三，全球化进程加剧后，国际竞争力原则才受到重视，且其往往与效率原则挂钩。在美国个人所得税产生的早期，是没有国际竞争力原则的观念的。19世纪中后期，美国的主要税种是关税，应付巨额战争支出的重要措施之一就是大幅提高进口关税税率。虽然这导致国际贸易受阻，但美国的产业界和农场主却常常对因此导致的外国商品进口受阻而高兴——当时的国际竞争力实际上是体现在较为狭隘的对本国市场的保护和封闭之上的。随后的全球化进程深入使得资本和高素质劳动力在全球的流动性越来越强，迫使各国政府日益认识到税制国际竞争力的重要性。尤其是在最近几十年间，“税收竞争不断加剧是一个被广泛承认的观点，原来具有竞争力的税负，在经历其他国家一轮轮的税率降低之后，就不再具有竞争力了”（OECD，2008），因此，“今天的财政大臣常常以下面这句话作为他们预算演讲的开始：‘我所提议的措施将会使税制更加具有竞争力……’”（Owens，2005）。美国也感受到了这种竞争，因此也不断对税制实施了修正，由表2－2和图2－1可见，美国自20世纪60年代初起，其个人所得税最高边际税率的总体走势就是降低，这一方面与原有税率过高导致效率原则占上风有关，另一方面就与国际竞争的加剧紧密相连。在里根政府《1986税收改革法案》（*the Tax Reform Act of* 1986）出台之前，英国等国家已经率先大幅降低了个人所得税税率，这也是迫使美国大幅减税的重要原因之一，而美国的减税措施冲击力更加巨大，引发了全球性的减税浪潮。

综上所述，可以看出，公平是个人所得税演进历程中最根本的原则，效率和国际竞争力原则则是对公平原则的调整，即当公平原则较为强烈导致个人所得税对经济增长、国际竞争构成明显影响时，效率原则和国际竞争力原则会将个人所得税拉回到不太极端的范畴之中。因此，从个人所得税发展的纵向脉络来看，公平原则是个主线，而效率原则和国际竞争力原则则更像一种修正手段。

2.3 公平、效率、国际竞争力原则的定位——从经济发展水平约束的视角

个人所得税的公平、效率和国际竞争力原则的载体是各税制要素，即税收原则需要具体体现在税率结构和水平、税收覆盖面、税收特别待遇等方面，而经济发展水平不同的国家，其国情各异，可能会对课税要素的设置产生限制，从而导致政府对不同税收原则的排序形成约束。

一般而言，能够对课税要素从而税收原则定位形成约束的因素包括如下几个方面（见表2－3）：

表2－3　课税要素的约束因素

	税收覆盖面	税率水平	累进程度	高税率适用所得水平	税收优惠	税制复杂程度
人均收入	人均收入较低则税收覆盖面较窄	人均收入较低则税率水平相对较低	—	人均收入较低则高税率适用的所得水平较高	—	—
税收征管水平、纳税意识	税收征管水平、纳税意识差则税收覆盖面较窄	税收征管水平、纳税意识差则税率水平较低	税收征管水平、纳税意识差则累进程度较低	—	税收征管水平、纳税意识差则税收优惠较简单	税收征管水平、纳税意识差则复杂程度较低
福利支出需求	福利支出需求高则税收覆盖面较广	福利支出需求高则税率水平较高	福利支出需求高则累进程度较高	福利支出需求高则高税率适用的所得水平较低	福利支出需求高则税收优惠较少	—

第一，人均收入。首先，个人所得税的税基就是个人收入，更准确地说，是个人毛收入扣除必要的生计费用之后的部分，即个人所得。若人均收入较低，大量民众处于收入无法或勉强应付日常生活所需的区间，毛收入低于个人所得税的费用扣除额，则无法进入个人所得税纳税人行列，因此，人均收入较低的国家，其个人所得税的覆盖面相对较窄。其次，人均收入较低国家的纳税人其负税能力有限，所以，税率水平不能过高，而高税率所适用的所得水平也应较高，否则纳税人无法承受税收负担。与此相反，人均收入较高的国家，其个人所得税的课税要素就不会受到严格限制，纳税人数量较多，税收覆盖面较广，税率水平较高，同时高税率所适用的所得水平相对较低。

第二，税收征管水平和纳税意识。税收征管水平和纳税意识从征纳两个方面反映了税收环境。个人所得税相对其他税种而言，对税收征管水平和纳税意识的要求更高。首先，个人所得税的纳税人数量巨大，且均为自然人，同时其收入来源和种类各异，又不像企业那样有完整、系统的财务记录，这就对税务当局获取和处理信息的能力提出了很高的要求，若税收征管能力较差，则一方面无法将所有的应纳税人员纳入监管范围，另一方面对于已经纳入监管范围的纳税人，也无法准确甄别其纳税数额的正确与否。其次，同样是由于个人所得税纳税人均为自然人，数量巨大，因此，纳税人的纳税意识尤为重要。若纳税人的纳税意识较低，纳税能力较差，则税务当局的征管成本会直线上升，且税收流失将较为严重。鉴于此，税收征管水平和纳税意识会对个人所得税的课税要素产生严重制约：税收征管水平和纳税意识较差，则个人所得税的覆盖面会较窄，因为税收征管环境无法应付宽广的税收覆盖面；税率水平也会较低，因为较高的税率会导致纳税人较高的机会成本，从而更容易促成纳税人的逃税动机；累进程度、税收优惠及税制的复杂程度也会较低，因为更多级次的累进税率、繁杂的税收优惠及复杂的税制都是对税收征管水平的直接考验，在纳税人纳税意识和税收征管水平较低的前提下，会导致个人所得税的严重流失和调节扭曲。

第三，福利支出需求。政府的支出可以按照必要程度大体分为两类：具有绝对必要性的基本公共支出和不具有绝对必要性的福利支出。基本公共支出是政府为了维持社会的正常运行所必需的开支，而福利支出则在某种程度上具有锦上添花的特质，因此，在发展中国家，福利支出在整个财政支出中的比例较低，而在发达国家，福利支出则充当了财政支出的重要组成部分。同时，福利支出具有刚性性质，即一旦提高就很难再降低，所以高福利支出必然要求充足和持久的财政收入支撑。鉴于此，福利支出的多寡往往也标志着政府财政收入需求的强烈程度。由于个人所得税是一个较为重要的税种，若福利支出需求较高，则个人所得税就倾向于税收覆盖面较广，税率水平较高，累进程度较高，高税率适用的所得税水平较低，税收优惠较少，因为只有这样，才能获得必要的收入维持高水平的福利支出。

上述因素对课税要素的制约将直接影响政府实现公平、效率和国际竞争力的手段选择，最终影响这些税制原则的定位。

2.3.1 发达国家个人所得税的原则定位

发达国家一般具有如下特点：

第一，人均收入较高。较高的人均收入无疑使其纳税人具有更高的税负承受能力（主要发达国家2017年平均工资水平见表2－4），这使得发达国家在税收覆盖面、税率水平、高税率适用的所得水平等的选择方面具有较大余地，进而使其在公平、效率和国际竞争力原则的排序方面不受过多限制。

表2－4　　2017年部分主要发达国家平均工资　　单位：美元

国家	平均工资	国家	平均工资	国家	平均工资
美国	52988.0	英国	54318.9	德国	63551.0
法国	48339.2	加拿大	40983.3	意大利	43304.2
日本	50946.0	澳大利亚	57580.8	新西兰	39826.3
瑞典	47657.6	挪威	56400.7	丹麦	56210.9

资料来源：OECD. OECD Statistics ［DB/OL］. http：//stats. oecd. org/.

第二，税收征管水平及纳税意识较高。发达国家的纳税人纳税意识相对较高，协助纳税人处理涉税事宜的中介机构发展运作良好，同时税收征管水平也较高，因此，其个人所得税税制的设定在税收覆盖面、税率水平、累进程度、税收优惠、税制复杂性等方面所受的限制较小，对税收原则定位的约束也较弱。

第三，福利支出需求较高。发达国家的福利制度相对较完善，福利支出水平很高，由表2－5可见，2015年主要发达国家的健康、教育和社会保障三项支出合计占所有财政支出的66.9%，刚性很强的福利支出占比如此之高，导致降低财政支出总额困难重重。同时，个人所得税是众多发达国家政府的重要收入来源，2015年多数主要发达国家个人所得税占税收总额的比重都在25%以上，有些国家超过40%，丹麦甚至达到了54.4%（见表2－6）。因此，这种高福利支出对作为重要财政收入来源的个人所得税的收入水平提出了较高要求，使得发达国家个人所得税的覆盖面较广，税率水平较高，累进性较强，高税率所适用的所得水平较低，由表2－7所见，2016年主要发达国家个人所得税法定最高税率一般均在45%以上，一些国家甚至在55%左右，而最高法定税率适用的所得级次较低，有些仅为平均工资的1倍多。

表2－5　2015年主要发达国家主要福利支出比重　单位：%

国家	健康支出	教育支出	社会保障支出	合计
美国	24.2	16.2	20.8	61.2
英国	17.8	12.0	38.4	68.2
德国	16.3	9.6	43.1	69.0
法国	14.3	9.6	43.1	67.0
意大利	14.1	7.9	42.6	64.6
日本	19.4	8.7	40.7	68.8
丹麦	15.6	12.8	43.0	71.4
挪威	17.2	11.2	39.8	68.2
瑞典	13.8	13.0	41.6	68.4
荷兰	17.7	12.0	36.8	66.5
澳大利亚	19.4	14.6	28.2	62.2
平均	17.3	11.6	38.0	66.9

资料来源：OECD. Government at a Glance 2017［DB/OL］. http：//www. keepeek. com/Digital-Asset-Management/oecd/governance/government-at-a-glance-2015/structure-of-general-government-expenditures-by-function-cofog_gov_glance-2015－17－en#page2.

表 2-6　2015 年主要发达国家个人所得税收入占税收总额比重　单位：%

国家	比重	国家	比重	国家	比重
美国	40.8	英国	27.9	德国	26.7
法国	18.9	加拿大	36.8	意大利	26.2
日本（2014）	18.9	澳大利亚（2014）	41.0	新西兰	38.2
瑞典	28.8	挪威	27.4	丹麦	54.4

资料来源：OECD. OECD Statistics [DB/OL]. http://stats.oecd.org/.

表 2-7　2016 年主要发达国家个人所得税最高法定税率及其适用所得级次

国家	最高法定税率（%）	最高法定税率适用所得级次/平均工资	国家	最高法定税率（%）	最高法定税率适用所得级次/平均工资
美国	46.3	8.0	英国	45.0	4.1
加拿大	53.5	4.3	德国	47.5	5.5
法国	54.5	14.8	意大利	48.8	9.8
日本	55.9	8.7	澳大利亚	49.0	2.2
瑞典	57.1	3.5	丹麦	55.8	1.2
芬兰	51.6	1.4	挪威	38.7	1.6

资料来源：OECD. OECD Statistics [DB/OL]. http://stats.oecd.org/.

综上所述，发达国家虽然对效率、国际竞争力也有较高需求，但是，鉴于福利支出需求的约束，不得不采用较高的税率，近年来，这些国家个人所得税的演进路径是在削减税收优惠、拓宽税基的基础上，努力降低税率，但是，降低幅度仍然有限。这使得许多发达国家的个人所得税税制客观上对公平原则的体现相对较多，而对效率和国际竞争力的体现稍显不足。对于发达国家中的传统高福利国家——北欧国家而言，为了努力保障充足的税收收入，其不得不选择了二元课税模式，即对资本所得适用水平较低的比例税率，而对劳动所得适用水平较高的累进税率，从而在效率、公平和国际竞争力之间寻求平衡。

2.3.2 发展中国家个人所得税的原则定位

发展中国家的特点与发达国家相反，一般具有如下特点：

第一，人均收入较低。发展中国家人均收入较低，从而导致纳税人数量较少，个人所得税的覆盖面较窄，同时，纳税人的负税能力也较低，税率相对较低，最高税率适用的所得级次较高。

第二，税收征管水平和纳税意识较低。一方面，发展中国家税务当局获取和处理涉税信息的能力较低，税收征管能力较差；另一方面，发展中国家纳税人的纳税意识较低，社会对逃税行为较为宽容，从而导致以自然人为纳税人的个人所得税流失较严重。鉴于上述原因，发展中国家的个人所得税税收覆盖面不能太宽，税率水平较低，累进程度较低，税收优惠较简单，税制复杂程度较低。一个理论上优越的个人所得税制，若要在实践中实现预想的功能，需要较高税收征管水平和纳税意识，若现实中缺乏这样的条件，则个人所得税制理论上的功能就会发生扭曲。因此，作为现实征管条件较差的发展中国家，必须考虑个人所得税制的理论效应与实际效应的差异。

第三，福利支出需求较低。相对发达国家而言，发展中国家的福利制度不够完善，保障水平相对较低，因此福利支出需求较低，这反而弱化了对个人所得税制的约束。同时，发展中国家往往是以货物与劳务税为主体税种，所得税中企业所得税比重也常常高于个人所得税，因此，个人所得税在税收总额中的占比较低（见表 2－8），税制调整对财政收入的总体影响不大。

表 2－8　2016 年部分发展中国家个人所得税收入占税收总额比重　单位：%

国家	比重	国家	比重	国家	比重
智利	8.8	墨西哥	20.6	阿根廷	6.9
巴西	8.1	玻利维亚	0.8	哥伦比亚	6.1
巴拿马	9.6	秘鲁	11.1	古巴	6.2
马来西亚	15.7	菲律宾	14.0	泰国	10.9

资料来源：OECD. OECD Statistics [DB/OL]. http://stats.oecd.org/.

因此，一般而言，发展中国家个人所得税税制的公平原则体现相对较弱，许多国家考虑到税制的可行性，往往采用税率较低的简单税制。在这一点上，转轨国家和其他一些发展中国家实行的单一税课征模式是一个典型的例子。单一税的特点是税率较低，许多国家的税率只有 10%；比例税率，基本没有累进性。表面看，这种个人所得税对于效率原则和国际竞争力原则较为重视，对公平原则体现不足，但若将税收征管水平和纳税意识考虑在内就会发现，那种理论上有利于公平的累进税制，其在发展中国家的实际执行效果较差，而税率较低的比例单一税反而会提高富裕阶层的自主申报率，实际上反而有利于公平。

此外，与发达国家相比，发展中国家个人所得税的数量较少，在整体税收收入中的比重较低，因此，其各方面的作用都较为有限。

第 3 章

公平、效率、国际竞争力原则的权衡——案例分析

各国的个人所得税特点不同，一般而言，可以大致分为三类：综合所得税（comprehensive income tax）、二元所得税（dual income tax）和单一税（flat tax）。其中，综合所得税是较为传统且使用范围较广的一类个人所得税，其是将纳税人各种来源的所得归并到一起，采用同一个累进税率来征税；二元所得税是将纳税人的所有所得划分为资本所得和非资本所得（劳动所得），并对其适用不同的两套税率；单一税同综合所得税类似，也是将纳税人所有种类的所得合并到一起，但适用的不是累进税率，而是一个低水平的比例税率。不同的课征模式体现了不同国家的不同选择，这种选择往往与各国的现实条件和政府的主观目的密切相关，体现着公平、效率、国际竞争力原则的博弈。

3.1 福利国家的二元所得税

这里的福利国家，指的是北欧国家，其以福利水平较高而著称。如前所述，一方面，这种刚性高的高福利体系使得其财政支出需求高，且难以削减；另一方面，鉴于个人所得税在其税收总额中的比重较高，个人所得税税负的降低会受到高福利的直接制约。20 世纪 80 年代后期以来，一些北欧国家面对国际和国内状况，不得不在税制诸原则之间进行权衡，从而创造了二元所得税模式。

3.1.1 二元所得税模式的特点

二元所得税模式包括如下特点：

3.1.1.1 二元税基

二元所得税将税基分为两部分：资本所得（capital income）和非资本所得（non-capital income），由于非资本所得近似劳动所得，因此，也被称为劳动所得（labor income）。资本所得一般包括利息、股息、资本利得、租金、特许权使用费等，劳动所得则是非来源于资本的所得，主要包括工资薪金及其他劳动所得。对于自我雇佣（self-employment）所得，由于其中既包括资本所得，又包括劳动所得，因此，采用一定的分割模型将总所得划分为资本所得和劳动所得。

3.1.1.2 二元税率

二元所得税之所以将所得分为资本所得和劳动所得，是为了最终对不同所得实施不同的税率。对于资本所得，实行水平较低的比例税率，而对于劳动所得，则实行水平较高的累进税率——在理想状态下，是在资本所得的比例税率之上，再对劳动所得课征一个累进的附加税，这样一来，资本所得的比例税率就成为劳动所得累进税率的最低税率。而由于二元所得税的设计实际上也考虑到与公司税的协调，理想二元所得税资本所得的税率应当与公司税税率相同，这样，个人所得税纳税人从公司分得的股利就不用再缴纳个人所得税，从而从根本上避免了股利的重复课税。

3.1.2 北欧国家的二元所得税制度

二元所得税最早是于 1980 年由丹麦的经济学教授尼尔森（Nielsen，1980）提出的，并于 1987 年首先在丹麦实行，随后，瑞典、挪威、芬兰分别于 1991 年、1992 年和 1993 年跟进，建立了二元所得税制度。但是，丹麦虽然是二元所得税的发源地，其状况却较为特殊。一方面，丹麦在最初实施二元所得税改革时，即由于国内的阻力，并未采用较为纯粹的二元所得税模式，另一方面，在随后的税制改革中，丹麦的个人所得税日益背离了二元所得税原则，因此，目前丹麦的个人所得税实际上已经很难再被称为是二元所得税了。所以，本部分讨论的主要是丹麦之外的瑞典、挪威和芬兰三国的二元所得税改革。

二元所得税在北欧国家出现并被应用，是有其深厚背景的，是高福利支出需求、高税率导致低国际竞争力和效率损失等因素聚合在一起而促成的对个人所得税的创新。此处的分析以挪威的二元所得税为主，因为挪威的二元所得税是这几个国家中最纯粹的。

挪威于1992年对原有的累进的综合所得税实施了改革，其主要改革措施包括如下方面：①将所得划分为了资本所得和劳动所得，对资本所得实行28%的比例税率，对劳动所得则实行28%～41.7%的累进税率；②对资本所得的各种优惠实施了较为彻底的清理，以尽量保证不同种类资本所得、不同组织机构的资本所得等都适用同一税率；③建立分割模型，以将自我雇佣者的所得分割为资本所得和劳动所得；④大幅降低公司税税率，使公司税税率与资本所得的个人所得税税率同为28%；⑤建立“归集抵免制”，一旦利润在公司层面缴税，股东就被允许在计算个人所得税时全额抵免，从而避免了股利的重复课税。

挪威二元所得税改革的动机是多重的，其中之一是提高效率。在改革前，挪威的个人所得税税率很高，且存在较多的税收优惠，导致储蓄率不高，投资回报过低，同时高税率与某些税制规定又为纳税人避税提供了动机和途径，从而造成资本配置偏误。如在税率很高的背景下，允许对房屋抵押贷款利息全额扣除，这导致许多纳税人为了避税而大量贷款，使得过多资本被配置在了非生产性领域。为了改变这种状况，挪威步丹麦后尘引入了二元所得税，对资本实行水平很低的比例税率，清理各项税收优惠，同时使资本的个人所得税税率与公司税税率相同，并避免股利双重课税，这使得在资本所得领域税制更加中性，效率损失大大降低，资本的回报率提高，同时，由于税率降低，利用房屋抵押贷款利息避税的潜在收益也大幅减少，资本配置的扭曲得到有力遏制。有研究表明，资本所得税率的改革使得与私人消费相比，资本的效率获益高出了0.75个百分点，资本回报和家庭储蓄率都得到了提高（Christiansen，2004）。

挪威二元所得税改革的另一个动机就是提高税制的国际竞争力。20世纪80年代之前，资本在全球的流动尚不是特别活跃，但是，随着全球化的突飞猛进，资本的国际流动日益迅猛，挪威也不得不考虑这个问题，而大幅降低资本的所得税率（包括公司所得税率和个人所得税率）就成为一个不二选择。

挪威的二元所得税改革在一定程度上也考虑了公平问题，即保留了劳动的累进税率，以在劳动所得领域对再分配进行调节。税改之后，挪威20世纪90年代的不平等程度在某种程度上加剧了，但也有争议认为这个结果不应当由税改来承担（Christiansen，2004）。

表3-1为北欧三国二元所得税改革前后的相关税率状况。可以看出如下共同点：

表3-1　　北欧三国二元所得税改革前后的税率变动　　单位：%

国家	时期	劳动所得边际税率	资本所得边际税率	公司税税率
芬兰	1993年税改前	25~57	25~57	37
	1993年税改后	25~57	25	25
挪威	1992年税改前	26.5~50	25.5~40.5	50.8
	1992年税改后	28~41.7	28	28
瑞典	1991年税改前	36~72	36~72	52
	1991年税改后	31~51	30	30

资料来源：Sørensen，Peter Birch. From the global income tax to the dual income tax：Recent tax reforms in the Nordic countries [J]. International Tax and Public Finance，1994，1（1）：57-79.

第一，税改之后的税率总水平基本呈降低态势。一般而言，各国的个人所得税和公司所得税边际税率在税改之后都呈现降低状态，尤其是资本所得的个人所得税边际税率和公司税税率。

第二，税改之后的资本所得边际税率与劳动所得边际税率差异较大。可以看出，税改之前资本所得边际税率与劳动所得边际税率基本上保持在同一水平，但是，税改之后，劳动所得边际税率虽也有所降低，但水平仍相对较高，与此同时，资本所得边际税率则发生了大幅度的降低。

第三，税改之后资本所得个人所得税边际税率与公司税税率趋同。税改之前资本所得的个人所得税边际税率与公司税税率差异较大，但税改之后，比例税率的资本所得个人所得税税率与公司税税率趋同。

3.1.3 二元所得税的税收原则权衡

北欧国家之所以实施二元所得税，是有其深厚背景的，这是北欧各国政府对公平、效率和国际竞争力原则权衡之后的结果。

3.1.3.1 二元所得税的直接动力是国际竞争力原则

20世纪80年代中期之后，以美国为代表的发达国家实施了强度很大的减税，而北欧诸国的个人所得税和公司税税率相当高，为了吸引外资流入并避免本国资本外逃，必须同时降低公司所得税和个人所得税。若仅降低公司所得税，则首先，资本所得的个人所得税税率若大大高于公司所得税，则会产生“锁定”（lock-in）效应（sørensen，2007），税后利润将会被“锁定”在公司中不分配以规避高个人所得税，从而导致公司利润无法被有效投资和使用；其次，高个人所得税税率本身，也会最终导致资本税后收益过低，从而不利于对资本的吸引。因此，北欧国家急需降低个人所得税税率。

但是，如前所述，作为传统的福利国家（见表3－2），北欧国家的福利支出占GDP比重很高，从而对税收收入提出了强烈的需求，而个人所得税又是税收总额的重要组成部分，因此，个人所得税的全面减税很难实现。北欧国家考虑到劳动比资本的国际流动性低得多，因此，决定将资本所得和劳动所得分开，并分别适用两套不同的税率，一方面大大降低资本所得的税率，提高税制对资本的竞争力，另一方面也能够尽量减少税收的制度内流失。

表3－2　　2016年北欧各国及其他主要OECD国家社会保障支出占GDP比重比较

单位：%

国家	社会保障支出比重	国家	社会保障支出比重
芬兰	30.8	丹麦	28.7
瑞典	27.1	挪威	25.1
美国	19.3	英国	21.5
加拿大（2015）	17.2	德国	25.3
法国	31.5	意大利	28.9
日本（2013）	23.1	澳大利亚	19.1
瑞士	19.7	波兰	20.2
拉脱维亚	14.5	爱沙尼亚	17.4
智利（2015）	11.2	墨西哥（2010）	7.5

资料来源：OECD. OECD Statistics［DB/OL］. http：//stats. oecd. org/Index. aspx? Datasetcode = SOCX_AGG.

由此可见，二元所得税是北欧国家面对激烈国际竞争的情形下，将国际竞争力原则前置而设计出来的个人所得税的创新模式，毫无疑问，其对资本和劳动的两套税率不仅使资本所得和劳动所得的税负产生横向不公平，而且使勤劳所得税负大大高于非勤劳所得，从而大大损害了公平原则。这是在激烈国际竞争背景下，公平原则对国际竞争力原则让步的典型举措。

3.1.3.2 效率原则也是二元所得税的重要动机

首先，北欧国家的个人所得税税率很高，由于效率损失与税率的平方成正比，因此，过高的个人所得税税率导致大量的效率损失。20 世纪 80 年代末和 90 年代初，北欧诸国的个人所得税处于非常高的水平，不但缺乏国际竞争力，对国内的投资和劳动力投入也产生了严重的扭曲效应，不利于经济增长。因此，适当降低个人所得税税率也是效率原则的必然选择。但是，一方面，同样受制于税收收入需求，只能对资本所得税率实施较大幅度的降低；另一方面，降低资本所得的边际税率比降低劳动所得的边际税率将带来更多的经济增长（Tax Foundation，2016），降低资本所得税负在提高效率方面的这种比较优势也导致政府倾向于降低资本的边际税率。其次，个人所得税的二元课征模式改革是跟公司税改革联系在一起的，资本所得的个人所得税税率与公司税税率趋同能够减轻甚至避免重复课税，从而矫正投资方式的扭曲，因此，降低资本所得的个人所得税税率也在某种意义上成为一个必然选择。

当然，这种实质上的分类税制给征管效率带来了不利影响，一方面，自我雇佣者的所得由于兼具资本所得和劳动所得的双重性质，因此，需要按照一定的模型进行分割，导致操作较为复杂；另一方面，由于资本所得的税率低于劳动所得，因此导致纳税人产生将劳动所得混淆为资本所得的动机，加重了税收征管的难度。但是，与二元所得税在经济效率方面的正效应相比，其在征管方面的负效应也是可以接受的，何况二元所得税对资本所得的比例税率及大幅削减各类税收特别待遇也在很大程度上简化了税制，降低了征收和遵从成本。

3.1.3.3 二元所得税在一定程度上顾及了公平原则的影响

虽然基于国际竞争力原则和效率原则，北欧国家需要对个人所得税进行幅度较大的调整，以提高国际竞争力和效率，但是，其仍然在一定程度上保留了个人所得税的再分配功能。二元所得税的一个明显特征就是在对资本所得实施比例税率的同时，对劳动所得实施较高水平的累进税率，虽然这违背了资本所得和劳动所得的横向公平，但其能够使二元所得税在劳动所得方面仍然具有一定的再分配功能。

综上所述，北欧国家的二元所得税改革是其对不同税制原则进行权衡的结果，在这个改革中，国际竞争力原则和效率原则无疑占了上风，而在原所得税中占据重要地位的公平原则不得不处于守势，这是北欧各国面对国际形势变化和本国经济效率被扭曲之后对个人所得税做出的重要调整。

3.2 发展中国家的单一税

单一税是由美国的霍尔和拉布什卡（Hall and Rabushka，1981）在1981年提出的，单一税方案出现的根本原因是为了修正美国个人所得税的各种弊端，虽然其最终并未在美国实行。

单一税概念被提出后，出现了大量形形色色的单一税方案，虽然具体措施不同，但其基本原则类似。总体而言，理想单一税的基本特征是将各种来源的所得汇集在一起，适用同一个比例税率。因此，从本质上而言，单一税与综合所得税最显著的差别是，综合所得税实行的是累进税率，而单一税实行的是比例税率，同时，单一税的税率水平明显低于综合所得税。虽然单一税与综合所得税的差异看上去似乎不大，但其实际效果却有显著差异。单一税的特点也成为其广受众多发展中国家——其中许多是东欧转轨国家青睐的重要原因。

3.2.1 单一税模式的特点

理想单一税模式的特点包括以下几点。

3.2.1.1 消费税基

理想的单一税拟采用消费税基，即将用于消费的所得作为税基，在具体操作上，以总收入减去储蓄收入来核定应税所得，而不是将实际消费额作为应税所得。这实际上将导致单一税从所得税转化为消费税。当然，由于消费税基缺乏现实可操作性，现实中的单一税一般仍采用传统的所得税基。

同时，单一税将所有来源的所得都汇集在一起，作为统一的税基。与二元所得税不同，理想的单一税不对税基进行任何区分。

3.2.1.2 比例税率

理想的单一税对统一的税基实行同一个比例税率，且税率水平较低。

3.2.1.3 清洁税基

所谓清洁税基指尽量减少各类税收特别待遇，清理税收优惠，使得税基较为完整，税基的确定较为简洁。

3.2.2 发展中国家的单一税制度

与现代单一税一脉相承的单一税起始于1994年波罗的海国家爱沙尼亚的单一税改革，1995年和1996年，其邻国拉脱维亚和立陶宛也分别跟进。这三个国家毕竟规模不大，因此它们的单一税改革并未在世界范围内引起其他国家的重视。真正引人注目的是2001年俄罗斯的单一税改革，这个改革使得俄罗斯个人所得税收入大增，一改多年个人所得税低迷的状况。随着俄罗斯单一税改革的成功，大量转轨国家和发展中国家纷纷跟进，实施单一税的国家（地区）迅速增加。由表3-3可见，目前实行单一税的国家（地区）众多，税率水平不一，但多数国家（地区）在20%以下，甚至不少国家（地区）在10%左右。

表3-3　实行单一税的国家（地区）（2015年3月）

国家（地区）	税率（%）	国家（地区）	税率（%）	国家（地区）	税率（%）
白俄罗斯	12	伯利兹	25	玻利维亚	13
波黑	10	保加利亚	10	捷克	15
爱沙尼亚	21	格鲁吉亚	20	格陵兰	37
格林纳达	30	根西岛	20	圭亚那	33.3
中国香港	15	匈牙利	16	牙买加	24
泽西岛	20	哈萨克斯坦	10	吉尔吉斯斯坦	10
拉脱维亚	24	立陶宛	20	马其顿	10

续表

国家（地区）	税率（%）	国家（地区）	税率（%）	国家（地区）	税率（%）
马达加斯加	20	毛里求斯	15	蒙古国	10
黑山	9	罗马尼亚	16	俄罗斯	13
塞尔维亚	12	塞舌尔	15	斯洛文尼亚	19
南苏丹	10	瑞士	11	东帝汶	10
特立尼达和多巴哥	25	土库曼斯坦	10		
也门	15	图瓦卢	30		

资料来源：Rabushka，Alvin. Countries or Jurisdictions with a Flat Tax as of March 2015［EB/OL］. 2015－03－20. http：//flattaxes. blogspot. com/2015/03/countries-or-jurisdictions-with-flat_20. html.

由于俄罗斯的单一税较为典型，且影响巨大，因此，此处重点对其进行分析。

3.2.2.1 俄罗斯单一税改革措施

俄罗斯于2001年1月1日实施了单一税改革，改革前俄罗斯实行的是12%～30%的三级累进税率的综合所得税，其税率状况如表3－4所示，改革后其基本税率变为13%。此外，在13%单一税率之外，仍有一些所得适用其他税率，如博彩所得、一些保险支付、超过俄罗斯中央银行存款利率75%的卢布存款利息和超过中央银行存款利率9%的外币存款利息等，适用于35%的特别高税率以遏制避税，股利适用30%的税率。

表3－4　单一税改革前后俄罗斯个人所得税的税率结构

改革前（2000年）		改革后（2001年）	
应税所得（卢布）	边际税率（%）	应税所得（卢布）	边际税率（%）
≤3168	0	≤4800	0
3168～50000	12	>4800	13
50000～150000	20		
>150000	30		

资料来源：Ivanova，Anna，Michael Keen and Alexander Klemm. The Russian ‘Flat Tax’ Reform［J］. Economic Policy，2005，20（43）：398－444.

俄罗斯单一税的税基并非理想的消费税基，而仍然是传统的所得税基，但改革后的税基一方面得到了拓宽，取消了之前的一些豁免，如对军人和驻外人员的住房费用、差旅费用的豁免等；另一方面则简化了费用扣除体系，将费用扣除分为了标准扣除、社会扣除、财产扣除和职业扣除等几个方面。

因此，俄罗斯的单一税改革特征为，在拓宽税基的基础上大幅降低税率水平，并将超额累进税率彻底扁平化为比例税率。当然，基于可操作性，与理论上完美的消费税基单一税不同，俄罗斯的单一税仍然是传统的所得税基。

3.2.2.2 俄罗斯单一税改革效应

俄罗斯单一税改革带来了多重效应。

首先，俄罗斯单一税改革之后的直接效果就是个人所得税收入大幅提高。在改革之后的3年中，个人所得税收入每年都取得了超过14%的实际增长（见表3－5），相比改革前俄罗斯个人所得税较差的征收状况改观显著，而且，由于个人所得税收入实际增长率均大大超过当年的GDP增长率，因此，这种增长并不能完全用经济增长来解释。

表3－5 单一税改革后俄罗斯个人所得税收入增长状况

年份	收入额（亿卢布）	名义增长率（%）	实际增长率（%）	GDP增长率（%）
2001	2555	46.7	25.2	5.1
2002	3571	39.8	25.7	4.7
2003	4498	26.0	14.0	7.3

资料来源：Rabushka，Alvin. The Flat Tax at Work in Russia：Year Three［EB/OL］. Hoover Institution Public Policy Inquiry. 2004. http：//www. hoover. org/research/russianecon/essays/5144587. html. 本部分依据收入额对收入增长率进行了重新计算．

其次，税收遵从率得到了显著提高。俄罗斯之所以实行动作较大的单一税改革，是有其历史背景的。单一税改革前，俄罗斯在最高边际税率为30%的三级超额累进税率的综合所得税制下逃税现象严重；单一税改革后，税率大幅下降为13%，高收入者依法纳税的机会成本大幅下降，从而在很大程度上提高了其主动申报的偏好。伊万诺瓦等（Ivanova et al.，2005）的研究表明，实行单一税改革后，俄罗斯的税收遵从率提高了1/3，而这种提高主要是因为税率的降低（Gorodnichenko et al.，2007）。

最后，单一税改革也将一些富人吸引到了俄罗斯。俄罗斯单一税改革后，与西方发达国家相比，税率水平很低，因此吸引了许多欧美富豪加入俄罗斯国籍。根据资料（搜狐财经，2013），为了规避高昂的个人所得税，2013 年前后有 4500 多名法国人、4200 名德国人、1920 名芬兰人、1880 名意大利人获得了俄罗斯国籍，其中绝大部分都是资产超过千万美元的富豪。这些富人的入籍为俄罗斯带来了额外的资本和税收。

总体而言，俄罗斯的单一税改革相当成功。一些转轨国家的单一税改革与俄罗斯单一税改革存在类似特点（见表 3 -6）。

表 3 -6　　部分转轨国家单一税改革前后的税率

国家	改革时间	个人所得税税率（%）		公司税税率（%）	
		改革前	改革后	改革前	改革后
爱沙尼亚	1994 年	16 ~ 33	26	35	26
立陶宛	1994 年	18 ~ 33	33	29	29
拉脱维亚	1995 年	25 ~ 10	25	25	25
塞尔维亚	2003 年	10 ~ 20	14	20	14
乌克兰	2004 年	10 ~ 40	13	30	25
斯洛文尼亚	2004 年	10 ~ 38	19	25	19
格鲁吉亚	2005 年	10 ~ 20	12	20	20
罗马尼亚	2005 年	18 ~ 40	16	25	16
黑山	2007 年	16 ~ 24	15	15 ~ 20	9
阿尔巴尼亚	2007 年	5 ~ 30	10	20	10

资料来源：ECB. Flat Taxes in Central and Eastern Europe [EB/OL]. Monthly Bulletin, 2007 - 09. https://www.ecb.europa.eu/pub/pdf/other/mb200709_focus10.en.pdf.

3.2.3 单一税的税收原则权衡

可以看出，实行单一税的大多为转轨国家和其他发展中国家，发达国家中冰岛曾经实行过单一税，但随后又放弃，而单一税对众多的发展中国家却有着经久不衰的吸引力。究其原因，是因为复杂的累进税率的综合所得税与发展中国家有限的税收征管能力不匹配，因此，综合所得税名义上的众多优势在现实中无法实现，综合所得税理论上的职能在现实中发生了扭曲，而单一税则在发展中国家具有无可比拟的优势。

发展中国家实行单一税，是其依据自身税收征管条件而对公平、效率和国际竞争力综合考虑的结果。

3.2.3.1 单一税有助于效率原则的实现

原有累进的综合所得税一般均设置较高的边际税率，但同时又存在大量的税收优惠，这一方面使得资本的税收负担巨大，影响资本的回报率，降低投资偏好；另一方面税收优惠导致的实际上的差别税率又引发了替代效应，损害了帕累托最优条件。而单一税则能从诸多方面维护效率：第一，低税率大大降低了超额负担；第二，对税收优惠的清理形成了尽可能单一的税率，从而大大削弱了差别税率导致的替代效应；第三，低税率使得纳税人纳税的机会成本大大降低，同时单一的比例税率和消除了大量税收优惠的清洁税基大大压缩了避税和逃税的空间，也降低了税务机构的税收征管成本和纳税人的税收遵从成本，从而大大提高了征管和遵从效率。

3.2.3.2 单一税实际上维护了公平原则

单一税最初是由美国学者提出的，且曾经在美国涌现出大量的单一税改革方案，有些方案甚至已经提交到国会，但最终未获通过。而在其他发达国家，单一税也基本未被采纳。究其原因，对所有级次的所得实行单一的比例税率可能会导致收入分配方面的危害是最主要的担忧。但是，由于背景不同，这一点在发展中国家就不成立了，实际上单一税在发展中国家较综合所得税更有利于公平。在原有的综合所得税下，较高的边际税率导致高收入纳税人遵从税法的机会成本很高，强化了其逃税和避税的动机，而复杂的税率结构和种类繁多的税收优惠又为其提供了逃税和避税空间，虽然这些现象在发达国家也存在，但发达国家的税收征管能力较强，能够在很大程度上遏制逃避税，但发展中国家的税务当局在涉税信息获取、税款征收和稽查等方面劣势明显，无法有效抑制大量逃避税。这就导致逃避税泛滥，同时由于高收入者收入的特点，对其进行税收管控更不容易，进而使得高收入者逃避税更多，税务当局征收的反而更多是相对低收入的工薪阶层的税收，造成事实上的不公平。

单一税的低水平税率大幅降低了高收入者纳税的机会成本，提高了其依法纳税的主观偏好，同时，简洁的税率结构、对大量税收优惠措施的清理则最大程度上清除了高收入者逃避税的空间，压缩了其逃避税的客观可能，从而共同促成高收入者主动或被动地进行更诚实的税收申报，进而事实上达到了较名义上公平的综合所得税更加公平的效果。

3.2.3.3 单一税有利于税制的国际竞争力

单一税往往采取低税率，这就大大降低了税楔水平，提高了资本的投资报酬率，从而吸引资本和富人。单一税不受发达国家青睐，除前述对收入分配可能的负效应之外，其无法实施低水平比率税率也是一个重要原因。在发达国家，一方面刚性的福利支出对税收收入提出了很高的要求；另一方面其税收征管水平较高，即使将复杂的综合所得税改为单一税，也不会像发展中国家那样大大提高收入潜力，因此，其不敢冒险实施低税率的单一税。事实上，高税率的西欧国家非常反对发展中国家实行的单一税，将其视为一种“恶性税收竞争”，这从一个侧面反映了单一税对提高发展中国家税制国际竞争力的贡献。

综上所述，与北欧国家实施二元所得税对公平、效率和国际竞争力原则有取有舍不同，单一税在发展中国家的实施更大程度上是兼顾了上述三个原则。之所以20世纪90年代之前实行单一税的国家不多，是因为单一税是一种非常反传统的个人所得税模式，其实施效果并未经过足够的实践检验，不确定性太大。而2001年俄罗斯作为一个大国单一税改革的成功提供了具有足够说服力的证据，使得众多发展中国家为了改善自身税制的公平、效率和国际竞争力而纷纷实施了单一税改革。

3.3 传统的综合所得税

二元所得税和单一税都是20世纪八九十年代之后才发展起来的新的个人所得税课征模式，而最传统的个人所得税模式还是综合所得税。到目前为止，仍有大量的国家保持着这种传统模式，而之所以如此，其中也包含着对公平、效率和国际竞争力原则的权衡。

3.3.1 综合所得税模式的特点

综合所得税的特点包括以下几点。

3.3.1.1 综合税基

所谓综合税基，是指理想的综合所得税要包括所有的所得，即海格—

西蒙斯所定义的所得，不仅包括货币所得，还包括非货币所得；不仅包括显性所得，还包括隐性所得，因此，诸如房主自用房屋的隐性租金收入、家务劳动的隐性收入等均应当纳入所得之内。

3.3.1.2 同一套累进税率

理想的综合所得税与单一税相同，均是将所有来源的所得归并在一起，然后适用同一套税率，只是综合所得税所采用的是累进税率。

上述两个特点是理想综合所得税的特点，在现实中，基于各种考虑，各国实际实行的综合所得税往往在一些方面对这两个特点有所偏离。如，由于海格—西蒙斯（Haig - Simons）标准缺乏现实操作性，因此，现实中的综合所得税税基一般并未将隐性所得纳入；基于鼓励或照顾，会对一些特别种类的所得实施低税率，对一些特定种类的费用实施税收抵免或加成扣除等，大量的税收特别待遇大大提高了税制的复杂性。因此，最近几十年来，实行综合所得税的国家，往往依据对公平、效率、国际竞争力原则的权衡，针对本国税制实施了一些改良。

3.3.2 现实中的综合所得税

相对于二元所得税和单一税，综合所得税的历史要悠久得多，目前各国施行的综合所得税也各有特色。主要发达国家的综合所得税税率如表3 - 7所示。美国的联邦综合所得税发展历史较长且较为典型，因此本部分主要以美国的联邦综合所得税为例。

表3 - 7　　2017年主要发达国家个人所得税税率

国家	最高法定税率（%）		国家	最高法定税率（%）	
	中央政府	总体		中央政府	总体
美国	39.6	46.3	加拿大	33	53.5
法国	45	54.5	德国	45	47.5
意大利	43	47.2	日本	45	55.9
澳大利亚	45	49	西班牙	22.50	43.5

资料来源：OECD. OECD Statistics [DB/OL]. http：//stats. oecd. org/.

3.3.2.1 美国的综合所得税制度

目前，美国联邦政府、大部分州政府和少数地方政府开征个人所得税，由于州和地方的个人所得税制度各异，且其税率较低，① 因此重要性程度远不及联邦个人所得税，所以，此处仅分析联邦个人所得税。

美国个人所得税的税基包括个人来源于各种来源的所得，扣除法定的免税所得，如雇主支付的健康保险或免税债券利息，再减除费用扣除额。费用扣除额包括两部分：①标准扣除额（standard deduction）和分项扣除额（itemized deduction）中较大者，分项扣除额包括慈善捐赠、某些医疗费用等；②纳税人个人、纳税人配偶或抚养亲属的特别扣除额。2017 年的标准扣除额分别为：单身申报为 6350 美元、夫妻联合申报为 12700 美元、户主申报为 9350 美元（Kyle，2017），2018 年，随着特朗普政府的税改方案得到实施，其标准扣除额变为：单身申报为 12000 美元，夫妻联合申报为 24000 美元。一般而言，大部分纳税人适用于标准扣除，分项扣除往往适用于高收入者。

美国联邦个人所得税税率除由于税法本身变动调整外，每年还会依据通货膨胀情况，由国内收入署（IRS）根据消费者价格指数（CPI）实施调整，以避免“税率爬升”（bracket creep）。2018 年的税率如表 3 – 8 所示。但是，美国的长期资本利得适用的税率是较低的，分别为 15% 和 20%，2013 年后，对于调整后所得，单身或户主申报高于 200000 美元、夫妻联合申报高于 250000 美元、夫妻分别申报高于 125000 美元者；对于其投资所得，还需要增加一个税率为 3.8% 的净投资所得税，即俗称的奥巴马医改税。

表 3 – 8　2018 年美国联邦个人所得税税率

税率（%）	单身申报（美元）	夫妻联合申报（美元）	夫妻分别申报（美元）	户主申报（美元）
10	0 ~ 9525	0 ~ 19050	0 ~ 9525	0 ~ 136000
12	9526 ~ 38700	19051 ~ 77400	9526 ~ 38700	13601 ~ 51800
22	38701 ~ 82500	77401 ~ 165000	38701 ~ 82500	51801 ~ 82500

① 2016 年美国联邦个人所得税的最高边际税率为 39.6%，而州税率仅为 4.25%，地方税率仅为 2.40%。资料来源：OECD. OECD Statistics [DB/OL]. http://stats.oecd.org/.

续表

税率（%）	单身申报（美元）	夫妻联合申报（美元）	夫妻分别申报（美元）	户主申报（美元）
24	82501～157500	165001～315000	82501～157500	82501～157500
32	157501～200000	315001～400000	157501～200000	157501～200000
35	200001～500000	400001～600000	200001～300000	200001～500000
37	大于500000	大于600000	大于300000	大于500000

资料来源：House of Representatives. Tax Cuts and Jobs Act［EB/OL］. Report 115. 2017－12－18. http：//docs. house. gov/billsthisweek/20171218/CRPT－115HRPT－466. pdf.

美国的个人所得税制度非常复杂，各种税式支出政策琳琅满目，据估计2016～2026年间个人所得税优惠将达到15.6万亿美元（El－Sibaie，2017）。美国金额最大的税收优惠包括如下5类：①对雇主支付的医疗保险费的免税。即对雇员所获得的雇主提供的医疗保险免税。这是个人所得税数额最大的一项优惠，仅此一项就超过了公司税中所有税收优惠的总和。②对自住房估算租金的免税。依据海格—西蒙斯综合所得税对个人所得的定义，自住房估算租金也应纳入应税所得，但基于对其实施准确估算的困难性，将其设置为免税。③对资本利得的低税率。④对养老金缴款的延迟纳税。即将养老金缴款部分的纳税延迟到养老金支付的时候。⑤对自住房抵押贷款利息的扣除。此外还有劳动所得税收抵免（EITC）[①] 等其他的税收优惠。这些优惠大大加剧了美国税收法典的复杂性，且在许多方面背离了综合所得税的初衷。

3.3.2.2 美国综合所得税现状的成因

如前文所述，美国的个人所得税自产生起就是一种综合所得税，前期税制非常简单，且纳税人主要为高收入者，其主要目的是为了筹集巨额战争开支。但个人所得税随后的发展则是公平、效率、国际竞争力原则的共同结果。

第一，个人所得税是再分配调节重要工具的思想导致路径依赖。综合所得税在西方具有较为悠久的历史，累进税率在工业化国家往往被认为是理所当然的，因此，对累进税率的摈弃甚至简化都可能遇到很大的阻力。这一点从丹麦的二元所得税改革波折和单一税被美国摒弃就能明显体现出

① 据美国国内收入署定义，EITC是对中低收入劳动者的一种税收优惠。

来。在实行二元所得税改革时，丹麦政府起初提出的二元所得税设想是对所有的个人资本所得实行与公司税相同的50%的比例税率，但反对派强烈反对如此大幅度的改革，基于反对派的压力，最终丹麦的二元所得税出台时，对超过一定限额的资本所得又增加了一个6%的附加税，因此，资本所得实际上实行的是二级超额累进税率。而在随后的税制改革中，丹麦议会又实施了更加背离二元所得税原则的决定，在1994年生效的税制中，20000丹麦克朗（夫妻联合申报为40000丹麦克朗）以上的资本所得又恢复了与劳动所得相同的累进税率（Sørensen，1994）。而单一税是由美国人提出的，且已经提出了许多具有一定实际操作性的方案，但最终也未能在议会通过。虽然二元所得税在丹麦和单一税在美国受挫的原因是多元的，但基于收入再分配理念从而维护累进税率是一个重要原因。美国的个人所得税虽然最高边际税率在发达国家中相对较低，但其累进程度相当高，2013年，收入最高的20%的家庭获得了全部收入的53%，但是他们缴纳了联邦个人所得税总额的88%；收入最高的1%的家庭获得了全部收入的15%，却承担了38%的联邦个人所得税（Hodge，2017）。

第二，美国也一直试图遏制综合所得税对效率的损害，但难度很大。首先，如前所述，美国的税式支出种类繁多，条款复杂，这导致现实中的综合所得税严重偏离理论上的最优综合所得税，使得众多不同种类的所得事实上承担着差别税负，从而出现严重的替代效应，造成巨大的效率损失；其次，过于复杂的税收条款导致巨额的税收征管和税收遵从成本。美国的《国内收入法典》目前已经有2400万字，几乎是1955年的6倍和1985年的2倍（Hodge，2017）。美国个人所得税系统的全部成本（包括税收筹划成本和税收文书成本）超过了税额本身，据美国国内收入署（IRS）估计，美国人需要每年花费66亿小时来填写涉税表格——仅仅是1040表的填写就需要耗费16亿小时（Tax Foundation，2017）；美国2016年个人所得税申报花费了纳税人26.47亿小时和986.8亿美元遵从成本（Hodge，2017）。这种状况导致美国综合所得税高昂的行政成本。最近几十年中，美国一直都试图通过改革来降低个人所得税的效率损失，但收效甚微。

第三，国际竞争力原则对美国综合所得税构成了较大影响。美国历史上曾经存在超过90%的最高边际税率，但在20世纪80年代后期最高边际税率被大幅削减，其原因很大程度上是为了应对全球化所带来的资本的自由流动。虽然在20世纪80年代税改之后个人所得税税率又有所提高，但当前的个人所得税留有80年代税制改革的烙印。即便如此，美国现行的个人所得税中仍然有背离国际竞争力原则的方面，如与许多新兴市场国家相比较高的税负水平。

第四，良好的税收征管体系为美国复杂的综合所得税体系提供了良好保障。美国复杂的综合所得税之所以能够平稳地运行下来，且筹集大量的税收收入①，并能够在一定程度上调节收入分配（见表3－9），良好的税收征管体系和较高的税收征管能力是必要的基础保障。也正因如此，虽然美国当前的税制也有许多不尽人意之处，但单一税改革方案仍然被否决——因为美国并未承担如俄罗斯等转轨国家由税收征管水平有限而导致的征收综合所得税的压力。

表3－9　2016年美国不同收入水平纳税人的个人所得税份额　单位：%

	最高1%	最高5%	最高10%	最高25%	最高50%	最低50%	全部纳税人
税额比重	37. 32	58. 23	69. 47	85. 97	96. 96	3. 04	100
平均税率	26. 87	23. 49	21. 19	17. 84	15. 57	3. 73	14. 20

资料来源：Greenberg，Scott. Summary of the Latest Federal Income Tax Data，2018 Update［EB/OL］. Tax Foundation Fiscal Fact，No. 622，2018－11. https：//taxfoundation. org/summary-latest-federal-income-tax-data-2016-update/.

3. 3. 2. 3　特朗普税制改革方案中不同税制原则的权衡

2017年12月22日，美国特朗普总统签署了税改法案（Tax Cuts and Jobs Act），该法案在2018年1月1日生效，10年内将带来1. 5万亿美元的减税。其中，涉及个人所得税的措施包括：①个人所得税税率简化为10%、12%、22%、24%、32%、35%、37%七级；②标准费用扣除额几乎翻倍；③儿童税收抵免从1000美元上升到2000美元；④取消个人税收扣除，州和地方税收扣除由全额据实扣除改为最高扣除10000美元，房屋抵押贷款利息扣除由最高扣除100万美元贷款的利息降低到最高扣除75万美元贷款的利息；⑤提高替代性最低税（AMT）的免税额；⑥减轻过账实体（pass-through）的个人所得税税负。与公司税改革措施不同，个人所得税的上述改革措施附加了“日落条款”（sunset provision），将在2025年12月31日到期，届时改革措施作废，个人所得税制将恢复改革前的规定。

在税制原则的权衡方面，这个税改方案明显体现如下倾向：

第一，效率和国际竞争力原则优先。

---

① 2016年美国个人所得税收入占税收总额的40. 3%。OECD. OECD Statistics［DB/OL］.

特朗普税制改革的背景是，美国目前面对着经济增长乏力、就业状况欠佳、制造业不断衰退、国际竞争压力加剧等状况。

首先，金融危机后，美国的经济增长受到很大打击，虽然金融危机对全球经济都构成影响，但相对其他国家，尤其是非 OECD 国家，美国的经济增长率受到的影响非常严重，白宫认为，“自 2008 年的衰退以来，美国的工人和企业承受了二战以来最缓慢的经济复苏”。表 3 - 10 和图 3 - 1 为 2007 年后美国与 OECD 国家、世界平均、非 OECD 国家 GDP 增长率的比较，可以看出，与世界各国平均水平，尤其是非 OECD 国家平均水平相比，美国的经济增长受金融危机的影响尤其严重，虽然最近几年增速有所恢复，但一直在 2% 左右徘徊，增长状况不尽人意。而经济增长的乏力导致需求和投资的不足，进而严重影响供给，导致失业率持续高企。图 3 - 2 为美国 2007 年以来的失业率状况，可以看出，金融危机使得 2008 ~ 2010 年间的失业率急剧上升，2010 年接近 10%，并在随后的几年中水平较高。

表 3 - 10　　美国与其他国家 GDP 增长率比较　　单位：%

年份	2007	2008	2009	2010	2011	2012	2013	2014	2015	2016
美国	1.78	-0.29	-2.78	2.53	1.60	2.22	1.68	2.37	2.60	1.53
OECD 国家	2.69	0.21	-3.46	3.02	1.92	1.28	1.28	1.94	2.22	1.70
世界	5.57	2.98	-0.54	5.40	4.09	3.28	3.21	3.33	3.06	2.94
非 OECD 国家	9.15	6.21	2.69	7.88	6.26	5.19	4.99	4.58	3.79	3.99

资料来源：OECD. OECD Statistics [DB/OL]. http://stats. oecd. org/.

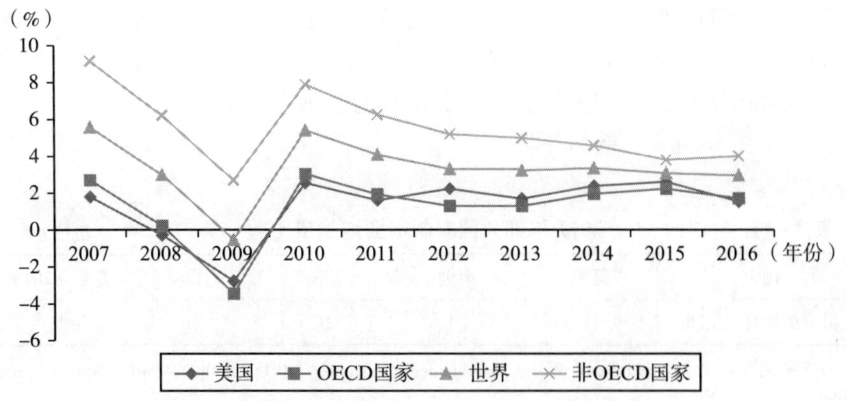

图 3 - 1　美国与其他国家 GDP 增长率比较

资料来源：OECD. OECD Statistics [DB/OL]. http://stat. oecd. org.

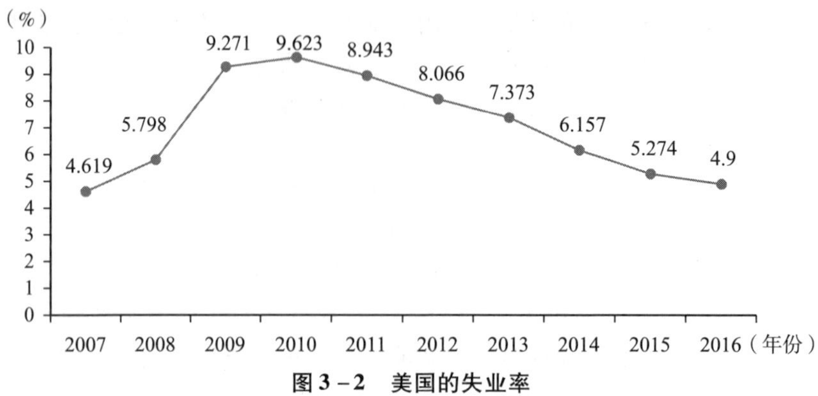

图 3－2　美国的失业率

资料来源：OECD. OECD Statistics [DB/OL]. http://stat. oecd. org.

其次，制造业不断衰落。第二次世界大战之后，美国经历了制造业发达的制造大国时代，但是，随后制造业份额大幅下降。至 2014 年，美国制造业增加值占 GDP 的比重仅为 12%，而 2000 年时还为 16%，仅仅 10 余年时间，就从原本不高的水平又下降了 4 个百分点①。相应地，制造业就业比重在过去的几十年中也大幅下降，从 20 世纪 50 年代初的 30% 左右，下降到了 2016 年底的略高于 8%，仅 2008 年之后的时期，美国的制造业就失去了 30 万个岗位（The White House，2017）。由表 3－11 可见，美国的制造业比重较同为发达国家的德国和日本低得多。奥巴马担任总统后提出了制造业重回美国的主张，并于 2010 年 8 月签署《美国制造业促进法案》，意图采取包括税收优惠政策在内的措施促进美国制造业的发展，但是，实现美国的再工业化并非一件轻而易举的事情。美国制造业的不断空心化使得当年制造业发达的美国五大湖附近的一些州变成了所谓的铁锈地带（Rust Belt），这些曾经的工业基地的衰败导致当地工厂关闭，大量工人失去工作机会，收入下降。

表 3－11　　2017 年部分国家制造业增加值比重　　单位：%

国家	美国	中国	德国	日本	英国（2015）
制造业增加值比重	12	29	21	21	9

资料来源：The World Bank. World Development Indicators（2018）. http://wdi. worldbank. org/table/4. 2.

① 资料来源：The World Bank. World Development Indicators（2017）.

最后，国际竞争压力加剧。美国虽然仍然是最强大的国家，但其与其他国家相比的相对经济实力处于下降之中。一方面，美国对投资的吸引力下降。美国的许多大公司，近年来都在其他国家投入了巨额资金建设工厂，这也是美国制造业空心化的重要原因。美国2011～2017年直接投资流入和流出数量如图3－3所示，可以发现，直接投资流出一般大于直接投资流入，这也是近年来美国直接投资状况的一个缩影。虽然对外直接投资高企也标志着一国雄厚的资金实力和对外投资水平，但对于美国而言，其直接投资的净流出已经带来了制造业的大量外流和本国就业机会的减少，即出现负面效应。另一方面，美国的贸易赤字巨大。由图3－4可见，美国每年的货物和服务进口数量远大于出口数量，这同样意味着大量的工作机会外移。

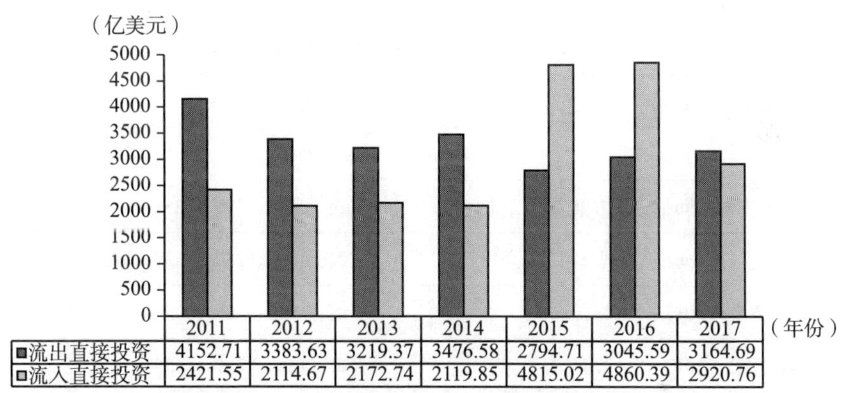

	2011	2012	2013	2014	2015	2016	2017
■流出直接投资	4152.71	3383.63	3219.37	3476.58	2794.71	3045.59	3164.69
□流入直接投资	2421.55	2114.67	2172.74	2119.85	4815.02	4860.39	2920.76

图3－3 美国直接投资流入和流出

资料来源：OECD. OECD Statistics. http：//stats. oecd. org.

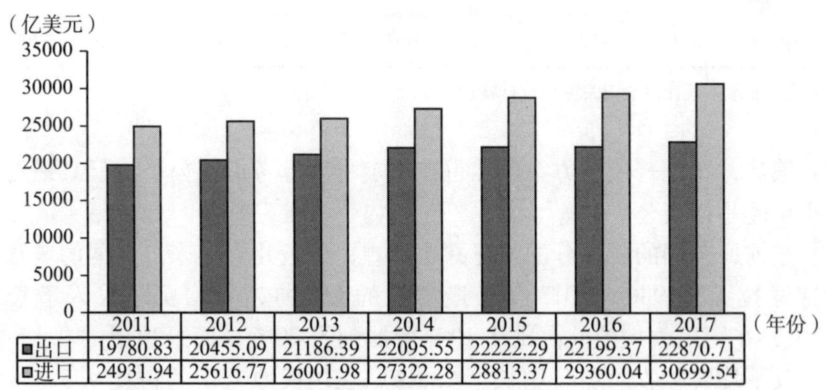

	2011	2012	2013	2014	2015	2016	2017
■出口	19780.83	20455.09	21186.39	22095.55	22222.29	22199.37	22870.71
□进口	24931.94	25616.77	26001.98	27322.28	28813.37	29360.04	30699.54

图3－4 美国的进口和出口

资料来源：OECD. OECD Statistics. http：//stats. oecd. org.

在上述背景下，商人出身的特朗普意图通过税制改革，提高美国的国家竞争力，重振美国经济，并创造更多的就业机会。当然，税改的实际实施效果是否能达到其预期目的，目前存在大量的争议，此处仅探讨特朗普税改的主观意图。

可以看出，税改的主要走向是减税、简化税制。事实上，从特朗普竞选时期提出的税改方案到 2017 年 12 月 22 日正式签署的税改方案，美国本轮税改的方案已经经历了多次变动，每一次变动，个人所得税的目标税率都经历了或大或小的调整（见表 3 - 12），这些调整很大程度上源于财政收入方面的压力，早期的税改方案才更能体现特朗普的税改意图——大幅减税、简化税制。

表 3 - 12　　　　美国部分税改方案个人所得税税率比较

不同方案	个人所得税税率
改革前税法	七级：10%、15%、25%、28%、33%、35%、39.6%
特朗普竞选期间第一个方案	三级：10%、20%、25%
特朗普竞选期间第二个方案	三级：12%、25%、33%
白宫方案（2017 - 4 - 26）	三级：10%、25%、35%
白宫方案（2017 - 9 - 27）	三级：12%、25%、35%
众议院方案（2017 - 11 - 16）	四级：12%、25%、35%、39.6%
参议院方案（2017 - 12 - 2）	七级：10%、12%、22%、24%、32%、35%、38.5%
最终方案（2017 - 12 - 22）	七级：10%、12%、22%、24%、32%、35%、37%

资料来源：笔者根据相关资料自行整理。

第二，特朗普税改方案虽然也在一定程度上考虑了公平，但其最终效应很可能是损害公平。

当前，美国的收入分配状况并不理想，最近几十年来，美国的贫富差距持续拉大，1980 ~ 2013 年，最富有的 1% 的人平均实际收入增长了 142%，在国民收入中的占比从 10% 增加到了 20%，而最顶层的 0.1% 的人，其平均实际收入更是增长了 236%，在国民收入中的占比从 3.4% 增加到了 9.5%。而同期的中位数收入家庭其收入仅增长了 9%，且这个增长仅发生在这一时期的前几年，1989 ~ 2013 年，中等收入家庭的收入缩水了 0.9%（斯蒂格利茨，2017）。皮尤研究中心在 2015 年 12 月份发布的一项研究中表明，美国中产阶级家庭所占比例已经从 1971 年的 61% 减少到 49.4%（观察者，2015）。这种状况使得美国的收入差距日益拉大，中等收入家庭和低收入家庭的收入状况不断恶化。

但是，即使在这种背景下，特朗普税制改革为了效率和国际竞争力，依然打算牺牲公平。特朗普竞选中第一次提出税改方案时，其四个目的的第一个就是，"降低中产阶级的税收负担：为了实现美国梦，让人们口袋中保有更多的钱并增加税后工资"（Trump，2017）。但是，对于税改方案的研究一般都认为，这个税改方案的最大获益者是高收入阶层。

首先，城市和布鲁金斯学会税收政策中心估计，对个人独资企业、合伙企业、S 公司等过账企业（pass-through）的所得税降低将使富人获益良多，因为 2017 年收入最高的 20% 家庭拥有大约 86% 的该类所得，而收入最高的 1% 家庭则拥有超过一半的该类所得，但是，这个措施对中等收入和低收入家庭的影响很小（Rohaly，2017）。其次，部分保留替代性最低税（AMT）会削弱遏制高收入者避税的手段；对过账实体的税收优惠则可能会导致新的避税措施的出现，如一些原本受雇于某些公司的高薪专业人员，就可以通过成立中介机构提供服务的方式，逃避高个人所得税。此外，税改法案将儿童税收抵免从 1000 美元提高到 2000 美元，这个措施名义上对低收入者有利，但是，超过 1/3 的低收入家庭无法利用这个提高额（Amodeo，2017）。

而据税收联合委员会（Joint Committee on Taxation）的研究，由于税率降低无法弥补减少的税收扣除和抵免，至 2021 年，年收入低于 30000 美元的纳税人的税负将上升；至 2023 年，年收入低于 40000 美元的纳税人税负将上升。据城市和布鲁金斯学会税收政策中心的测算，1% 收入最高的纳税人将获得更大的减税份额。至 2027 年，收入最低的 20% 人群将缴纳更多的税收（Amodeo，2017）。税收基金会的分析认为，参议院减税法案在 2027 年将使全部纳税人的税后收入增加 1.2%，但收入最高的 1% 人群的税后收入将增加 4.5%（Tax Foundation，2017）。

综上所述，当前特朗普政府欲推行的个人所得税改革并不改变税种的综合所得税性质，而仅是对其在综合所得税框架内实施改良，在美国所面临的社会经济背景下，税改很明显地倾向于效率和国际竞争力原则，而将公平原则放到了后面。

3.3.3 综合所得税改良的税收原则权衡

当前，实行综合所得税的国家很多，许多国家都会依照国内外社会经济状况对其税制实施改良，而其改良的意图和措施也都是公平、效率、国际竞争力原则权衡的结果。

3.3.3.1 坚持总体累进税率表明仍将公平原则放在基础位置

实行综合所得税的国家中有许多是与美国类似的工业化国家，由于人均 GDP 较高，社会发展状况也较好，各国对社会保障和消除贫富差距的重视程度较高。表 3 – 13 为部分 OECD 国家用于养老、残疾人、健康、失业、住房等方面的社会性支出占政府总支出的比重，可以看出，社会性支出占财政支出的比重均较高，且最近 20 余年来一般均呈现较快的增长趋势。这就导致了两个倾向：第一，尽量缩减贫富差距是一种社会共识，政府不得不特别重视；第二，高额的社会性支出要求必要的财政收入来源，而个人所得税是发达国家最重要的税收收入来源之一（见表 3 – 14）。在这种情况下，具有较高边际税率水平的累进税率的综合所得税往往就成为这些国家的首选。同时，由于发达国家税收征管能力较强，其实施较为复杂的累进税率的综合所得税也有可行性保障。因此，无论个人所得税的边际税率水平和累进级次如何变化，但坚持累进税率的综合所得税本身说明，这些国家仍然是将公平原则放在较为基础的位置的。

表 3 – 13　　部分 OECD 国家社会性支出占政府总支出比重　　单位：%

国家	1990 年	2000 年	2013 年
美国	35.7	42.2	48.2
加拿大	35.9	38.9	41.8
法国	48.9	53.8	55.2
德国	46.1（1995 年）	56.8	55.6
意大利	40.5（1995 年）	49.8	56.0
日本	39.2（1995 年）	42.1	54.4
澳大利亚	36.1	50.6	51.3
新西兰	40.7	54.0	54.5（2014 年）
西班牙	46.7（1995 年）	49.8	58.2

资料来源：OECD. OECD Statistics. http：//stats. oecd. org.

表3-14 2016年部分OECD国家个人所得税占税收总额比重 单位：%

国家	比重	国家	比重
美国	40.3	加拿大	36.3
法国	18.8	德国	26.6
意大利	25.8	日本	18.6
澳大利亚	40.8	新西兰	36.8
西班牙	21.4		

资料来源：OECD. OECD Statistics. http：//stats. oecd. org.

3.3.3.2 大量的例外税收特别待遇体现了公平原则对其他原则的让步

现实中，各国所实行的综合所得税并未完全遵循理想综合所得税的原则，对所有的所得实施同一税率，而是规定了大量的税收特别待遇，如对某些长期资本利得实行低税率、对某些费用实行税收抵免、对某些所得实行免税等，许多方面体现了公平原则对其他原则的让步。如对长期资本利得实行低税率的意图是鼓励投资，降低个人所得税在投资方面的效率损失，同时提高本国税制对投资的国际竞争力。但是一方面，对长期资本利得实行低税率导致同一数额的所得仅仅因为来源不同而税负不同，违背横向公平；另一方面，相对而言，所得较高者其所得中长期资本利得占比可能会更高，长期资本利得的低税率会使所得较高者承担较所得较低者更低的税负，违背纵向公平。然而这些税收特别待遇虽然违背公平原则，且在很大程度上使得税制更加复杂化，但其仍然是政府为了多元目标而不得不采取的选择。

3.3.3.3 短期内各原则之间的地位取决于面临的社会经济现状

虽然实行累进税率的综合所得税本身说明政府将公平原则放在较为基础的位置，但是各国的综合所得税都是处于不断变动之中的。这些变动主要是基于当期的国内外社会经济状况、社会思潮，以及政府本身的偏好，体现了政府对公平、效率、国际竞争力原则排序的短期调整。如20世纪80年代中期以来，随着美国等国大幅降低个人所得税税率，其他国家纷纷跟进。一般而言，个人所得税最高边际税率较高、累进级次较多更能体现对收入分配的调整，即更能体现公平原则，因此，个人所得税税率降低且大幅扁平化事实上是对公平原则的削弱，此时体现更多的是效率原则和国际竞争力原则。金融危机后，有的国家降低了个人所得税的最高边际税率，此时也是政府在面临经济低迷的境况时，前置效率原则以促进经济增长的举措。当前，特朗普政府实施的税制改革更是明显将效率原则和国际竞争力原则放在了公平原则的前面。

总之，就综合所得税而言，其基本宗旨更倾向于公平原则，但其税制的不同侧面及税制在不同时期均能够体现出效率原则和国际竞争力原则对公平原则的削弱。

第 4 章

中国个人所得税的产生和演进——公平、效率和国际竞争力原则的权衡

中华人民共和国成立后，我国个人所得税的产生和发展也已经经历了几十年的进程，在这几十年中，个人所得税的存、废、变迁，都是与我国的社会经济状况、国际政治经济形势等密切相关的，也基本上贯穿着政府对公平、效率和国际竞争力原则的权衡。

笔者拟将中华人民共和国成立后我国个人所得税的发展分为三个时期实施分析，第一时期是 1949 ~ 1977 年，第二时期是 1978 ~ 1993 年，第三时期是 1994 年至今。虽然从 1949 年至今只有 70 年的时间，但中国已经经历了天翻地覆的变化，这对个人所得税的演进构成了重大影响。

4.1 1949 ~ 1977 年的个人所得税

4.1.1 社会经济特点

1949 ~ 1977 年包含了几个阶段：1949 ~ 1952 年的国民经济恢复时期；1953 年开始的第一个五年计划时期；1958 ~ 1966 年的“大跃进”、人民公社化及全面建设社会主义时期；1966 ~ 1976 年的“文化大革命”时期和随后的调整时期（孙健，1992）。在不同的时期，我国的政治经济状况和政府意图及目的都存在差异，个人所得税的状况也有所不同。

这一时期社会经济的特点如下。

4.1.1.1 全面实行计划经济体制

1949 年中华人民共和国成立后，我国在所有制方面实行了对私营经济的社会主义改造，随后公有制经济占绝对主导，采取了全面的计划经济体制，整个国民经济都处于政府的计划之下，政府基本采取直接的指令性手段决定经济的方方面面，因此，间接的经济调控手段重要性较小。

4.1.1.2 早期个人收入多元化尚存

中华人民共和国成立后，中国政府即着手采取各种措施对私营农业和工商业实施了社会主义改造，逐步提高公有制比重。在这一时段的早期，即 1949 ~1953 年间，过去的多种所有制形式仍然留存，一些债务投资等也存在，这就导致这一时期的收入来源相对多元化，且收入差距相对较大。这一状况随后又延续了几年，在私营经济的社会主义改造完成之后，就逐渐消失了。

4.1.1.3 中后期个人收入较平均且水平较低

1958 年之后，公有制的国营经济和集体经济在整个经济体系中占据绝对优势，私营经济几乎销声匿迹。基于计划经济体制，城镇劳动人口基本均在公营经济中就业，且工资水平常常由国家统一规定。由于经济不发达，直到 1977 年，我国的人均 GDP 才只有 344 元，是 2019 年 70892 元的 0.49%①。因此，这一时期个人收入的特点是，总体水平较低，且差距很小，即整个国家的劳动者基本上同时处于较为平均的贫困状态。

4.1.1.4 对外经济联系很弱

1949 年中华人民共和国成立初期，我国的外资企业共有 1192 家，职工 12.6 万人，资产 12.1 亿元。这些企业主要为英美两国所有，两国共占 89%。当时我国与一些资本主义国家仍存在一些贸易关系，但是，自 1950 年 12 月起，美、英、法等国对中国实行禁运封锁，我国则立即宣布对其在华财产实行管制，在华存款实行冻结。外国企业在中国虽能正常经营，但受禁运等影响，经营较为困难，许多企业采取自动歇业、转让或出租等形式逐渐淡出。据中央工商管理局统计资料，至 1953 年，在华

---

① 资料来源：国家统计局．国家数据［DB/OL］. http：//data. stats. gov. cn/easyquery. htm? cn = C01&zb = A0201&sj = 2019.

外国资本企业减少到了563家，职工减少到了2.3万人，资产减少到14.5亿元（孙健，1992）。在随后的时间里，这些外资企业进一步减少，最终基本销声匿迹。因此，我国当时面临的是其他国家的禁运封锁，有经济来往的只有一些社会主义国家，对外经贸规模很小，处于几乎对外封闭的状态。

4.1.2 税制总体状况

这一时期包括不同的阶段，由于不同阶段的情况不同，因此，税制也发生了几次变动。

4.1.2.1 中华人民共和国成立初期税制的建立

1949年中华人民共和国成立时，由于多年的战争，我国的国民经济和国家管理体系都处于崩溃和混乱之中，政府只能从头建立各项制度，税制也是如此。

中华人民共和国成立之前，各解放区均建立了各自的区域性税收制度，但规定不一，各地对税制建立思路的把握也存在差异，因此，中华人民共和国成立后，尽快建立统一的税制就成为政府面临的一个重要任务。1950年1月30日，政务院通令发布《关于统一全国税政的决定》，统一以《全国税政实施要则》作为今后整理和统一全国税政税务的具体方案，并要求各级人民政府和财政、税务机关一致执行。根据《全国税政实施要则》的规定，拟建立14个税种：货物税、工商业税（包括坐商、行商、摊贩的营业税和所得税）、盐税、关税、薪给报酬所得税、利息所得税、印花税、遗产税、交易税、屠宰税、房产税、地产税、特种消费行为税和使用牌照税，在实际实施时，原拟定的房产税和地产税合并为城市房地产税，使用牌照税调整为车船使用牌照税，薪给报酬所得税和遗产税未开征。此外，政府还开征了契税、船舶吨税、农业税、牧业税等税种（刘佐，1999）。

上述措施使得我国终于初步拥有了相对完善的统一税收制度，税种涵盖了流转税（货物与劳务税）、所得税、财产税和行为税等各个税类，其中，最重要的税种应当是货物税和工商业税，1950年这两个税种占工商税收总额的62.0%（刘佐，1999）。属于个人所得税范畴的利息所得税就课征范围和收入比重而言，在税制中的地位较低。

4.1.2.2 1953年税制修订

中华人民共和国成立之后的最初几年，随着对农业和工商业的社会主义改造，我国的所有制状况发生了急剧变化，公有制经济的比重大幅上升，因此，需要对税制进行必要的调整。1952年12月31日，政务院财政经济委员会发布《关于税制若干修正及实行日期的通告》，宣布从1953年1月1日起对税制加以若干修正，其原则是“保证税收，简化手续”，并调整了公有制经济与私营经济之间的相对税收负担。税制修订后，一些税种被简并，工业企业缴纳的税种有所减少，且课税课征环节也被简化。至1957年，我国税制共有16个税种：货物税、工商业税、商品流通税、牲畜交易税、盐税、利息所得税、城市房地产税、车船使用牌照税、印花税、契税、屠宰税、文化娱乐税、农业税、牧业税、关税和船舶吨税（刘佐，1999）。

这些税种中，同样是流转税类税收占主体，1957年，流转税收入和所得税收入分别达到88.8亿元和16.2亿元，分别占税收总额的74.4%和13.6%（刘佐，1999）。其中属于个人所得税范畴的税收占比很小。

4.1.2.3 1958年税制改革

1958年，经济领域的社会主义改造基本完成，为了适应新的经济形势，我国实行了第二次较大规模的税制改革。这次税制改革实行的是“积极简化税制与适当调整税利比例相结合”的方针，同时努力鼓励经济主体的生产经营积极性。改革后，我国的税制共设立了14个税种：工商统一税、牲畜交易税、工商所得税、利息所得税、盐税、城市房地产税、车船使用牌照税、契税、屠宰税、文化娱乐税、农业税、牧业税、关税和船舶吨税。随后的10余年中，税制又实施了一些调整（刘佐，1999）。

流转税占主体的税制结构不变，1959年，工商统一税和关税占税收总额的74.6%，工商所得税仅占2.2%（刘佐，1999）。

4.1.2.4 1973年税制改革

1973年的税制改革是对我国业已建立的复合税制的破坏。其时正处于“文革”之中，由于指导思想偏差和税务机构的撤并，原有税种被大量简并，整个税收制度呈现支离破碎的状态。至1978年，我国税制共有13个税种：工商税、工商统一税、牲畜交易税、集市交易税、工商所得税、城市房地产税、车船使用牌照税、契税、屠宰税、农业税、牧业税、关税和船舶吨税，其中，国营企业仅须缴纳工商税，集体企业仅须缴纳工商税和工商所得税（刘佐，1999），我国的税制几乎成为单一税制，这种状况，一方面妨碍了税收聚敛收入职能的实现；另一方面也严重削弱了政府利用税收工具对经济进行调节的能力。

4.1.3 个人所得税状况

如前所述，1950 年根据《全国税政实施要则》的规定，拟建立 14 个税种，其中就包括利息所得税和薪给报酬所得税。随后，1950 年 12 月 19 日，政务院颁布了《利息所得税暂行条例》，并自公布之日起施行。利息所得税以存款利息、证券利息等利息所得作为课税对象，实行 5% 的比例税率。但是，薪给报酬所得税最终并未开征（刘佐，1999）。

1953 年修正税制时和 1955 年的税制改革规划中，均计划开征个人所得税，但实际并未实行，利息所得税得以保留。随后，随着利息所得税征税对象的减少，为了配合银行降低存款利率，1959 年 1 月 6 日，国务院批复财政部，同意从 1959 年起停止征收存款利息所得税（刘佐，1999）。从此时起，至这一段时期结束，不再有名义上的个人所得税。

除利息所得税外，我国当时对个体经济也征收所得税，只是这个所得税是与其他所有制企业的所得税一同归并在对企业开征的工商业税和随后的工商所得税中。

4.1.4 公平、效率、国际竞争力原则在个人所得税方面的体现

1949 ~ 1977 年这一时期在我国历史上也较为特殊，这是一个管理经验不足的社会主义国家政府重建受经年战争重创的经济的时期，因此，许多方面与普通市场经济背景下的状况存在差异。

4.1.4.1 对个人所得的税收调节体现了特殊的公平原则

这一阶段，我国利息所得税以及个体经济所得税的征收，确实体现出了一种公平原则。但这种公平与市场经济下的公平存在差异。市场经济下

的公平原则，崇尚将所有人同等对待，其欲调整的是不同收入者之间的收入差距。但我国在中华人民共和国成立后这一阶段所崇尚的公平原则，主要关注的是私营经济与公营经济之间、资本所有者与普通劳动者之间的公平。利息所得税的设置就是一个典型体现。如前所述，利息所得税的课税对象是存款和债券利息，在中华人民共和国成立初不发达的经济中，拥有大量存款和债券的一般均为资本所有者，普通劳动者的生活水平较差，能保证基本的衣食已属不错，拥有存款和债券的可能性很低。因此，开征利息所得税，实际上就是通过税收形式征收一部分资本所有者的所得。而随着时间的推移，中华人民共和国成立 10 年后，利息所得税的税源逐渐减少，利息所得税也就被停征了。

对于薪给报酬所得税，由于其所得主体均为劳动者，因此，开征意图就没有那么强烈，同时，鉴于这段时期较为平均的低水平收入并无多少调控需要，税源也较少，所以其开征设想就一直未付诸实施。

这种公平原则在对个体经济课征的工商业税和工商所得税中也有所体现。我国在 1953 年、1958 年及随后的税制修订和改革中，一直关注私营经济与公营经济之间的税负对比，多次提出应当使公营经济的税负不高于私营经济。如 1963 年对工商所得税调整的原则中有规定，个体经济税负要重于集体经济，因此，应大幅提高个体经济的工商所得税（刘佐，1999）。

这种情况存在的基础是：第一，中华人民共和国成立后的这一段时期，政府的主观意图是发展公营经济，国营和集体经济被认为是属于社会主义的所有制形式，而私营经济则是应当被限制的，同时，与劳动所得相比，派生于资本的所得也被认为是不应当鼓励的，自然应当被课以更重的税收。第二，这段时期的人均收入水平较低，收入差距不大。这种普遍的平均低收入使得税收调节失去了必要性。

4.1.4.2 效率和国际竞争力原则几无体现

首先，在这一段时期，我国实行的是计划经济体制，对经济的调节基本使用指令性的行政手段。在中华人民共和国成立初至“文化大革命”前，政府对经济增长也较为重视，会视经济状况对税制进行一定的调整，但是，政府并未将采取各种措施发展经济作为首要目标，因此，税收政策有时会被作为压制私营经济的手段，若以当前的观点来看，则存在损害效率之嫌。具体到个人所得税方面，这一时期只是在 1959 年之前开征了利息所得税，同时对个体经济开征工商业税（工商所得税），而如前所述，这两种税收都在一定程度上体现了政府对私营经济和资本所得的压制，个人所得税的效率原则自然也就无从谈起。

这一段时期税制的国际竞争力原则更是天方夜谭。如前所述，中华人民共和国成立后外资企业迅速萎缩，整个资本主义世界对中国实行了禁运和孤立，中国不可能从这些国家获得投资，也不可能大量出口本国产品，自然也就不存在国际竞争问题。尤其是这段时期的个人所得税，课征范围狭窄，更是跟国际竞争力没有关联。

4.2 1978～1993 年的个人所得税

1978 年在我国是具有里程碑意义的一年，这年 12 月的十一届三中全会确定了改革开放的道路，从此中国的社会经济走上了与前期迥异的道路。而个人所得税也基于时势的要求，重新得到确立并发展。

4.2.1 社会经济特点

这一段时期属于我国改革开放的前期，其社会经济特点为：

4.2.1.1 经济增长迅速，个人收入水平快速提高

政府明确将发展经济作为中心任务，因此，这一阶段我国的经济增长非常迅速，由表 4-1 可见，我国 GDP 在 1977～1993 年间，按不变价格计算的平均增长率达到了 8.8%，许多年份增长率均超过 10%，使得我国的 GDP 由 1977 年的 3250 亿元迅速增长到 1993 年的 35673.2 亿元，人均 GDP 则由 1977 年的 344 元提高到了 1993 年的 3027 元。[①] 与此同时，我国的个人收入水平也相应不断提高，国营（有）单位职工平均工资从 1978 年的 644 元提高到了 1993 年的 3532 元，所有职工的平均工资从 1978 年的 615 元提高到了 1993 年的 3371 元。[②] 当然，虽然个人收入提高较快，但

---

① 资料来源：国家统计局．国家数据［DB/OL］. http://data.stats.gov.cn/easyquery.htm?cn=C01&zb=A0201&sj=2015.

② 资料来源：国家统计局．中国统计年鉴（1999）［DB/OL］. http://www.stats.gov.cn/yearbook/indexC.htm.

绝对额仍然偏低。

表 4 - 1　　1977 ~ 1993 年 GDP 增长率（不变价格）　　单位：%

年份	GDP 增长率	年份	GDP 增长率	年份	GDP 增长率
1977	7.6	1983	10.8	1989	4.2
1978	11.7	1984	15.2	1990	3.9
1979	7.6	1985	13.4	1991	9.3
1980	7.8	1986	8.9	1992	14.2
1981	5.1	1987	11.7	1993	13.9
1982	9.0	1988	11.2	平均	8.8

资料来源：国家统计局．国家数据［DB/OL］. http：//data. stats. gov. cn/easyquery. htm? cn = C01&zb = A0201&sj = 2015.

4.2.1.2　所有制形式日益多样化，收入来源相应趋于复杂，收入差距逐步扩大

改革开放后，我国放弃了原有的单一公有制的固化思维，大力鼓励多种所有制企业的发展，所有制形式日益多样化，除传统的国有企业和集体企业外，股份合作企业、联营企业、有限责任公司、股份有限公司、私营企业、外商投资企业、港澳台资企业、个体经济及乡镇企业等迅速发展，在经济中占有了一席之地，且非公有制经济的比重不断提高。随着所有制形式的多样化，人们的收入来源也日益复杂，既包括劳动所得，也包括资本所得，既包括第一职业所得，也包括兼职所得，城乡之间、地区之间、行业之间、个体之间的收入差距逐步扩大。据国家统计局按家计调查资料（与可支配收入口径大体相同）计算，1978 ~ 1986 年间我国城镇居民收入的基尼系数在 0. 16 ~ 0. 19 之间，处于绝对平均区间；1987 ~ 1993 年间则上升到 0. 20 ~ 0. 27，鉴于家计调查样本难以覆盖少数特高收入者等因素，城镇居民收入的实际基尼系数应更大一些（国务院研究室课题组，1997）。虽然这一阶段的城镇居民收入基尼系数尚在可接受范围内，但与以往几乎平均的收入相比，仍然产生了调节的需要：

第一，改革开放初期，各种机制和制度并不健全，有些收入较高者的收入并非来源于个人能力或个人努力，而是来源于制度漏洞；第二，长期处于计划经济体制下的居民，对于收入差距的主观耐受程度较低，即使相

对温和的收入差距，对其主观冲击也已经很大；第三，所谓尚处于可接受范围的基尼系数指的仅仅是城镇居民收入基尼系数，并未将城乡收入差距考虑在内，若考虑城乡收入差距，基尼系数水平更高。据有的文献估计，1980年我国城镇居民收入基尼系数为0.1732，全部居民收入基尼系数为0.3151；1993年城镇居民收入基尼系数为0.2724，全部居民收入基尼系数则高达0.3943（田卫民，2012），已经接近0.4的警戒线。

4.2.1.3 外资大量涌入，对外经贸日益兴盛

我国的改革是与对外开放密切相关的，1979年7月1日，我国颁布了《中华人民共和国中外合资经营企业法》，并开始在一些地方设立经济特区，中国的对外开放从此步入了快速轨道。在这一段时期，我国打开了国门，一方面努力通过各种政策措施吸引外资进入；另一方面则大大强化了与国外经济体之间的贸易关系。由表4－2、图4－1和表4－3、图4－2可见，1978年之后，我国实际利用外商直接投资和进出口总额大幅上升，这使得我国经济中的外国元素日益增加。一方面，作为低收入的发展中国家，我国的资金缺口很大，且企业缺乏先进的技术和现代管理理念，急需吸引外商投入资金兴办企业；另一方面，外商直接投资和对外贸易的迅速发展又使得我国出现了大量的涉外企业和获取收入的外籍人员，现有的制度和机制亟待改革。

表4－2　1979～1993年实际利用外商直接投资额　单位：亿美元

年份	外商直接投资额	年份	外商直接投资额
1979～1983	18.02	1989	33.92
1984	12.58	1990	34.87
1985	16.61	1991	43.66
1986	18.74	1992	110.07
1987	23.14	1993	275.15
1988	31.94		

资料来源：国家统计局．中国统计年鉴（1999）［DB/OL］. http：//www. stats. gov. cn/yearbook/indexC. htm.

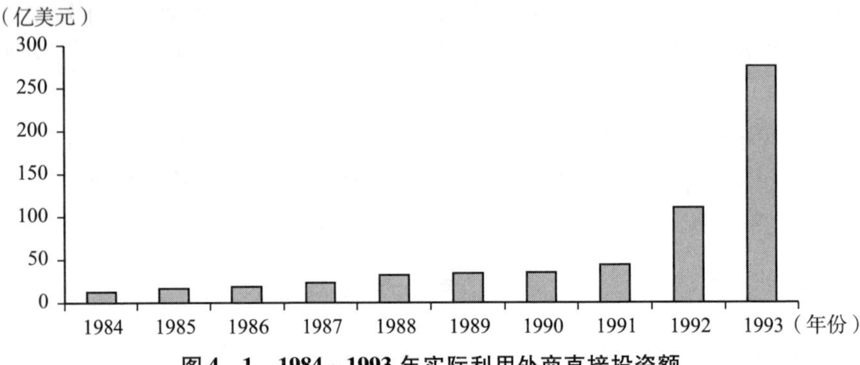

图4－1 1984～1993年实际利用外商直接投资额

资料来源：国家统计局．中国统计年鉴（1999）［DB/OL］．http：//www.stats.gov.cn/yearbook/indexC.htm.

表4－3 1970～1993年我国进出口贸易总额 单位：亿元

年份	进出口总额	年份	进出口总额
1970	112.9	1988	3821.8
1975	290.4	1989	4155.9
1978	355.0	1990	5560.1
1980	570.0	1991	7225.8
1985	2066.7	1992	9119.6
1986	2580.4	1993	11271.0
1987	3084.2		

资料来源：国家统计局．中国统计年鉴（1999）［DB/OL］．http：//www.stats.gov.cn/yearbook/indexC.htm.

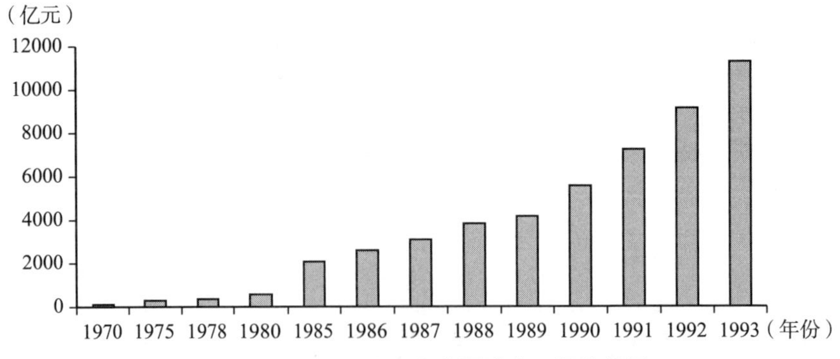

图4－2 1970～1993年我国进出口贸易总额

资料来源：国家统计局．中国统计年鉴（1999）［DB/OL］．http：//www.stats.gov.cn/yearbook/indexC.htm.

这一时期，虽然我国的外商直接投资和进出口总额增长迅速，但仍处于改革开放的初级阶段，与发达国家及其他发展中国家相比，与吸引外资相关的各方面条件均存在较大欠缺。

4.2.2 税制总体状况

与改革开放的方针相适应，在这一时期，我国的税收制度也经历了一个重建和不断完善的过程。改革开放后，我国面临如下状况：第一，外资不断进入中国，而在政府与外资的经济关系方面没有适当的机制加以运用。在市场经济国家，政府与私人部门的关系是，政府是公共品的供给者和社会的管理者，私人部门（企业和个人）是纳税人，通过向政府缴纳税收来支付公共品的价格。但是，在20世纪70年代末的中国，税收制度已经被过度简并，国营企业主要通过利润上缴的形式向政府转移资金，这实际上是混淆了政府的社会管理者身份和国营企业所有者身份。但是，政府并非外资企业的所有者，所以无法要求其通过利润上缴的方式支付政府提供的公共品的价格，但是，中国又缺乏必要的税收制度，因此也无法通过税收从外资企业和外籍个人身上获得应收取的资金。这就形成了明显的税制与经济形势的背离。不仅仅是外资企业，随着所有制形式的多样化和国内私营、个体经济的发展，同样出现了类似的问题。第二，在向市场经济过渡的过程中，本应充当政府重要调控工具的税收政策无力担当应有的角色。在市场经济国家，税收是政府调控社会经济的重要工具。但政府能够恰当运用税收工具的前提是，税制是较为健全的，能够为政府提供各种必要的调控手段。在我国拟实施改革开放的时刻，税收制度是支离破碎的，国营企业税制几乎变成了单一税制。这在之前的计划经济时期，由于行政指令是最重要的政府调控手段，极端不健全的税制尚危害不大，但若向市场经济改革，则这种税制就明显与其应当承担的职能差距过大。在这样的背景下，我国政府迅速提出了适应改革开放新形势的税制改革方案并逐步付诸实施。

这个阶段税制改革的主要内容包括涉外税制的建立和工商税制的全面改革，而在随后的时期中，税制一直保持着内外有别的特点。

4.2.2.1 涉外税制的建立

如前所述，外资进入尚未脱离计划经济体制的中国，带来的一个主要问题就是，没有可以适用于涉外企业和外国个人的税种，因此，建立涉外税制刻不容缓。1980 年 9 月 10 日，我国颁布了《中华人民共和国中外合资经营企业所得税法》和《中华人民共和国个人所得税法》，并自即日起施行。1981 年 12 月 13 日，又颁布了《中华人民共和国外国企业所得税法》，自 1982 年 1 月 1 日起施行。在流转税方面，涉外企业需要缴纳工商统一税，财产和行为税方面则适用城市房地产税和车船使用牌照税。

1991 年我国又将中外合资经营企业所得税和外国企业所得税合并为外商投资企业和外国企业所得税。

4.2.2.2 工商税制的全面改革

这一阶段的工商税制全面改革是与国营企业“利改税”密切相关的。所谓“利改税”，简单来说就是将国营企业上缴利润改为上缴税收，是工商税制全面改革的重要内容。

经过几年的准备和试点，我国分别于 1983 年和 1984 年实施了两步“利改税”，并在此过程中将“文化大革命”期间过度简化的税制又恢复成了多税种有机结合的复合税制。

1983 年的“利改税”又被称为税利分流，其主要内容是将国营企业由上缴利润改为课征企业所得税。1983 年 4 月，我国出台了《关于国营企业利改税试行办法》，规定凡有盈利的国营大中型企业（包括金融保险组织），均应根据实现的利润，按 55% 的税率缴纳所得税，税后的部分利润按照递增包干、固定比例、缴纳调节税、定额包干等办法上缴国家；凡有盈利的国营小型企业，应当根据实现的利润，按 8 级超额累进税率缴纳所得税。对于其他国营企业，也分别规定了所得税的课征办法。自 1983 年起，国营企业开始缴纳企业所得税。

1984 年的“利改税”又被称为以税代利，是在第一步利改税的基础上，对税制的进一步完善。1984 年 9 月 18 日，我国颁布了《国营企业第二步利改税试行办法》，自 1984 年 10 月 1 日起试行。该办法决定将工商税按照纳税对象，划分为产品税、增值税、盐税和营业税；将第一步“利改税”设置的所得税和调节税加以改进；增加资源税、城市维护建设税、房产税、土地使用税和车船使用税（国务院，1984）。这些税种的实际开征花费了几年的时间。

除上述“利改税”措施外，这一时期我国还于 1985 年开征了集体企业所得税；于 1986 年开征了个体工商户所得税；于 1988 年开征了私营企业所得税；于1987年开征了个人收入调节税；于1984年和1985年分别开征了奖金税和工资调节税；于1987年开征了耕地占用税；于1983年开征了建筑税，并于1991年以固定资产投资方向调节税取代了建筑税；于1989年开征了彩电和小汽车的特别消费税。

经过10余年的努力，我国终于初步重建了相对完整的适应市场经济的税收体系。至1993年，我国各类税收收入状况见表4-4和表4-5。可以看出，这一时期，我国税收收入中，流转税和企业所得税占比较高，包括个人所得税和个人收入调节税在内的其他税种占比较小。

表4-4　1978～1993年我国各类税种收入　单位：亿元

年份	税收总额	增值税	营业税	关税	农业各税	企业所得税
1978	519.28	—	—	28.76	28.40	—
1980	571.70	—	—	33.53	27.67	—
1985	2040.79	147.70	211.07	205.21	42.05	696.06
1989	2727.40	430.83	487.30	181.54	84.94	700.43
1990	2821.86	400.00	515.75	159.01	87.86	716.00
1991	2990.17	406.36	564.00	187.28	90.65	731.13
1992	3296.91	705.93	658.67	212.75	119.17	720.78
1993	4255.30	1081.48	966.09	256.47	125.74	678.60

资料来源：国家统计局．中国统计年鉴（2004）[DB/OL]. http://www.stats.gov.cn/tjsj/ndsj/yb2004-c/indexch.htm.

表4-5　1978～1993年我国各类税种比重　单位：%

年份	增值税	营业税	企业所得税	关税	农业各税
1978	—	—	—	5.54	5.47
1980	—	—	—	5.86	4.84
1985	7.24	10.34	34.11	10.06	2.06
1989	15.80	17.87	25.68	6.66	3.11
1990	14.18	18.28	25.37	5.63	3.11
1991	13.59	18.86	24.45	6.26	3.03
1992	21.41	19.98	21.86	6.45	3.61
1993	25.41	22.70	15.95	6.03	2.95

资料来源：国家统计局．中国统计年鉴（2004）[DB/OL]. http://www.stats.gov.cn/tjsj/ndsj/yb2004-c/indexch.htm.

4.2.3 个人所得税状况

我国1980年9月10日开征了个人所得税，纳税义务人是在我国境内居住满一年的个人，或不在我国境内居住或居住不满一年的个人，其实际的课税对象是外国公民，因此，此时的个人所得税属于涉外税收的一部分。个人所得税针对工资、薪金所得，劳务报酬所得，特许权使用费所得，利息、股息、红利所得，财产租赁所得，其他所得6类所得课征，工资、薪金所得适用5%～45%的超额累进税率，其他的5类所得适用20%的比例税率。工资、薪金所得的每月费用扣除额为800元，劳务报酬所得、特许权使用费所得、财产租赁所得，每次收入不满4000元的，费用扣除额为800元，超过4000元的，费用扣除比例为20%。

1987年1月1日我国又开征了个人收入调节税，其纳税义务人为在我国境内有住所，并取得个人税收的中国公民。个人收入调节税的课税范围包括工资、薪金收入，承包、转包收入，劳务报酬收入，财产租赁收入，专利权的转让、专利实施许可和非专利技术的提供、转让收入，投稿、翻译取得的收入，利息、股息、红利收入，其他收入8类，其中前4类收入合并为综合收入，纳税人月综合收入额超过地区计税基数的，就其超基数的3倍以上的部分，按照20%～60%超倍累进税率纳税；专利权的转让、专利实施许可和非专利技术的提供、转让收入和投稿、翻译取得的收入每次收入不满4000元的，费用扣除额为800元，超过4000元的，费用扣除比例为20%，这两类收入扣除费用之后的余额及利息、股息、红利收入，适用20%的比例税率。

1986年1月1日我国还开征了城乡个体工商户所得税，其纳税义务人为经工商行政管理部门批准开业的城乡个体工商业户，应纳税所得额为纳税人每一纳税年度的收入总额，减除成本、费用、工资、损失以及国家允许在所得税前列支的税金后的余额，适用0%～60%的10级超额累进税率，纳税人全年应纳税所得额超过5万元的，按超过部分的应纳所得税额，加征10%～40%的所得税。

可以看出这一时期的个人所得税（个人收入调节税）有其自身特点：第一，内外并行。适用于外国公民的个人所得税在改革开放初的1980年就开始施行了，而直到1987年，适用于中国公民的个人收入调节税才出现。而这两种税本质上虽然都是个人所得税，但规定却存在不同。最显著的区别是工资、薪金所得的扣除标准不同，税率也有所不同。究其原因，是因为1980年前后刚刚改革开放，中国公民的收入普遍较低，能够达到税收调节标准的个人非常少，而在中国国内取得收入的外国人的收入则要比中国公民高得多，按照国际惯例，其收入应当课征个人所得税，因此我国首先针对外籍个人开征了个人所得税。而随着经济发展，少数中国公民的收入也开始提高，也需要调节，这样才又出台了个人收入调节税。第二，个人所得税与个人收入调节税特点不同。一方面，个人所得税的工资、薪金扣除额较个人收入调节税高，但在那个时期，外国公民的收入比中国公民的收入高得多，所以，相对而言，个人所得税的扣除额是较低的；另一方面，个人收入调节税的最高边际税率为60%，远高于个人所得税45%的边际税率。第三，个人收入调节税不够成熟。比如，其工资、薪金扣除额需要设定地区计税基数，使得个人收入调节税存在区域差异和一定的不确定性。第四，个体工商户所得税税负较重，其最高边际税率高达60%，对于收入较高者，还有税款加征，这反映了政府对个体工商户收入的较高调节力度。

4.2.4 公平、效率、国际竞争力原则在个人所得税[①]方面的体现

这一时期的个人所得税虽然很不成熟，但也体现了决策者在当时社会经济背景下的意图。

4.2.4.1 公平原则得到进一步的贯彻且保持着一定时代特点

随着个人收入来源的多样化，开始出现高收入人群，个人之间的收入差距也开始拉大，因此我国才在1987年设立个人收入调节税。这一时期公平原则在个人所得税方面的体现具有如下特点：第一，对极高收入者的调节力度较大。非涉外的个人收入调节税和个体工商户所得税的最高边际税率均为60%，这是一个相当高的税率水平，同时，对于收入超过一定水平的个体工商户，还有加征规定，显示了个人所得税对极高收入者的调节力度。第二，存在内外有别。对中国公民收入的调节力度高于外国公民。第三，对个体工商户收入的调节力度高于其他各类收入。个体工商户的收

① 此处的个人所得税是这一时期所有个人所得税性质税种的统称。

入与工资、薪金收入性质差异较大，与承包、转包收入性质较接近，但是，个体工商户年应纳所得额超过 5 万元的，需要按照超出部分加征 10% ~40% 的所得税，承包、转包收入却不需要，这在一定程度上显示了决策者对个体工商户的重点调节。第四，个人收入调节税对收入的调节考虑了地区收入差异。个人收入调节税的费用扣除额是按核定的地区计税基数确定的，体现了区域差异，这种状况带有一定的计划经济的烙印——计划经济下，公有制经济的工资都是由政府设定的，且有着明确的地区差异。第五，调节的主要是较高收入。被纳入个人收入调节税和个体工商户所得税实际调节范围的纳税人其收入远高于平均收入，即此时期的税收调节并非普遍调节，而只是对少部分高收入者的局部调节。

4.2.4.2 国际竞争力原则在一定程度上有所体现

在这一时期，我国致力于打开国门吸引外资，由于当时资本所偏好的各类硬件和软件条件，如基础设施、产业链、法律框架等均不完善，优惠的税收制度就成为吸引外资的一个重要方面。国际竞争力原则在个人所得税方面的体现包括两个侧面：第一，涉外的个人所得税税负低于针对中国公民的个人收入调节税税负。如前所述，个人所得税的最高边际税率为 45%，比个人收入调节税最高边际税率 60% 低 15 个百分点，且其费用扣除额也高于个人收入调节税。第二，我国的涉外个人所得税税率低于许多其他国家的个人所得税税率。20 世纪 80 年代中期之前，各国的个人所得税率都较高，如美国 1980 年仅联邦个人所得税的最高边际税率就达到了 70%，我国涉外个人所得税 45% 的最高边际税率较其水平温和得多。因此，虽然这一时期个人所得税的数量和比重均微不足道，但仍体现了我国改革开放初期吸引外资的主体思想。

4.2.4.3 效率原则的体现相对薄弱

改革开放初期，我国政府的主要导向是效率优先，这一导向在个人所得税方面的反映应当是对费用扣除额的设定相对较高，将绝大多数公民排除在了实际课征范围之外。但是，个体工商户的个人所得税税率是较高的，这一点在一定程度上有损于效率原则。不过由于在现实中，个体工商户往往是定期定额征税的双定户，且税收流失较为严重，因此，高名义所得税税率的实际影响相对较低。

总体而言，1978 ~1993 年我国尚处于改革开放的前期，整体税制属于重建阶段，又由于个人收入水平较低，个人收入差距虽较计划时期提高，但仍处于较温和状态，因此，个人所得税的作用相对较低，各税收原则在个人所得税方面的体现均不是特别强势。

4.3 1994年至今的个人所得税

1994年至今是我国经济高速发展的时期，也是我国经济深度融入世界经济的阶段。在这一阶段，包括个人所得税在内的我国整个税收体系都经历了不断的演进和完善，个人所得税日益受到重视，其被寄予的期望也日益增高。

4.3.1 社会经济特点

在1994年至今的历史时期，我国社会经济具有如下特点：

4.3.1.1 经济高速发展，个人收入水平急速提高

在这一时期，我国的经济继续处于高速发展过程中，1994～2018年间，以不变价格计算的GDP增长率平均达9.31%（见表4-6和图4-3），人均GDP从1994年的4081元直线上升到2018年的66006元，[①] 城镇单位就业人员平均工资也由1994年的4538元[②]增长到了2018年的82413元，[③] 增长迅猛。中国成为继美国之后，GDP总量第二的国家，也从低收入国家迈入了中高收入国家的行列。与此同时，城乡居民的恩格尔系数也大幅下降，1994年，我国城镇居民家庭恩格尔系数为50.0，农村家庭为58.9，而目前二者均降低到了40%以下，[④] 这说明，随着收入的提高，收入中用于基本生活必要支出的部分比重大幅下降，居民有了更高的负税能力。

---

① 资料来源：国家统计局．国家数据［DB/OL］. http：//data. stats. gov. cn/easyquery. htm? cn = C01&zb = A0201&sj = 2019.

② 统计口径在2000年发生变化，1994～1999年为职工平均工资，2000年之后为城镇单位就业人员平均工资。

③ 资料来源：国家统计局．国家数据［DB/OL］. http：//data. stats. gov. cn/easyquery. htm? cn = C01&zb = A040F&sj = 2018.

④ 资料来源：国家统计局．国家数据［DB/OL］. http：//data. stats. gov. cn/easyquery. htm? cn = C01&zb = A0A05&sj = 2019.

表 4 - 6　　1994 ~ 2018 年中国不变价格 GDP 增长率　　单位：%

年份	GDP 增长率	年份	GDP 增长率	年份	GDP 增长率
1994	13.0	2003	10.0	2012	7.9
1995	11.0	2004	10.1	2013	7.8
1996	9.9	2005	11.4	2014	7.4
1997	9.2	2006	12.7	2015	7.0
1998	7.8	2007	14.2	2016	6.8
1999	7.7	2008	9.7	2017	6.9
2000	8.5	2009	9.4	2018	6.7
2001	8.3	2010	10.6		
2002	9.1	2011	9.6	平均	9.31

资料来源：国家统计局．国家数据 [DB/OL]. http://data.stats.gov.cn/easyquery.htm?cn=C01&zb=A0208&sj=2019.

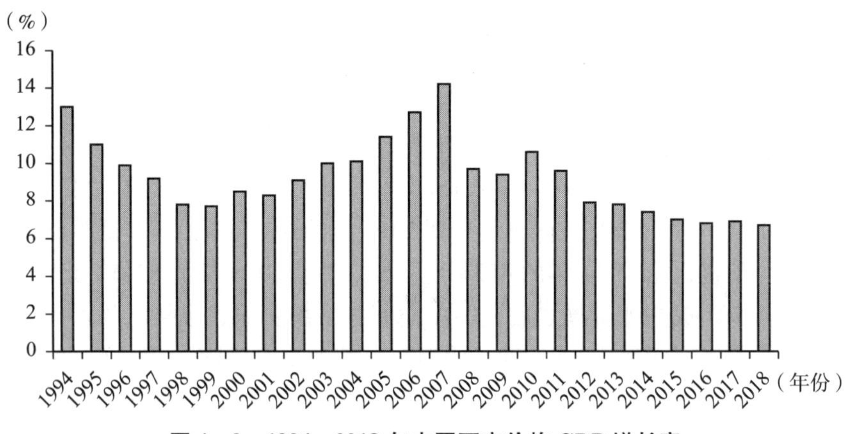

图 4 - 3　1994 ~ 2018 年中国不变价格 GDP 增长率

资料来源：国家统计局．国家数据 [DB/OL]. http://data.stats.gov.cn/easyquery.htm?cn=C01&zb=A0208&sj=2019.

4.3.1.2　个人收入差距进一步扩大

随着市场经济进程的加剧，所有制形式更加多样化，非公有制经济进一步繁荣，资本市场、房地产市场等快速发展，个人收入形式进一步多样化。在个人收入水平急剧提高的同时，我国的个人收入差距也持续扩大，表 4 - 7 和图 4 - 4 为我国 2003 年以来的基尼系数，可以看出，虽然近年来有所降低，但均远高于0.4的警戒线。

表4-7　　中国基尼系数（2003~2018年）

年份	基尼系数	年份	基尼系数	年份	基尼系数
2003	0.479	2009	0.490	2015	0.462
2004	0.473	2010	0.481	2016	0.465
2005	0.485	2011	0.477	2017	0.467
2006	0.487	2012	0.474	2018	0.468
2007	0.484	2013	0.473		
2008	0.491	2014	0.469		

资料来源：中国统计出版社，国家统计局住户调查办公室．中国住户调查主要数据-2019[DB/OL]. http://58.194.172.13/rwt/CNKI_CYFD/http/MWZHKZSPMNYGX4JPN3TYE/kns/brief/result.aspx? dbPrefix=CYFD.

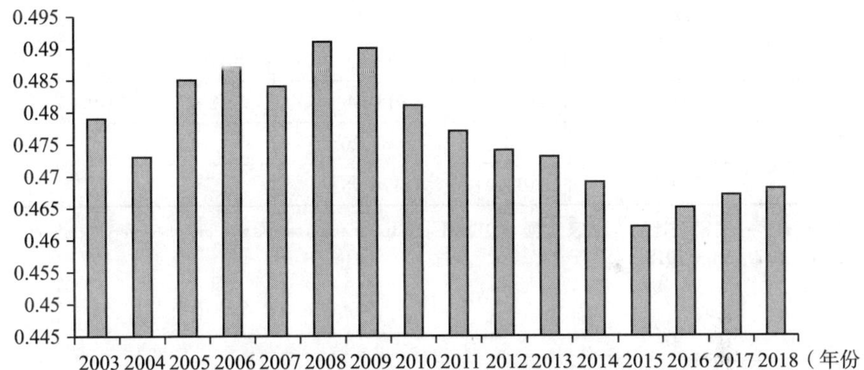

图4-4　中国基尼系数（2003~2018年）

资料来源：中国统计出版社，国家统计局住户调查办公室．中国住户调查主要数据-2019[DB/OL]. http://58.194.172.13/rwt/CNKI_CYFD/http/MWZHKZSPMNYGX4JPN3TYE/kns/brief/result.aspx? dbPrefix=CYFD.

4.3.1.3　经济开放程度迅速升高

在这一时期，我国继续深化改革开放，经济的开放程度持续升高。我国于2001年12月11日正式成为世界贸易组织（WTO）的成员，这在中国经济发展史上堪称里程碑。加入WTO后，我国的对外经济联系更加密切，整个经济进一步融入了世界经济，近年来，中国经济已经在很大程度上承担了世界经济发动机的角色，同时，我国也从长期以来的投资输入国成长为了投资净输出国。由表4－8、图4－5、表4－9、图4－6可见，1994年以来，我国实际利用外资额和进出口额均直线上升，贸易顺差也基本呈现快速上升趋势。也正因如此，我国面临着前所未有的国际竞争，一方面，在吸引资本方面与其他国家存在竞争，而所要吸引的资本不仅包括国际资本，还包括本国的国内资本；另一方面，中国作为世界工厂，出国产品也与国外产品存在市场竞争。

表4－8　中国实际利用外资额（1994～2018年）　单位：亿美元

年份	实际利用外资额	年份	实际利用外资额	年份	实际利用外资额
1994	432.06	2003	561.40	2012	1132.94
1995	481.33	2004	640.72	2013	1187.21
1996	548.04	2005	638.05	2014	1197.05
1997	644.08	2006	670.80	2015	1262.67
1998	585.57	2007	783.40	2016	1260.01
1999	526.59	2008	952.53	2017	1310.35
2000	593.60	2009	918.04	2018	1349.66
2001	496.70	2010	1088.20		
2002	550.10	2011	1176.98		

资料来源：国家统计局．国家数据［DB/OL］. http：//data. stats. gov. cn/easyquery. htm？cn = C01&zb = A060A&sj = 2018.

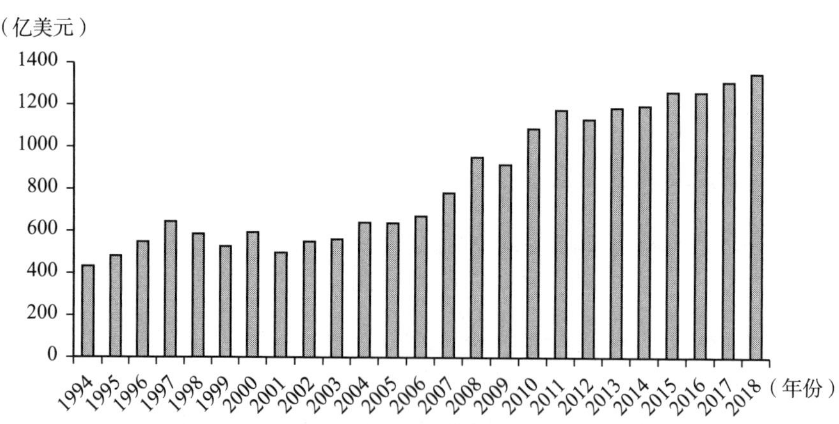

图4－5　中国实际利用外资额（1994～2018年）

资料来源：国家统计局．国家数据［DB/OL］. http：//data. stats. gov. cn/easyquery. htm？cn = C01&zb = A060A&sj = 2018.

表 4-9　**中国进出口额（1994～2019 年）**　单位：亿元

年份	进出口总额	出口总额	进口总额	差额
1994	20381. 9	10421. 8	9960. 1	461. 7
1995	23499. 9	12451. 8	11048. 1	1403. 7
1996	24133. 8	12576. 4	11557. 4	1019. 0
1997	26967. 2	15160. 7	11806. 5	3354. 2
1998	26849. 7	15223. 6	11626. 1	3597. 5
1999	29896. 2	16159. 8	13736. 4	2423. 4
2000	39273. 2	20634. 4	18638. 8	1995. 6
2001	42183. 6	22024. 4	20159. 2	1865. 2
2002	51378. 2	26947. 9	24430. 3	2517. 6
2003	70483. 5	36287. 9	34195. 6	2092. 3
2004	95539. 1	49103. 3	46435. 8	2667. 5
2005	116921. 8	62648. 1	54273. 7	8374. 4
2006	140974. 0	77597. 2	63376. 9	14220. 3
2007	166863. 7	93563. 6	73300. 1	20263. 5
2008	179921. 5	100394. 9	79526. 5	20868. 4
2009	150648. 1	82029. 7	68618. 4	13411. 3
2010	201722. 1	107022. 8	94699. 3	12323. 5
2011	236402. 0	123240. 6	113161. 4	10079. 2
2012	244160. 2	129359. 3	114801. 0	14558. 3
2013	258168. 9	137131. 4	121037. 5	16094. 0
2014	264241. 8	143883. 7	120258. 0	23525. 7
2015	245502. 9	141166. 8	104336. 1	36830. 7
2016	243386. 5	138419. 3	104967. 2	33452. 1
2017	278099. 2	153309. 4	124789. 8	28519. 6
2018	305008. 1	164127. 8	140880. 3	23247. 5
2019	315505. 0	172342. 0	143162. 0	29180. 0

资料来源：国家统计局．国家数据［DB/OL］. http：//data. stats. gov. cn/easyquery. htm？cn = C01&zb = A0601&sj = 2019. 2019 年出口总额和进口总额之和与进出口总额之间的差额应为四舍五入误差。

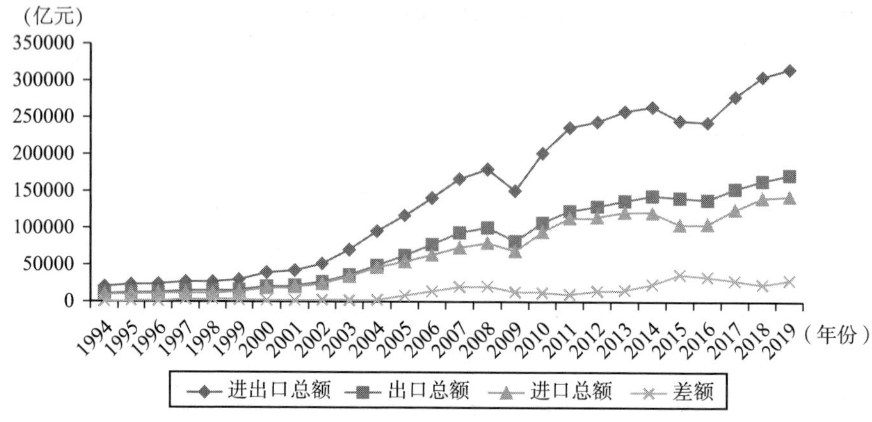

图 4-6 中国进出口额（1994~2019 年）

资料来源：国家统计局．国家数据［DB/OL］. http：//data. stats. gov. cn/easyquery. htm？ cn = C01&zb = A0601&sj = 2019.

4.3.1.4 吸引投资的软硬件条件日益优化

随着社会经济的发展，我国的经济状况和条件发生了巨大变化，市场日趋庞大，投资所偏好的基础设施、产业链、劳动力、法律框架、政府效率等都迅速优化和完善，同时中国市场的购买力迅速膨胀，中国由一个潜在的大市场成长为一个现实的大市场。表 4-10 数据只是 1994~2017 年间我国能源、交通、通信、市场方面进步的部分数据，可以看出 2017 年较 1994 年已经发生了质的飞跃。

表 4-10 我国 1994 年与 2017 年部分能源、交通、通信和市场数据比较

年份	电力生产量（亿千瓦小时）	国家铁路电气化里程（万公里）	等级公路里程（万公里）	移动电话交换机容量（万户）	社会消费品零售总额（亿元）
1994	10023.4（1995 年）	0.90	86.14	371.59	18622.9
2017	61424.9（2016 年）	7.47（2015 年）	433.86	242185.78	366261.6
2017/1994	5.80	8.30	4.70	587.07	16.16

资料来源：国家统计局．国家数据［DB/OL］. http：//data. stats. gov. cn/easyquery. htm？ cn = C01&zb = A070S&sj = 2019.

4.3.2　税制总体状况

1994 年，我国实施了中华人民共和国成立以来的又一次重大税制改革，在随后的若干年中，又陆续对个人所得税、企业所得税、增值税、消费税以及一些地方性税种实施了后续改革，并在 2016 年全面完成了“营改增”。

4.3.2.1　1994 年税制改革

1994 年，我国对税制进行了幅度很大的改革，其主要措施包括：第一，将原有的增值税改为了标准税率为 17% 的价外税，将产品税和原属于营业税课税范围的批发、零售、加工、修理修配并入其中，并改革了营业税；第二，开征针对特定消费品的实行差别税率的消费税，以与崇尚中性的增值税互补；第三，统一内资企业所得税，将原有的国有企业所得税、集体企业所得税、私营企业所得税统一合并为企业所得税，实行 33% 的比例税率；第四，将个人所得税、个人收入调节税、城乡个体工商户所得税合并为新的个人所得税；第五，改革资源税，扩大课税范围，并将盐税并入；第六，开征土地增值税，取消奖金税、工资调节税、集市交易税、牲畜交易税、烧油特别税等税种。至此，一个全新的税制框架基本被建立了起来。

4.3.2.2　随后几年的税制改革

1994 年之后，随着社会经济状况的变化，我国又实行了一系列税制改革措施，主要包括：

第一，增值税转型、扩围和降税率。增值税的改革一直贯穿了 1994 年之后的十几年时间。首先，自 2009 年 1 月 1 日起，机器设备等固定资产被纳入了增值税抵扣范围，使得我国的增值税从生产型转变为了不完全的消费型；其次，自 2012 年起，我国开始实施营业税改征增值税改革，至 2016 年 5 月 1 日，“营改增”全面完成，从此营业税被彻底取消，增值税范围扩大，且转变为了完全的消费型；最后，自 2018 年 5 月 1 日起，原适用 17% 和 11% 税率的增值税课税对象，其税率分别降低为 16% 和 10%，2019 年 4 月 1 日又分别降为 13% 和 9%。

第二，内外资税制统一。首先，2008 年 1 月 1 日，内外资企业所得税合并为统一的企业所得税，实行25%的比例税率；其次，自2009年1月1日起，取消城市房地产税，外商投资企业、外国企业和外籍个人统一缴纳房产税；最后，自2010年12月1日起，外商投资企业、外国企业及外籍个人开始缴纳城市维护建设税。

第三，改革个人所得税。2006年1月1日将费用扣除额由800元上调至1600元，2008年3月1日上调至2000元，2011年9月1日上调至3500元，同时将工资薪金所得税原有的5% ~45%的9级超额累进税率修订为了3% ~45%的7级超额累进税率，也改革了个体工商户的生产、经营所得和对企事业单位的承包经营、承租经营所得的税率。2018年10月1日，将工资薪金所得的费用扣除额提高到了每月5000元，自2019年1月1日起则对个人所得税实施了具有一定里程碑色彩的改革。首先，将工资薪金所得等4项所得合并为了综合所得，并改革了相关税率；其次，将子女教育费用等6项专项附加扣除引入个人所得税；最后，调整了经营所得税税率。

第四，其他改革。首先，改革消费税，陆续调整了部分消费税的税目和税率；其次，改革城镇土地使用税和耕地占用税，提高了其定额税率。

迄今为止，我国形成了主体税种较健全，但小税种仍然不够完善的税收体系。1994 ~2017年主要税种的收入及比重见表4 -11，可以看出，流转税是我国税收收入的主要来源，企业所得税也占据了较大比重，但个人所得税比重相对较小。

表4 -11　　中国主要税种收入及比重（1994 ~2018年）

年份	收入/比重	国内增值税	国内消费税	营业税	企业所得税	个人所得税	占税收总额比重
1994	收入（亿元）	2308.34	487.40	670.02	708.49	72.67	—
	比重（%）	47.55	10.04	13.80	14.60	1.50	87.49
1995	收入（亿元）	2602.33	541.48	865.56	878.44	131.49	—
	比重（%）	45.29	9.42	15.06	15.29	2.29	87.35
1996	收入（亿元）	2962.81	620.23	1052.57	968.48	193.19	—
	比重（%）	44.84	9.39	15.93	14.66	2.92	87.73
1997	收入（亿元）	3283.92	678.70	1324.27	963.18	259.93	—
	比重（%）	41.49	8.58	16.73	12.17	3.28	82.25

续表

年份	收入/比重	国内增值税	国内消费税	营业税	企业所得税	个人所得税	占税收总额比重
1998	收入（亿元）	3628.46	814.93	1575.08	925.54	338.65	—
	比重（%）	40.54	9.11	17.60	10.34	3.78	81.37
1999	收入（亿元）	3881.87	820.66	1668.56	811.41	413.66	—
	比重（%）	38.36	8.11	16.49	8.02	4.09	75.06
2000	收入（亿元）	4553.17	858.29	1868.78	999.63	659.64	—
	比重（%）	38.48	7.25	15.80	8.45	5.58	75.56
2001	收入（亿元）	5357.13	929.99	2064.09	2630.87	995.26	—
	比重（%）	37.05	6.43	14.27	18.19	6.88	82.83
2002	收入（亿元）	6178.39	1046.32	2450.33	3082.79	1211.78	—
	比重（%）	36.49	6.18	14.47	18.21	7.16	82.50
2003	收入（亿元）	7236.54	1182.26	2844.45	2919.51	1418.03	—
	比重（%）	37.90	6.19	14.90	15.29	7.43	81.70
2004	收入（亿元）	9017.94	1501.90	3581.97	3957.33	1737.06	—
	比重（%）	39.00	6.50	15.49	17.12	7.51	85.62
2005	收入（亿元）	10792.11	1633.81	4232.46	5343.92	2094.91	—
	比重（%）	38.94	5.90	15.27	19.28	7.56	86.95
2006	收入（亿元）	12784.81	1885.69	5128.71	7039.60	2453.71	—
	比重（%）	37.98	5.60	15.24	20.91	7.29	87.02
2007	收入（亿元）	15470.23	2206.83	6582.17	8779.25	3185.58	—
	比重（%）	35.01	4.99	14.90	19.87	7.21	81.97
2008	收入（亿元）	17996.94	2568.27	7626.39	11175.63	3722.31	—
	比重（%）	34.31	4.90	14.54	21.31	7.10	82.15
2009	收入（亿元）	18481.22	4761.22	9013.98	11536.84	3949.35	—
	比重（%）	31.84	8.20	15.53	19.88	6.80	82.26
2010	收入（亿元）	21093.48	6071.55	11157.91	12843.54	4837.27	—
	比重（%）	29.63	8.53	15.67	18.04	6.80	78.68
2011	收入（亿元）	24266.63	6936.21	13679.00	16769.64	6054.11	—
	比重（%）	27.84	7.96	15.69	19.24	6.94	77.66

续表

年份	收入/比重	国内增值税	国内消费税	营业税	企业所得税	个人所得税	占税收总额比重
2012	收入（亿元）	26415.51	7875.58	15747.64	19654.53	5820.28	—
	比重（%）	27.00	8.05	16.10	20.09	5.95	77.19
2013	收入（亿元）	28810.13	8231.32	17233.02	22427.20	6531.53	—
	比重（%）	26.70	7.63	15.97	20.79	6.05	77.14
2014	收入（亿元）	30855.36	8907.12	17781.73	24642.19	7376.61	—
	比重（%）	26.52	7.66	15.29	21.18	6.34	76.99
2015	收入（亿元）	31109.47	10542.16	19312.84	27133.87	8617.27	—
	比重（%）	25.48	8.64	15.82	22.23	7.06	79.22
2016	收入（亿元）	40712.08	10217.23	11501.88	28851.36	10088.98	—
	比重（%）	31.23	7.84	8.82	22.13	7.74	77.76
2017	收入（亿元）	56378.18	10225.09	—	32117.29	11966.37	—
	比重（%）	39.05	7.08	—	22.25	8.29	76.67
2018	收入（亿元）	61530.77	10631.75	—	35323.71	13871.97	—
	比重（%）	40.07	6.92	—	23.00	9.03	79.03

注：税收总额不包括关税。

资料来源：根据国家统计局．国家数据［DB/OL］（http://data.stats.gov.cn/easyquery.htm?cn=C01&zb=A0806&sj=2018）及国家税务总局．中国税务年鉴［DB/OL］（http://bjinfobank.com）数据计算整理．

4.3.3 个人所得税状况

如前所述，我国于1994年1月1日将原适用于外籍人员的个人所得税、个人收入调节税、城乡个体工商户所得税合并为了统一的个人所得税。新的个人所得税包括工资、薪金所得；个体工商户的生产、经营所得；对企事业单位的承包经营、承租经营所得；劳务报酬所得；稿酬所得；特许权使用费所得；利息、股息、红利所得；财产租赁所得；财产转让所得；偶然所得；其他所得等11个税目。其中，工资薪金所得的费用扣除额为800元，实行5%～45%的9级超额累进税率；劳务所得每次低于4000元的，费用扣除额为800元，每次高于4000元的，费用按照20%扣除，实行20%的比例税率，但对于一次取得劳务所得超过20000元的部分，加征 50%，对超过 50000 元的部分，加征 100%；个体工商户的生产、经营所得和对企事业单位的承包经营、承租经营所得，适用 5% ~ 35% 的 5 级超额累进税率；其他的各类所得均适用 20% 的比例税率，但稿酬所得减征 30%。需要说明的是，外籍人员的工资、薪金所得的费用扣除额与中国公民不同，其有附加减除费用 3200 元，即其费用扣除额为 4000 元。

在随后的时期中，我国对个人所得税陆续实施了一些改革，但基本限于工资、薪金所得，2011 年的改革还涉及个体工商户的生产、经营所得和对企事业单位的承包经营、承租经营所得的税率调整。

2006 年 1 月 1 日，我国将工资、薪金所得的费用扣除额由 800 元上调至 1600 元，外籍人员仍保持 3200 元的附加减除费用，因而总费用扣除额上调至 4800 元。2008 年我国将工资、薪金所得的费用扣除额上调至 2000 元，外籍人员附加减除费用标准为 2800 元，其费用扣除额实际未变，仍为 4800 元。

2011 年，我国对个人所得税实施了相对前两次费用扣除额调整规模更大一些的局部改革，将工资、薪金所得的费用扣除额提高到了 3500 元，并改革了工资、薪金所得和个体工商户的生产、经营所得和对企事业单位的承包经营、承租经营所得的税率，二类所得的课税级距均有明显扩大，工资、薪金所得的税率由 5% ~45% 的 9 级超额累进税率修订为了 3% ~ 45% 的 7 级超额累进税率。改革后，外籍人员工资、薪金所得的附加减除费用标准为 1300 元，即总费用扣除额仍为 4800 元。

2018 ~2019 年我国又实施了一项相对较大的个人所得税改革，其主要措施为：第一，改分类课征模式为分类综合课征模式。自 2019 年 1 月 1 日起，将工资薪金所得、劳务所得、稿酬所得和特许权使用费所得合并为综合所得，使得我国的个人所得税由分类课征正式走向分类综合课征。第二，提高费用扣除额。自 2018 年 10 月 1 日起，将综合所得的费用扣除额从原工薪所得每月费用扣除额 3500 元提高到 5000 元。第三，增加专项附加扣除。自 2019 年 1 月 1 日起，设立子女教育、继续教育、大病医疗、住房贷款利息、住房租金、赡养老人六项专项附加扣除，从而改变了以往个人所得税费用扣除额一刀切的状况。第四，调整税率级距。自 2019 年 1 月 1 日起，大幅扩大 3%、10%、20% 等几档税率所适用的综合所得级距，从而为较低所得纳税人减轻税收负担。

4.3.4 公平、效率、国际竞争力原则在个人所得税方面的体现

这一阶段是我国个人收入急剧增长，且收入差距迅速拉大的时期，这一时期的个人所得税改革明显体现了政府在公平、效率和国际竞争力原则方面的取舍，虽然实际的改革措施由于种种因素限制，可能并未完全实现决策者的主观意图。

4.3.4.1 公平原则被置于首位

改革开放后，市场经济的较长期发展在提高个人收入的同时，不可避免地导致了个人收入差距的拉大，这一时期的收入差距拉大与之前时期存在很大不同，之前时期虽然也存在收入差距，但总体而言绝大部分个人仍处于收入较低的区间，个人之间收入差距的绝对额并不大，而到了 20 世纪 90 年代后期，尤其是进入 20 世纪后，高收入者与低收入者之间收入差距的绝对额已经相当可观，且许多个人的收入水平已经较高，除应付日常生活的支出外，已经有了较多的剩余。个人收入差距在这一时期已经引起了从政府到民间，从理论界到实务界的高度重视，甚至已经上升到可能影响社会稳定的程度。而政府对收入差距的调节，除财政支出方面的转移支付外，个人所得税被认为是当仁不让的税收政策工具。因此，这一时期的个人所得税政策调整，公平原则被放置在了首位。

1994 年以来的 20 余年，是我国经济高速发展的时期，收入和物价都经历了快速上涨过程，当然，收入涨幅远高于物价涨幅，也因此居民的实际收入和生活水平都有了显著改观。但是，我国工资、薪金所得的费用扣除额并未设置随物价调整的机制，导致这一固定的费用扣除额严重过时，造成个人所得税调节的扭曲。

2006 年个人所得税改革前，时任财政部部长的金人庆指出：1993 年，在就业者中，月工薪收入在 800 元以上的为 1% 左右，至 2002 年已升至 52% 左右，职工家庭生活消费支出也呈上升趋势：2003 年居民消费价格指数比 1993 年提高 60%，且随着近几年教育、住房、医疗等社会化、市场化改革的深入，消费支出明显增长，导致职工消费支出不能在税前完全扣除，税负明显加重（金人庆，2005）。因此，提高个人所得税费用扣除额的一个重要因素是迫于工资收入的高速增长和物价水平的提高。另一个重

要原因则是，决策者希望通过对费用扣除额标准的调整，把大量收入不够高的居民排除在外，使得个人所得税更多地课征于高收入者。国家税务总局对 2006 年个人所得税改革的说明充分展现了这一目的：2005 年，全国年工资收入 25 万元以上的纳税人占工薪阶层纳税人数的 0.48%，缴纳的工薪所得税款占工薪所得项目税额的 14.63%；北京市年工薪收入 6 万元以上的纳税人占工薪阶层纳税人数的 9.52%，缴纳的工薪所得税款占工薪所得项目税额的 74%；广东省的广州市和佛山市年工薪收入 7.2 万元以上的纳税人占工薪阶层纳税人数的比重分别为 8.68% 和 1.34%，缴纳的工薪所得税款占工薪所得项目税额的比重却分别达到 60.9% 和 46.5%。由此可以看出：工薪阶层中不乏高收入者，对他们征收个人所得税的人均税额远远高于其他工薪收入者；2006 年工薪所得项目的费用扣除标准提高后，工薪阶层中的高收入者缴纳税款所占份额会进一步提高。因此，对工薪阶层征收个人所得税也实现了对一部分高收入者的调节（新浪财经，2006）。

2008 年和 2011 年个人所得税改革对工资、薪金费用扣除额的调整与 2006 年异曲同工，都渗透着决策者强化公平的主观意图。2011 年税制改革后，根据财政部数据，工薪收入者的纳税面由改革前的约 28% 下降到约 7.7%，纳税人数由约 8400 万人减至约 2400 万人（中国新闻网，2011），从而将 6000 万收入相对较低者排除在了个人所得税纳税人范围之外，使得个人所得税成为相对较高收入者税。此外，2011 年对工资、薪金所得税率的调整，也在一定程度上相对增加了高收入者的税收负担。

2018 ~ 2019 年的个人所得税改革虽然基于所处的经济环境客观上有削弱公平的举措，但总体而言，仍体现了决策者一定的公平意念。此次税制改革恰好处于国际经济形势较为萧条、美国大幅减税、中美之间爆发贸易战之时，减税降费是中国税制改革的主基调，个人所得税的改革也难以回避这种趋势。因此，在这次改革中，个人所得税的减税措施实际上进一步降低了其收入和平均税率，从而一定程度上削弱了其再分配效应。但是，也有措施显示了政府通过税改强化公平的理念。首先，分类综合课税模式的引入从根本上摈弃了以往对劳动收入课税的不公平。工资薪金所得、劳务所得、稿酬所得、特许权使用费所得合并为综合所得后，共同适用相同的费用扣除额和同一套累进税率，消除了以往虽同为劳动所得却适用不同计税方法从而税负不一的现象，强化了税法的横向公平和纵向公平。其次，专项附加扣除的设置消除了费用扣除的一刀切。专项附加扣除使得个人所得税的费用扣除额更加多样化，在一定程度上顾及了不同家庭在子女教育、老人赡养、大病医疗、住房、继续教育等方面的不同支出状况。再次，综合所得税率的调整体现了公平原则。3%、10%、20%三档较低税率所得级距的扩大使得所得相对较低者的税收负担下降，同时，这次改革并未降低最高边际税率，且对于25%、30%、35%、45%等几档较高税率所适用的所得级距也未调整，在一定程度上制约了较高收入者税负的下降。

总之，这一阶段的个人所得税改革可以分为两类，前三次个人所得税税制改革可以归为一类，其重心都被放在了工资、薪金所得方面，且增加费用扣除额成为主要举措，这一方面是由于工资、薪金所得的涉及面很广，调整工资薪金所得税具有较广泛的影响；另一方面也是因为个人所得税的系统改革是一个非常复杂的工程，若无相当充分的准备无法完成。也正因如此，这三次个人所得税改革虽然确实是将公平放在了首位，但其改革手段却受到了严重制约，导致效果有限。同时，由于仅仅是对工资、薪金所得实施调整，而其他所得，如与工资、薪金类似的劳务所得的费用扣除额仍保持原有水平，使得这种税制调整在另一个方面又制造了不公平。最近的这次个人所得税改革与前三次改革有了某些本质差别，已经跳出了原来改革小修小补的一般轨迹，对课税模式、费用扣除模式实施了实质性的改变，在较大程度上体现了决策者意图摈弃长期以来累积下来的个人所得税不公平之处以强化公平的理念。虽然受各种条件所限，其对公平原则的体现仍有不少不尽人意之处，但毕竟是为个人所得税的进一步优化建立了一个良好的开端。

4.3.4.2 效率原则有一定体现

效率原则在这一时期的个人所得税改革中也有一定体现。首先，工资、薪金所得（以及随后的综合所得）费用扣除额的大幅提高，以及2019年起开始的专项附加费用扣除，从总体上来说具有降低税负提高效率的客观效果。其次，几次改革中实施的税率水平和税率适用级次的调整也是降税措施，对减少效率损失具有正面作用。如2011年对个体工商户的生产、经营所得和对企事业单位的承包经营、承租经营所得税率进行了调整，降低了相关纳税人的税收负担，年应纳税所得额6万元以下的纳税人降幅最大，平均降幅约40%，最大降幅是57%（中国新闻网，

2011)，这一措施的主要目的就是通过降低税负鼓励个体工商户和承包承租经营者的发展，这是效率原则的突出体现。2019年对经营所得各级税率所适用的所得级距也实施了大幅扩大，同样也会降低经营所得的税负，减少效率损失。

4.3.4.3 国际竞争力原则被后置

如前所述，在这一时期，随着我国国力的增强，潜在的市场演变成具有庞大购买力的现实市场，投资所偏好的各类软件和硬件条件也不断完善，因此，税制在增加国家竞争力、吸引投资方面的重要性随之降低，我国在税制方面给予外商的超国民待遇被不断削弱，内外资两套税制被不断统一到同一套税制上，个人所得税的走向也是如此。

这一时期我国对工资、薪金所得（综合所得）的费用扣除额进行了四次调整，从1994年的800元提高到了5000元，外籍个人的附加减除费用标准被不断降低，最终被取消，使得外籍个人的超国民待遇不再存在。个人所得税的这一趋势，并不说明我国不重视税制的国际竞争力，而只是对前期外籍个人过大的超国民待遇的一种矫正。

此外，这一时期我国个人所得税的历次改革基本都是减税取向，这会从总体上降低我国的个人所得税税负，理论上而言对国际竞争力具有正面影响，但由于我国与许多发达国家不同，个人所得税收入在税收总额中的占比很低，因此，这种正面影响力度有限。同时，我国一直未降低工资、薪金所得（综合所得）的最高边际税率，而这个税率在发展中国家中水平较高，这也从一个侧面说明决策者并未将个人所得税的国际竞争力原则置于重要位置。

4.4 中国个人所得税现状分析

虽然1994年之后我国的个人所得税经历了一些改革，但这些改革仅仅涉及个人所得税的范围很小的局部，直到2018~2019年间，个人所得税实施了幅度相对较大的改革。这次改革消除了我国个人所得税长期以来存在的一些弊端，但受制于种种因素，改革后的个人所得税目前仍存在一些不尽人意之处。

4.4.1 中国个人所得税在公平方面的缺陷

我国现行个人所得税制在公平方面的缺陷可分为三个方面：税制本身缺陷、征管缺陷和税种影响力缺陷。

4.4.1.1 税制本身缺陷

2019年税制改革后，首先，我国个人所得税由分类课征转变为了分类综合课征，将工资、薪金所得等四项劳动所得合并为了综合所得，消除了原来不同劳动所得适用不同费用扣除额和不同税率所导致的税负不公。其次，设置了六项专项附加扣除，使得情况不同的纳税人其费用扣除不再一刀切，也在一定程度上有利于强化公平。但是，我国的个人所得税制本身仍存在一些问题，使得其违背了公平原则。

①不同来源的所得适用不同税率和费用扣除标准的现象仍然存在，导致数量相同的不同种类个人收入承担不同的税负，从而违背横向公平原则。目前四项劳动所得已经合并课税，它们之间的税负已经基本相同。但劳动所得、经营所得、财产所得及其他所得之间因费用扣除额和税率不同仍存在税负不等。②与综合所得税相比，当前分类综合课征的模式弱化了税制的累进性。在综合所得税下，所有来源的所得是合在一起套用累进税率的，所得总额越高，边际税率越高，但在分类综合税制下，即使某个纳税人的所得总额很高，但若其所得来源多样，则其各类所得的边际税率仍然较低，这就削弱了个人所得税对高收入者的调节力度。③不同种类所得的比较税率失当。如作为劳动所得的综合所得的最高边际税率45%高于经营所得的最高边际税率35%，更是远高于作为非劳动所得的股息红利所得和偶然所得的税率20%，使得调节失当。④专项附加扣除仍存在违背公平原则之处。首先，专项附加扣除虽然已经包括六项，但仍不够全面，如缺乏对残疾人的相关扣除。其次，专项附加扣除往往为定额扣除，与纳税人的收入水平不相关。尤其是赡养老人费用扣除，不论老人的收入高低以及是否需要子女赡养，一律按定额扣除，这实际上形成了另一类一刀切。最后，专项附加扣除无法惠及收入较低达不到个人所得税课税标准者，使得这部分低收入者无法受益。

4.4.1.2 征管缺陷

不同种类的所得，其课征难度存在很大差异。我国当前的绝大多数所得均实行源泉扣缴制度，只有经营所得不实行源泉扣缴。将工薪所得等劳动所得与经营所得比较，即可看出税收征管对税负的影响。工薪所得的数量较为清晰，且实行源泉扣缴，雇主在支付工薪时即可相当容易地将个人所得税代扣代缴，纳税人个人缺乏逃税的机会；而经营所得无法实行源泉扣缴，需要纳税人自行申报，同时，经营所得涉及收入和各类成本费用的确认，相当复杂，纳税人较容易隐瞒收入、虚增成本费用，也可以较轻易地将个人生活费用混同经营费用，因而逃税方式众多。而对于我国而言，中华人民共和国成立以来一直是以企业税收作为最主要的税收来源，因此，税收征管体系主要是面向企业纳税人的，对于个人税收缺乏手段，这就导致不同种类的所得，其税收征收率存在差异，从而造成不同种类所得的实际税收负担差异较大。由于征管手段力度不同，近年来我国工资薪金个人所得税一直占个人所得税总额的60%以上，不少年份超过65%，而个体工商户的生产经营所得不但占比较低，而且比重连年大幅下滑，从2010年的12.58%下降到2016年的4.70%。[①]

4.4.1.3 税种影响力缺陷

所谓税种影响力，指一个税种在整个国民经济中的影响能力。税收是政府调控社会经济的重要政策工具，作为一个得力的政策工具，需要具备两个方面的品质：第一，税制本身较为适当；第二，具有较好的影响力。如果一个税种，税制本身确实较为适当，符合决策者的决策意图，但是该税种在国民经济中的影响能力很低，则这个税种对重要政策工具这一角色仍然无法胜任。

税种的影响力，与该税种的收入数量密切相关。由表4-11和图4-7可见，我国个人所得税在税收总额中的比重较低，2018年仅为9.03%，个人所得税占GDP的比重更是微乎其微，2018年仅为1.51%。[②] 表4-12列示了主要发达国家2017年个人所得税占GDP比重，可以看出，超过一半国家该指标均高于10%，最高的丹麦达到了24.2%，包括部分发展中国家在内的OECD平均值也高达8.3%。由此可见，我国个人所得税的数量过小，在这种情况下，即使个人所得税税制本身优良，其对个人收入差

① 资料来源：国家税务总局．历年《中国税务年鉴》[DB/OL]．http：//bjmfobank.com.

② 资料来源：国家统计局．国家数据［DB/OL］．http：//data.stats.gov.cn/easyquery.htm?cn = C01&zb = A070S&sj = 2019；http：//data.stats.gov.cn/easyquery.htm? cn = C01&zb = A0201&sj = 2018.

距的调节力度也很小，影响力堪忧。而 2019 年的税制改革实质上又是一个减税举措，会对个人所得税的影响力造成负面影响。

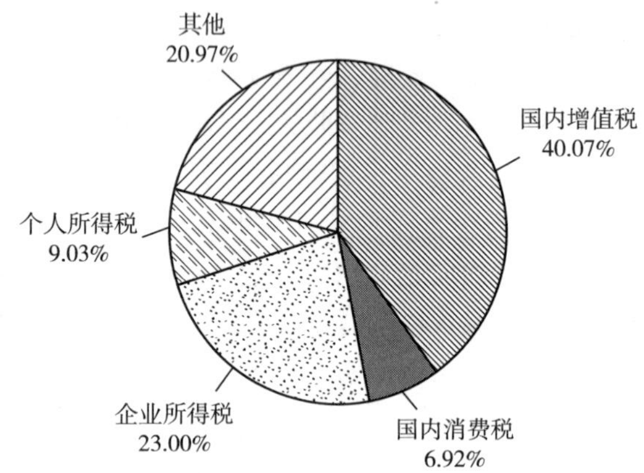

图 4－7　2018 年各税种占税收总额比重

注：税收总额不包括关税。

资料来源：国家统计局．国家数据［DB/OL］. http：//data. stats. gov. cn/easyquery. htm？cn = C01&zb = A0806&sj = 2018.

表 4－12　　2017 年部分发达国家个人所得税占 GDP 比重（%）

国家	比重	国家	比重	国家	比重
澳大利亚	11.5	加拿大	11.7	丹麦	24.2
法国	8.6	德国	10.2	意大利	10.8
日本	5.9	芬兰	12.6	新西兰	12.1
挪威	10.3	西班牙	7.3	瑞典	13.3
英国	9.1	美国	10.4	OECD 平均	8.3

资料来源：OECD. OECD Statistics［DB/OL］. http：//stats. necd. org/.

4.4.2　中国个人所得税在效率方面的缺陷

我国的现行个人所得税在效率方面也存在一些缺陷，主要表现为：

4.4.2.1　分类综合课税导致替代效应

如前所述，我国的个人所得税是分类综合课征的，因此仍存在不同来源所得的费用扣除额和税率不同的现象，这就造成了差别税负。而差别税负必将带来替代效应。税收的效应包括两类，即收入效应和替代效应，其中，收入效应并不会改变不同种类商品或劳动与闲暇之间的相对价格，也因此不会改变个人的行为，从而不会破坏已经存在的帕累托最优条件，但替代效应则恰恰相反，其会因导致商品之间或劳动与闲暇之间的相对价格发生变化而破坏帕累托最优，进而扭曲个人行为，导致效率损失。

4.4.2.2　综合所得最高边际税率过高导致高效率损失

我国个人所得税的综合所得最高边际税率为45%，与其他发展中国家相比，处于较高的行列。一般而言，税率的高低在很大程度上取决于纳税人的负税能力，相对发达国家，发展中国家的人均收入较低，纳税人负税能力有限，因此，税率普遍较低。当前，绝大多数发展中国家个人所得税的最高边际税率都在35%以下，不少国家甚至在20%以下，我国的综合所得最高边际税率明显偏高。由于个人所得税的效率损失与税率的平方成正比，因此，我国过高的税率会导致过高的效率损失。目前，我国的纳税人综合所得每月在55000~80000元之间的部分税率为35%，超过80000元的部分税率为45%，虽然这个水平是我国的城镇就业人员平均工资的10倍左右，但是，我国幅员辽阔，一、二线城市与偏远地区的住房成本、教育成本等差异巨大，以整体平均工资水平来评价一、二线人员的工薪高低会失之偏颇。

4.4.2.3　费用扣除额缺乏随物价变动的机制，造成额外效率损失

我国个人所得税的费用扣除额没有设定随物价调整的机制，在物价不断上涨的背景下，纳税人就面临税率不断爬升的局面，这种状况事实上加重了个人所得税的税收负担，从而提高了效率损失。

4.4.3　中国个人所得税在国际竞争力方面的缺陷

与发达国家不同，我国的个人所得税在税收总额中占比较低，因此影响力较差，所以，在税制的国际竞争力方面，我国的个人所得税并非重点。但是，如果仔细探究，目前的个人所得税仍然存在某些可能会有损国际竞争力的方面，最主要的是我国的税收负担在某些方面仍然较高。

我国税收负担较高的原因主要包括两个方面：税率较高和费用扣除额较低。

首先，我国的综合所得税率较高，不利于吸引高素质人才；与资本所得相关的税率中，股利、利息、红利和资本利得税率总体而言并不高，但是适用于经营所得的最高边际税率为35%，这个税率与许多发展中国家相比较高，因此，如果单纯考虑国际竞争力原则，这个税率应当适当降低。

其次，费用扣除额较低。第一，我国个人所得税的费用扣除额没有随物价调整的机制。我国 2018 年 10 月将综合所得费用扣除额提高到了 5000 元，但没有随物价调整的机制，由表 4－13 可见，近年来我国的物价水平和工资水平均在增长，尤其是工资，2018 年是 2011 年的近 2 倍，这种趋势以后可能会稍微放缓，但总体方向应当不会改变。在这种背景下，无物价调整机制的费用扣除额就会使大量纳税人随着时间流逝自动发生个人所得税的税率级次爬升，在无形中提高了税负。第二，我国的费用扣除额对纳税人相关具体状况的考虑仍存在欠缺。我国的个人所得税申报单位均为个人，若夫妻中只有一人工作，其费用扣除额与单身没有任何差别，而若可以按家庭申报，则夫妻联合申报的费用扣除额就会大幅提高，因此，我国的制度规定导致特定纳税人费用扣除不足。

表 4－13　近年来我国城镇单位就业人员平均工资增长状况和消费者价格指数

单位：%

年份	2011	2012	2013	2014	2015	2016	2017	2018
工资增长状况	100	111.89	123.17	134.84	148.40	161.65	177.80	197.17
居民消费价格指数	100	102.60	105.27	107.38	108.88	111.06	112.83	115.20

注：以 2011 年为 100。

资料来源：国家统计局．国家数据［DB/OL］. http://data.stats.gov.cn/easyquery.htm?cn=C01&zb=A040F&sj=2018；http://data.stats.gov.cn/easyquery.htm?cn=C01&zb=A0902&sj=2018.

总之，虽然最近的这次税制改革使得我国的个人所得税得到了一定程度的优化，但其仍存在诸多不够完善之处，在公平、效率和国际竞争力方面均存在缺陷，需要进一步完善。

第 5 章

中国个人所得税的公平效应评估（一）

前文沿着我国个人所得税的演进路径对个人所得税改革进程中公平、效率和国际竞争力原则的权衡进行了定性分析，并简要探讨了我国现行个人所得税在公平、效率和国际竞争力方面的缺陷，本章拟对个人所得税的公平效应，即再分配效应进行定量测算和评价。

我国个人所得税的公平效应是许多文献专注的焦点，这些文献的观点存在一定差异。有的文献认为我国的个人所得税具有收入再分配效应（何辉等，2014），有的文献虽然也承认我国的个人所得税具有正向再分配效应，但认为其调节效果相当有限或存在明显弱点（岳希明等，2012；彭海艳，2011；饶海琴、冯仲华，2010；陈建东等，2016），还有的文献认为我国个人所得税的再分配效应缺陷较大，可能存在逆向调节（刘扬等，2014；古建芹、张丽微，2011）。这些文献一般均采用了定量分析方法，这些分析对厘清我国个人所得税的再分配效应现状，进而寻求适当的个人所得税改革方向具有较大作用，但是，由于调查数据存在的问题，已有研究具有一定局限。

万莹（2011）在分析中直接采用了国家统计局微观调查数据中的个人所得税数据，但岳希明、徐静（2012）通过对国家统计局住户调查数据中个人所得税数额与国家税务总局公布的全国个人所得税收入总额，以及根据住户调查数据中的个人收入测算出的个人所得税应纳税额的比对，发现住户调查数据严重低估了个人所得税的纳税额，使其无法用于分析。因此，其在分析中使用的个人所得税数额是根据住户调查数据中的各项个人收入，依据税法规定自行测算出来的。由于类似原因，刘怡、聂海峰（2005），徐建炜等（2013），徐静、岳希明（2014）均采用了同样的方式处理个人所得税数据。这种处理方式虽然能够在一定程度上反映我国个人所得税制度的收入分配效应，但是也存在明显的缺陷：这样估计出的个人所得税数额实际上是地上收入的名义所得税数额，而既非个人所得税的实际征收额，也非理想状况下的全部个人所得税名义征收额，这就导致这些文献对个人所得税再分配效应的反映存在一定程度的失真。

笔者认为，个人所得税征收额实际上包括三种：实际征收额、地上收入名义征收额、全部收入名义征收额。其中，实际征收额指税务机关实际征收的个人所得税税额，这是在现实条件下，个人所得税制度得到不完全遵从时的实际征税额；地上收入名义征收额指根据税法规定，全部地上收入应征的个人所得税税额，此处的地上收入指已经纳入政府统计范围，实际上可以被政府管控的个人收入，前述文献采用的就是这个指标；全部收入名义征收额指的是根据税法规定，全部地上收入和地下收入应征的个人所得税税收总额，此处的地下收入指脱离了政府监管，未被纳入统计范围的个人收入，这是理想状态下，个人所得税制得到彻底遵从时的个人所得税的全部征收额。

只有在信息完全的条件下，税务当局掌握所有的个人收入信息，才能够对包括地上收入和地下收入①的全部个人收入全额征税。但是，在现实世界中，由于信息不完全和税收征管条件的限制，个人所得税的实际征收额与名义征收额之间是存在差异的，而个人所得税的再分配效应也相应存在实际效应和名义效应。

全部收入个人所得税名义征收额的再分配效应是理想状态下个人所得税制度对收入分配的影响，其更多体现的是税制设计本身的名义再分配效应；实际征收额的再分配效应是个人所得税制度对收入分配的实际影响，是税制的实际再分配效应，其决定因素既包括税制设计优劣，也包括税收征管水平的高低；地上收入名义征收额的再分配效应介于实际征收额再分配效应与全部收入征收额再分配效应之间，也是一种名义再分配效应，反映的是当全部地上收入都被课税时，个人所得税对收入分配的影响。

总体而言，个人所得税的名义再分配效应体现的是税制再分配效应的潜力，而能够真正作用于收入分配现实的则是个人所得税的实际收入再分

① 由于信息完全，所有的个人收入均被纳入了政府监控范围，此时地下收入实际已经不存在了。

配效应（见图5-1）。

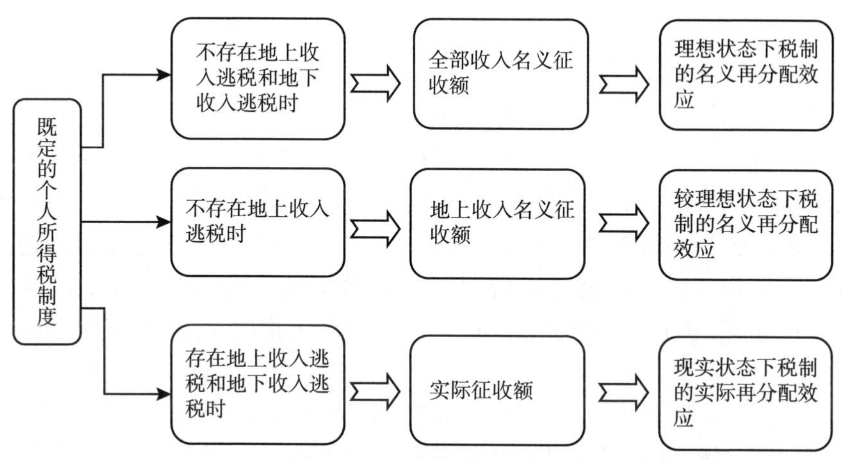

图5-1 个人所得税三种征税额下的不同再分配效应

个人所得税名义征收额与实际征收额之间是存在差距的，一般而言，相对于发展中国家，发达国家的信息更加完全和对称，税收征管水平更高，二者之间的差别相对较小；而在发展中国家，个人所得税名义征收额与实际征收额之间的差距则可能非常大，一方面，发展中国家的地上收入存在逃税现象，另一方面，发展中国家往往存在规模可观的地下经济，施耐德（Schneider，2005）对110个国家的研究表明，发展中国家地下经济占官方GDP的比重很高，因此，在发展中国家，个人所得税很大程度上沦落为了对正规部门的工薪收入课征的源泉扣缴税（Bird & Zolt，2005）。我国的现状恰恰与上述发展中国家的典型状况相符，由于信息不完全，同时税收征管制度长期以来侧重于对企业纳税人的管理而缺乏对个人税收的征管能力，个人所得税的逃税较为严重，因此，在我国，个人所得税的实际再分配效应与名义再分配效应应当存在较大差异，不能相互替代，所以，分别不同类型个人所得税征收额对个人所得税的名义再分配效应和实际再分配效应进行研究和适当地比较是非常有必要的。

本章拟对我国个人所得税的再分配效应进行分析，主题虽与一些文献类似，但本章的着眼点和创新之处在于：第一，通过对我国个人所得税实际再分配效应的测算，估计个人所得税真实的再分配效应；第二，通过对我国包括地下收入在内的全部收入个人所得税名义再分配效应的测算，估计现行个人所得税制度的再分配潜力；第三，通过对个人所得税实际再分配效应和名义再分配效应的比较，揭示税收征管对个人所得税再分配效应的影响程度。此外，在对个人所得税征收额进行测算时，笔者补充加入了微观调查数据中缺失的极高收入者样本，使得测算结果更加符合实际。由于现行个人所得税法2019年刚刚生效，相关数据无法获取，所以，此处使用过去年度的数据。虽然经历了2019年的税制改革，我国当前的个人所得税法本身以及税收征管与过去相比仍然具有很多相似之处，因此，借用以往数据实施分析仍有很高的现实意义。在本章，为了表述方便，我国个人所得税指的是2019年税制改革前的税制。

本部分在测算过程中全面考虑了城镇居民和农村居民的个人所得税纳税情况，但是，在个人所得税的再分配效应方面，估计的是个人所得税对城镇居民收入再分配的影响。

5.1 数据来源与研究路径

5.1.1 数据来源

本章使用的收入数据主要为国家统计局分等级城镇居民家庭收入数据，来源于《中国城市（镇）生活与价格年鉴》，其他相关数据主要来源于《中国统计年鉴》《中国税务年鉴》《中国人民银行年报》等。由于2012年之后相关年鉴列示的数据种类和数据口径发生了变化，无法获得分等级城镇居民家庭税前的分类收入，为了保持口径一致，本章采用的是2008~2011年的数据。这种做法的可行性在于，一方面，如前所述，2011年之后我国的个人所得税税收征管状况并未发生实质性的变化，同时，在本部分的估计中，虽然采用的是2019年个人所得税改革前的分类课征个人所得税制，但对所得的分类实际上与改革后的所得分类大体一致，因此，按照2008~2011年数据分析而得的结果仍然具有现实意义；另一方面，若仅使用1年的数据可能会因当年特有因素而导致分析结果有失偏颇，但使用4年的数据就能够避免这个问题，同时，2008～2011年这个时段经历了两次个人所得税制的变革，也比较具有代表性。

5.1.2 研究路径

本章的研究路径大体如下：

第一，对国家统计局分收入等级微观调查数据中缺失的极高收入样本进行测算弥补，从而得到较为完整的微观调查数据。

第二，利用这些分收入等级调查数据，根据税法规定按照工薪收入、经营净收入和财产性收入分别测算不同收入等级纳税人的地上收入个人所得税名义征收额，并根据个人所得税名义征收额与来自《中国税务年鉴》的个人所得税实际征收总额的比率，分收入种类测算不同收入等级城镇居民的个人所得税实际征收额，从而一方面避开了对微观调查数据中过低的个人所得税实际征收额的使用，另一方面也避免了以地上收入名义征收额替代实际征收额而可能导致的扭曲。

第三，根据测算出的城镇居民地上收入个人所得税名义征收额、实际征收额数据，分别估算地上收入个人所得税名义征收额下的再分配效应和实际征收额下的再分配效应。

第四，根据现金比率法估算地下经济的规模及地下经济个人所得税名义征收额。

第五，测算城镇居民包括地上收入和地下收入的全部收入名义征收额下的个人所得税再分配效应。

第六，对个人所得税的总体再分配效应进行总结分析并提出相关政策建议。

其中，第一～第三测算的是个人所得税的实际再分配效应和地上收入名义征收额下的再分配效应；第四、第五测算的是全部收入个人所得税名义征收额下的再分配效应。

研究路径的简要流程见图5－2。

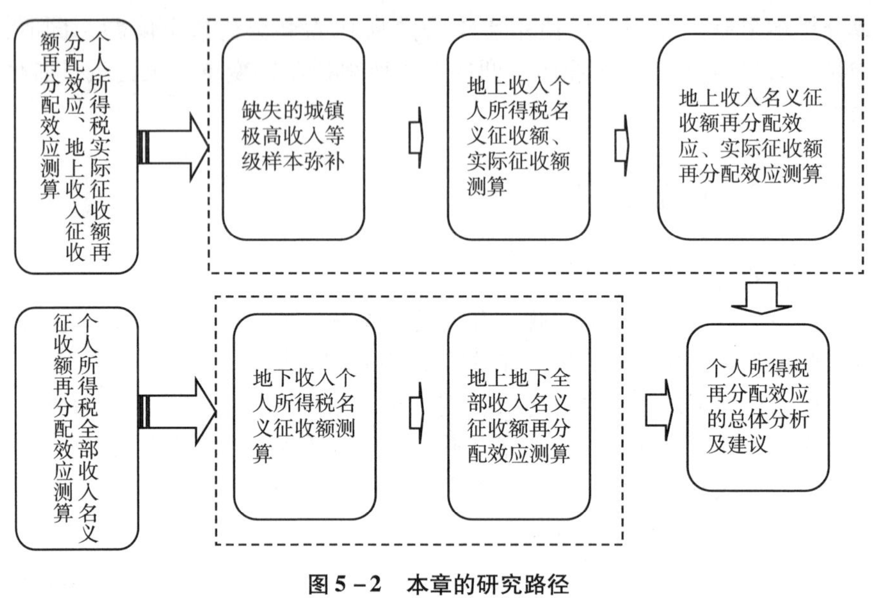

图5－2 本章的研究路径

5.2 数据测算[①]

5.2.1 城镇居民个人所得税实际征收额和地上收入名义征收额下的再分配效应测算

5.2.1.1 对城镇居民住户调查数据中缺失的极高收入人群的弥补

根据国家统计局的微观调查数据计算出的居民总收入与资金流量表中住户部门的初次分配总收入总是存在差距，前者总是较后者小，一些文献认为主要原因是因为调查数据普遍存在高收入样本的缺失问题（王小鲁，2010；李实、罗楚良，2011；徐静、岳希明，2014），这种状况导致微观调查数据发生偏差，尤其是分收入等级测算个人所得税的分配效应时，更

① 为了计算精确，居民户数、人数有时会保留小数；数据一般均由 Excel 运算，由于其中的数据多为无限不循环小数，因此有时与文中所列的按照保留两位小数计算的数据存在误差。

是会导致结果扭曲。本部分借鉴葛玉御（2015）的思路，假定国家统计局调查数据中现有的各收入等级居民的数据均为真实数据，而微观调查数据与宏观数据之间差异的原因为极高收入调查样本的缺失，因此，住户部门的初次分配总收入与微观调查居民总收入之间的差额即为调查缺失的极高收入等级的居民收入，即：

$$I_s = I_h - (I_u + I_r)$$

$$I_u = I_{ua} \times P_u$$

$$I_r = I_{ra} \times P_r$$

其中，I_s 为城乡极高收入等级居民收入，I_h 为住户部门初次分配总收入，I_u 为城镇居民调查总收入，I_r 为农村居民调查总收入，I_{ua} 为城镇居民人均全部年收入，P_u 为城镇总人口，I_{ra} 为农村居民人均年纯收入，P_r 为农村总人口。

这里之所以采用农村居民平均每人年纯收入而非总收入，是因为农村居民总收入中包含税费支出、生产性固定资产折旧，而这两项收入均不应属于住户部门，因此，农村居民人均总收入与资金流量表中的住户部门的初次分配总收入口径不一，而纯收入则剔除了这些部分，因此更为适当。

根据我国城乡居民收入状况，假设城镇极高收入等级居民收入（I_{su}）占城乡极高收入等级居民收入的80%，则：

$$I_{su} = I_s \times 80\%$$

经测算，假设城镇极高收入者占我国全部城镇居民人口的10%，同时假设极高收入等级居民其家庭状况、就业状况、收入结构与最高收入等级居民相同，即可得到城镇居民中极高收入样本的总收入及各类收入，这样微观调查样本中所缺失的极高收入等级样本就得到了补充。国家统计局原调查数据将城镇居民按收入分为7个等级，加上此处弥补的极高收入等级后，就形成了8个收入等级。

以2011年为例，计算见表5－1、表5－2。

表5－1　　2011年缺失的城镇极高收入者人均收入测算

城镇居民人均全部年收入（I_{ua}）（元）（1）	23979.20
城镇总人口（P_u）（亿人）（2）	6.9079
城镇居民调查总收入（I_u）（亿元）（3） （3）=（1）×（2）	165645.92

续表

农村居民人均全部年收入（I_{ra}）（元）（4）	6977.29
城镇总人口（P_r）（亿人）（5）	6.5656
农村居民调查总收入（I_r）（亿元）（6） (6) = (4) × (5)	45810.10
住户部门初次分配总收入（I_h）（亿元）（7）	284282.94
城乡极高收入等级居民收入（I_s）（亿元）（8） (8) = (7) - [(3) + (6)]	72826.92
城镇极高收入等级居民收入（I_{su}）（亿元）（9） (9) = (8) ×80%	58261.54
城镇极高收入者人均收入（I_{sua}）（元）（10） (10) = (9)/[(2) ×10%]	84340.45

表 5-2　　2011 年缺失的城镇极高收入者收入构成测算

	最高收入户		极高收入户	
	收入（元）	收入构成（%）	收入构成（%）	收入（元）
平均每人全部年收入	64460.67	100	100	84340.45
工薪收入	39817.11	61.77	61.77	52096.77
经营净收入	8324.55	12.91	12.91	10891.86
财产性收入	3462.37	5.37	5.37	4530.17
转移性收入	12856.63	19.94	19.94	16821.64

2008 ~2010 年缺失的城镇极高收入者收入构成也可按照同样方法进行测算。2008 ~2011 年城镇极高收入者收入构成测算结果见表 5-3。

表 5-3　　2008 ~2011 年缺失的城镇极高收入者收入构成测算　　单位：元

年份	2008	2009	2010	2011
平均每人全部年收入	58167.82	61212.55	73173.42	84340.45
工薪收入	37581.05	38789.03	45637.32	52096.77
经营净收入	6853.75	6582.63	8100.22	10891.86
财产性收入	2525.82	2767.93	3548.24	4530.17
转移性收入	11207.19	13072.96	15887.64	16821.64

5.2.1.2 城镇居民地上收入个人所得税名义征收额和实际征收额测算

根据统计分类，我国城镇居民家庭的家庭总收入被分为工薪收入、经营净收入、财产性收入和转移性收入四类，其中，工薪收入指就业人员通过各种途径得到的全部劳动报酬，包括所从事的主要职业的工资以及从事第二职业、其他兼职和零星劳动得到的其他劳动收入；经营净收入指家庭成员从事生产经营活动所获得的净收入，是全部生产经营收入扣除生产成本和税金后所得的收入；财产性收入指家庭拥有的动产、不动产所获得的收入，主要包括利息收入、股息与红利收入、保险收益、其他投资收入、出租房屋收入、知识产权收入及其他财产性收入，其中，其他投资收入中包括财产转让溢价收入；转移性收入指国家、单位、社会团体对居民家庭的各种转移支付和居民家庭间的收入转移，包括政府对个人收入转移的离退休金、失业救济金、赔偿等，还包括单位对个人收入转移的辞退金、保险索赔、住房公积金、家庭间的赠送和赡养等（国家统计局城市社会经济调查司，2012）。

将上述收入分类与个人所得税课税范围相比较，工薪收入、经营净收入和财产性收入基本属于个人所得税的纳税范围，而转移性收入则基本在个人所得税课税范围之外。其中，工薪收入与个人所得税课税范围中的工资、薪金所得、劳务报酬所得及稿酬所得相对应；经营净收入大体与个体工商户的生产经营所得及对企事业单位的承包经营、承租经营所得相对应；财产性收入则大体与特许权使用费所得、利息、股息、红利所得、财产租赁所得、财产转让所得、偶然所得、其他所得等相对应①。

因此，笔者拟依据这些收入分类数据，根据个人所得税的相关法律规定，对个人所得税应纳税额，即地上收入名义征收额进行估测②。由于基础收入数据来自对部分城镇居民家庭的抽样调查，因此，笔者的思路是在对抽样调查样本数据测算的基础上，推算出全国全部城镇人口的应纳税额。即：

---

① 本部分即按照工薪收入、经营净收入、财产性收入分别对个人所得税税额进行测算。虽然劳务报酬所得、稿酬所得的税率与工资薪金所得不同，但是，工资薪金所得税额在本部分定义的工薪收入所得税中占比很高，2008～2011年间，工资薪金所得税的比重一直在96%以上，而劳务报酬所得税的比重才稍高于3%，稿酬所得税的比重不到1%，所以，将劳务报酬所得、稿酬所得合并入工资薪金所得，按照工资薪金所得的税率测算，误差较小。

② 测算时考虑到了2008年3月1日和2011年9月1日的两次个人所得税税制改革。

$$T_a^j = \sum_{i=1}^{n} T_{ai}^j \quad j = 1, 2, 3; \quad i = 1, 2, \cdots, 8$$

其中，j 表示收入种类，包括工薪收入、经营净收入和财产性收入；T_a^j 为全部城镇人口第 j 类地上收入的名义征收额；i 表示城镇居民的不同收入等级，共有 8 个收入等级；T_{ai}^j 指第 i 个收入等级城镇居民的地上收入名义征收额。

而城镇居民个人所得税地上收入名义征收总额（T_a）为：

$$T_a = \sum_{j=1}^{n} T_a^j \quad j = 1, 2, 3$$

上述推算来源于城镇居民家庭数据，未包括农村居民家庭的应纳税额，虽然我国的个人所得税主要征收自城镇居民，但农村居民也会缴纳少部分，原因是，一方面，农村居民也会取得个人所得税法应税所得，若符合课税条件，也应缴纳个人所得税；另一方面，2013 年前，家在农村又常年外出的农民工，其收支情况在农村户籍地向其家人调查，① 这些农民工的收入并未包括在城镇居民收入中，而其中的高收入者其收入会高于个人所得税的费用扣除额，符合课税条件。农村居民由于大部分收入较低，不同收入等级的收入数据经平均后，少量高收入者的较高收入难以体现，而工薪收入和经营净收入个人所得税有必要的费用扣除额，因此，按照平均收入计算农村居民应纳税额将发生严重低估，所以，本章不再直接按照农村居民调查数据估算其应纳的工薪收入和经营净收入个人所得税额，而是按照保守估计，假设农村居民的工薪收入和经营净收入应纳税额为城镇居民的 10%。所以，城乡居民全部地上工薪收入和经营净收入名义征收额（$T_a^{j'}$）为城镇居民相应收入应征税额乘以 110%。即：

$$T_a^{j'} = T_a^j \times 110\% \quad j = 1, 2$$

但是，由于财产性收入的个人所得税不涉及费用扣除额，而是直接将财产性收入乘以税率计算而得，因此，城镇和农村居民的财产性收入应征税额直接按照城乡不同收入等级居民的财产性收入计算。

城乡居民全部个人所得税税额（T'_a）为：

$$T'_a = \sum_{j=1}^{n} T_a^{j'} \quad j = 1, 2, 3$$

在得到城乡居民地上收入的工薪收入、经营净收入、财产性收入个人

① 参见国家统计局．中国住户调查年鉴（2014）［M］．北京：中国统计出版社，2015：363.

所得税名义征收额测算额（$T_a^{j'}$）后，将其与《中国税务年鉴》中的相应种类收入的个人所得税实际征收额（$T_b^{j'}$）分别进行对比，以各类收入个人所得税的实际征收额（$T_b^{j'}$）除以名义征收额（$T_a^{j'}$），得出各类收入个人所得税的征收率（q^j），再以其乘以该类收入不同等级城镇居民家庭地上收入名义征收额（T_{ai}^j），则可得不同收入等级城镇居民家庭个人所得税的实际征收额（T_{bi}^j）。即：

$$q_j = \frac{T_b^{j'}}{T_a^{j'}} \quad j = 1,\ 2,\ 3$$

$$T_{bi}^j = T_{ai}^j \times q^j \quad j = 1,\ 2,\ 3;\ i = 1,\ 2\cdots,\ 8$$

需要说明的是，由于缺乏确定不同收入等级家庭各自实际征收率（或逃税率）的证据，所以此处假设不同收入等级的家庭其个人所得税的实际征收率（或逃税率）是相同的。

（1）城镇居民地上工薪收入个人所得税名义征收额和实际征收额测算。

如前所述，此处的工薪收入个人所得税实际对应的是工资、薪金所得、劳务报酬所得及稿酬所得的个人所得税。由于国家统计局的分等级调查数据分组较粗，为了使测算更加符合现实，笔者又将每个收入等级分为了两个子等级，并对各子等级的平均收入进行了适当调整。

2011年城镇居民地上工薪收入个人所得税测算见表5-4、表5-5、表5-6、表5-7。

根据测算，2011年全年城镇地上工薪收入个人所得税名义征收额 $T_a^{1'}$ 为49922743.64万元，即4992.27亿元，假设农村居民工薪收入个人所得税名义征收额为城镇居民的10%，则2011年我国城乡全体居民地上工薪收入个人所得税名义征收额 T_a^1 为：

$T_a^1 = T_a^{1'} \times 100\% = 4992.27 \times 110\% = 5491.50$（亿元）

根据《中国税务年鉴》数据，2011年我国实际征收的工资薪金所得、劳务所得和稿酬所得个人所得税 $T_b^{1'}$ 为4043.14亿元，则工薪收入个人所得税征收率 q^1 为：

$$q^1 = \frac{T_b^{1'}}{T_a^{1'}} = \frac{4043.14}{5491.50} = 73.63\%$$

将表5-5、表5-6中计算出的城镇居民各收入等级地上工薪收入个人所得税名义征收额 T_{ai}^1 分别乘以征收率 q^1，则可得出各收入等级地上工薪收入个人所得税实际征收额 T_{bi}^1（见表5-8）。

表 5-4　2011 年城镇居民地上个人所得税工薪收入所得测算表

单位：元

	最低收入户（9%）	低收入户（9%）	中等偏下户（18%）	中等收入户（18%）	中等偏上户（18%）	高收入户（9%）	最高收入户（9%）	极高收入户（10%）	全国
调查户数（1）	6505	6566	13170	13178	13177	6572	6488	7295	72950
人均工薪收入（2）	5006.92	7881.69	10364.65	14059.51	18747.11	25126.1	39817.11	52096.77	
平均每户家庭人口（3）	3.3	3.2	3.01	2.82	2.67	2.57	2.53	2.53	2.83
平均每户就业人口（4）	1.29	1.51	1.52	1.49	1.48	1.48	1.58	1.58	1.49
就业人口中城镇个体经营者人数（5）	0.18	0.19	0.17	0.14	0.13	0.14	0.19	0.19	
就业者中工薪收入者人数（6）(6)=(4)-(5)	1.11	1.32	1.35	1.35	1.35	1.34	1.39	1.39	1.33
每个工薪收入者负担家庭人口数（7）(7)=(3)/(6)	2.97	2.42	2.23	2.09	1.98	1.92	1.82	1.82	
工薪收入人口年人均工薪收入（8）(8)=(2)×(7)	14870.55	19073.69	23113.17	29384.38	37119.28	48242.11	72467.14	94816.12	
工薪收入人口月平均工薪收入（9）(9)=(8)/(12)	1239.21	1589.47	1926.1	2448.7	3093.27	4020.18	6038.93	7901.34	

表5-5　　2011年城镇居民地上工薪收入个人所得税名义征收额测算表1

项目	中等偏下户1	中等偏下户2	中等收入户1	中等收入户2	中等偏上户1	中等偏上户2
原组别月平均工薪收入（元）（1）	1926.1		2448.7		3093.27	
户数（2）	6585	6585	6589	6589	6588.5	6588.5
户数占总户数比重（3）	9.0%	9.0%	9.0%	9.0%	9.0%	9.0%
每户工薪人口数（4）	1.35	1.35	1.35	1.35	1.35	1.35
工薪收入人口数（5） （5）=（2）×（4）	8889.75	8889.75	8895.15	8895.15	8894.48	8894.48
工薪收入人口比重（6）*	9.15%	9.15%	9.15%	9.15%	9.15%	9.15%
每组月平均工薪收入（元）（7）	1826.1	2026.1	2348.7	2548.7	2893.27	3293.27
1～8月人均税收收入（元）（8）	0	10.44	139.48	238.96	514.62	834.62
9～12月人均税收收入（元）（9）	0	0	0	0	0	0
城镇人口1～8月税收总额（万元）（10）**	0	31087.44	415585.28	711989.23	1533199.05	2486577.29
城镇人口9～12月税收总额（万元）（11）	0	0	0	0	0	0
城镇人口2011年税收总额（万元）（12） （12）=（10）+（11）	0	31087.44	415585.28	711989.23	1533199.05	2486577.29
城镇人口2011年各收入等级税收总额（万元）（13）	31087.44		1127574.50		4019776.33	

表 5－6　2011 年城镇居民地上工薪收入个人所得税名义征收额测算表 2

项目	高收入户 1	高收入户 2	最高收入户 1	最高收入户 2	极高收入户 1	极高收入户 2
原组别月平均工薪收入（元）（1）	4020.18		6038.93		7901.34	
户数（2）	3286	3286	3244	3244	3647.5	3647.5
户数占总户数比重（3）	4.5%	4.5%	4.5%	4.5%	5.0%	5.0%
每户工薪人口数（4）	1.34	1.34	1.39	1.39	1.39	1.39
工薪收入人口数（5）（5）=（2）×（4）	4403.24	4403.24	4509.16	4509.16	5070.03	5070.03
工薪收入人口比重（6）*	4.53%	4.53%	4.64%	4.64%	5.22%	5.22%
每组月平均工薪收入（元）（7）	3720.18	4320.18	5438.93	6638.93	7301.34	8501.34
1～8 月人均税收收入（元）（8）**	1176.14	1784.22	3126.72	4566.72	5482.15	7402.15
9～12 月人均税收收入（元）（9）	26.42	98.42	355.57	835.57	1100.54	1781.07
城镇人口 1～8 月税收总额（万元）（10）***	1734713.64	2631568.77	4722576.69	6897545.71	9310133.63	12570799.27
城镇人口 9～12 月税收总额（万元）（11）	38969.64	145163.60	537054.23	1262043.90	1869002.30	3024733.99

续表

项目	高收入户1	高收入户2	最高收入户1	最高收入户2	极高收入户1	极高收入户2
城镇人口2011年税收总额（万元）（12） （12）=（10）+（11）	1773683. 28	2776732. 37	5259630. 91	8159589. 61	11179135. 93	15595533. 26
城镇人口2011年各收入等级税收总额（万元）（13）	4550415. 65		13419220. 52		26774669. 19	

* 工薪收入人口比重 = 每组工薪收入人口数/全部被调查家庭工薪人口数；全部被调查家庭工薪收入人口数 = 平均每户工薪收入人口数（1. 33）× 全部被调查户数（72950）= 97199 人。

** 2011 年 1 ~ 8 月工薪收入每月费用扣除额为 2000 元，9 ~ 12 月每月费用扣除额为 3500 元。

*** 城镇人口 1 ~ 8 月税收总额（10）= 1 ~ 8 月人均税收收入（8）× 城镇人口中工薪收入者数量 × 工薪收入人口比重（6）；城镇人口 9 ~ 12 月税收总额按同样方法计算。

表 5－7　2011 年城镇人口中工薪收入者数量　单位：万人

城镇人口（1）	69079
城镇工薪收入人口比重（2）①	47.13%
城镇工薪收入人口（3） （3）=（1）×（2）	32557.79

注：①城镇工薪收入人口比重 = 被调查家庭平均每户工薪收入人口/被调查家庭平均每户人口 = 1.33/2.83 = 0.4713。

表 5－8　2011 年不同收入等级城镇居民地上工薪收入个人所得税征收额

	中等偏下户（18%）	中等收入户（18%）	中等偏上户（18%）	高收入户（9%）	最高收入户（9%）	极高收入户（10%）
名义征收额 T_{ai}^{1}（亿元）	3.11	112.76	401.98	455.04	1341.92	2677.47
征收率 q^{1}	73.63%					
实际征收额 T_{bi}^{1}（亿元）	2.29	83.02	295.96	335.03	988.00	1971.30

注：未列示的收入等级个人所得税征收额为 0。下同。

2008～2010 年地上收入工薪收入个人所得税名义征收额可采用同样方法测算。2008～2010 年不同收入等级地上收入工薪收入个人所得税测算额汇总见表 5－9～表 5－11。可以看出，2008～2011 年，我国地上工薪收入的个人所得税征收率在 64%～74% 之间，即已经纳入政府统计范围的工薪收入仍然有相当部分未缴纳个人所得税。

表 5－9　2010 年不同收入等级城镇居民地上工薪收入个人所得税征收额

	中等收入户（18%）	中等偏上户（18%）	高收入户（9%）	最高收入户（9%）	极高收入户（10%）
名义征收额 T_{ai}^{1}（亿元）	59.04	356.04	443.37	1315.00	2440.37
征收率 q^{1}	64.43%				
实际征收额 T_{bi}^{1}（亿元）	38.04	229.40	285.67	847.25	1572.33

表 5-10 2009 年不同收入等级城镇居民地上工薪收入个人所得税征收额

	中等收入户（18%）	中等偏上户（18%）	高收入户（9%）	最高收入户（9%）	极高收入户（10%）
名义征收额 T_{ai}^1（亿元）	6.76	255.12	356.77	1158.05	1885.66
征收率 q^1	64.02%				
实际征收额 T_{bi}^1（亿元）	4.33	163.33	228.42	741.42	1207.26

表 5-11 2008 年不同收入等级城镇居民地上工薪收入个人所得税征收额

	中等收入户（18%）	中等偏上户（18%）	高收入户（9%）	最高收入户（9%）	极高收入户（10%）
名义征收额 T_{ai}^1（亿元）	10.06	129.92	273.52	886.18	1560.57
征收率 q^1	73.97%				
实际征收额 T_{bi}^1（亿元）	7.44	96.10	202.31	655.47	1154.29

（2）城镇居民地上经营净收入个人所得税名义征收额和实际征收额测算。

城镇居民地上经营净收入个人所得税额的测算与地上工薪收入相同，从表 5-12～表 5-15 可见，2008～2011 年间，我国城镇居民经营性净收入个人所得税的征收率相当低，均在 36% 以下。

表 5-12 2011 年不同收入等级城镇居民地上经营净收入个人所得税实际征收额

	中等收入户（18%）	中等偏上户（18%）	高收入户（9%）	最高收入户（9%）	极高收入户（10%）
名义征收额 T_{ai}^2（亿元）	7.79	74.92	116.32	792.77	1432.06
征收率 q^2	28.75%				
实际征收额 T_{bi}^2（亿元）	2.24	21.54	33.44	227.89	411.66

表 5-13　2010 年不同收入等级城镇居民地上经营净收入个人所得税征收额

	中等收入户（18%）	中等偏上户（18%）	高收入户（9%）	最高收入户（9%）	极高收入户（10%）
名义征收额 T_{ai}^2（亿元）	13.07	70.76	120.08	648.46	1105.40
征收率 q^2	31.08%				
实际征收额 T_{bi}^2（亿元）	4.06	21.98	37.30	201.40	343.32

表 5-14　2009 年不同收入等级城镇居民地上经营净收入个人所得税征收额

	中等收入户（18%）	中等偏上户（18%）	高收入户（9%）	最高收入户（9%）	极高收入户（10%）
名义征收额 T_{ai}^2（亿元）	5.06	47.45	83.98	492.78	759.76
征收率 q^2	35.74%				
实际征收额 T_{bi}^2（亿元）	1.81	16.96	30.01	176.11	271.53

表 5-15　2008 年不同收入等级城镇居民地上经营净收入个人所得税征收额

	中等收入户（18%）	中等偏上户（18%）	高收入户（9%）	最高收入户（9%）	极高收入户（10%）
名义征收额 T_{ai}^2（亿元）	5.93	46.84	52.25	491.22	791.85
征收率 q^2	34.61%				
实际征收额 T_{bi}^2（亿元）	2.05	16.21	18.08	170.03	27.41

（3）城镇居民地上财产性收入个人所得税名义征收额和实际征收额测算。

如前所述，财产性收入由于是直接使用比例税率，因此，其个人所得税额的测算较工薪收入和经营净收入简单。2008～2011 年城镇居民地上财产性收入个人所得税名义征收额和实际征收额的测算结果见表 5-16～表

5-19，可以看出，城镇居民财产性收入的个人所得税征收情况相对较好。

表 5-16　2011 年不同收入等级城镇居民地上财产性收入个人所得税征收额

	最低收入户（9%）	低收入户（9%）	中等偏下户（18%）	中等收入户（18%）	中等偏上户（18%）	高收入户（9%）	最高收入户（9%）	极高收入户（10%）
名义征收额 T_{ai}^3（亿元）	14.77	20.10	54.95	93.26	153.14	127.20	385.29	560.13
征收率 q^3	73.54%							
实际征收额 T_{bi}^3（亿元）	10.86	14.78	40.41	68.58	112.61	93.54	283.33	411.90

表 5-17　2010 年不同收入等级城镇居民地上财产性收入个人所得税征收额

	最低收入户（9%）	低收入户（9%）	中等偏下户（18%）	中等收入户（18%）	中等偏上户（18%）	高收入户（9%）	最高收入户（9%）	极高收入户（10%）
名义征收额 T_{ai}^3（亿元）	11.55	15.53	40.17	69.54	121.49	104.56	291.28	419.64
征收率 q^3	67.09%							
实际征收额 T_{bi}^3（亿元）	7.75	10.42	26.95	46.65	81.50	70.14	195.41	281.51

表 5-18　2009 年不同收入等级城镇居民地上财产性收入个人所得税征收额

	最低收入户（9%）	低收入户（9%）	中等偏下户（18%）	中等收入户（18%）	中等偏上户（18%）	高收入户（9%）	最高收入户（9%）	极高收入户（10%）
名义征收额 T_{ai}^3（亿元）	11.09	14.91	38.57	66.76	116.65	100.39	279.67	314.30
征收率 q^3	76.94%							
实际征收额 T_{bi}^3（亿元）	8.53	11.47	29.68	51.37	89.75	77.24	215.18	241.83

表 5－19　2008 年不同收入等级城镇居民地上财产性收入个人所得税征收额

	最低收入户（9%）	低收入户（9%）	中等偏下户（18%）	中等收入户（18%）	中等偏上户（18%）	高收入户（9%）	最高收入户（9%）	极高收入户（10%）
名义征收额 T_{ai}^3（亿元）	11.22	15.00	39.08	68.42	118.38	100.78	279.67	286.81
征收率 q^3	92.81%							
实际征收额 T_{bi}^3（亿元）	10.42	13.93	36.28	63.50	109.87	93.53	259.57	266.20

5.2.1.3　城镇居民地上收入个人所得税实际和名义再分配效应测算①

在税收累进性方面，较为常用的指标是卡克瓦尼（Kakwani，1977）提出的 Kakwani 累进指数，即 P 指数（或 K 指数），其等于税收集中度（C_T）与税前收入基尼系数（G_X）之差，以公式表示为：

$$P = C_T - G_X$$

P 指数为正，表示税制是累进的，为负表示税制是累退的，P 指数为正时数值越大，则表示税制的累进程度越高。

在税收再分配效应方面，较为常用的指标是马斯格雷夫和辰（Musgrave and Thin，1948）提出的 MT 指数，其等于税前收入基尼系数（G_X）与税后收入基尼系数（G_Y）之差，以公式表示为：

$$MT = G_X - G_Y$$

MT 指数越大，表示税收对收入分配差距的调控效果越强。

卡克瓦尼（1984）又将 MT 指数进行了如下分解：

$$MT = \frac{t}{1-t}P + (C_Y - G_Y) = V + H$$

其中，t 为平均税率，P 为 P 指数，C_Y 为按照税前收入排序的税后收入集中度，而 $V = \frac{t}{1-t}P$ 表示纵向公平，$H = C_Y - G_Y$ 表示横向公平。V 符号为正时，表示税制是累进的，较为公平；H 的符号总为负或零，其数值

① 本部分的部分内容发表于：李文．我国个人所得税的再分配效应与税率设置取向［J］．税务研究，2017，2：45－81.

为负时常常与零接近，其衡量的是由于税收导致的个人收入排序的变化，表示税收所带来的对横向公平的负面影响。

下面将分别计算城镇居民个人地上总收入及不同类型地上收入个人所得税实际征收额下及名义征收额下的基尼系数、平均税率、P 指数和 MT 指数，以从数量上确定地上收入个人所得税实际征收额和名义征收额的再分配效果。

（1）城镇居民地上工薪收入个人所得税实际和名义再分配效应测算。

城镇居民地上工薪收入个人所得税实际征收额和名义征收额下的基尼系数、P 指数、平均税率及 MT 指数等见表 5-20、表 5-21。其中，平均税率等于个人所得税额与税前工薪收入之比。可以看出，历年的工薪收入实际税后基尼系数都较税前收入基尼系数水平低，说明我国的个人所得税确实具有一定的再分配作用，但是，工薪收入的名义税后收入基尼系数低于实际税后收入基尼系数，这说明由于税收征管方面的漏洞，逃税的存在导致个人所得税的再分配效应受到了影响。

表 5-20　城镇居民地上工薪收入基尼系数、个税税收集中度及平均税率

年份	税前收入基尼系数	实际税收集中度	名义税收集中度	实际税后收入基尼系数	名义税后收入基尼系数	实际平均税率（%）	名义平均税率（%）
2011	0.3250	0.7402	0.7402	0.3131	0.3086	2.81	3.81
2010	0.3228	0.7481	0.7481	0.3112	0.3045	2.66	4.13
2009	0.3205	0.7574	0.7574	0.3095	0.3032	2.44	3.81
2008	0.3375	0.7732	0.7732	0.3264	0.3223	2.49	3.36

表 5-21　城镇居民地上工薪收入个人所得税 MT 指数

年份	实际及名义税收 P 指数	个人所得税实际征收额下			个人所得税名义征收额下		
		MT 指数	纵向公平 V	横向公平 H	MT 指数	纵向公平 V	横向公平 H
2011	0.4152	0.01199	0.01199	0	0.01646	0.01646	0
2010	0.4253	0.01162	0.01162	0	0.01831	0.01831	0
2009	0.4370	0.01093	0.01093	0	0.01731	0.01731	0
2008	0.4356	0.01110	0.01110	0	0.01515	0.01515	0

再从 MT 指数方面来看，工薪收入名义征税额下的 MT 指数明显高于

实际征税额下的MT指数，说明地上工薪收入个人所得税的逃税对个人所得税再分配效应的削弱较为显著。而实际征税额和名义征税额下，横向公平均为零，即工薪收入个人所得税的公平效应均体现在纵向公平方面。由于本部分对不同收入等级纳税人逃税幅度相同的假设，实际税收和名义税收的累进程度，即P指数相等，因此，名义征收额下与实际征收额下MT指数的差异来自平均税率的差异，可以看出，历年工薪收入个人所得税的名义平均税率均显著高于实际平均税率，正是较低水平的实际平均税率拉低了个人所得税的实际再分配效果。

（2）城镇居民地上经营净收入个人所得税实际和名义再分配效应测算。

表5－22和表5－23显示，城镇居民经营净收入个人所得税MT指数的状况与工薪收入类似，只是由于经营净收入个人所得税的征收率大大低于工薪收入，逃税导致的实际平均税率与名义平均税率之间、实际税后收入基尼系数与名义税后收入基尼系数之间、个人所得税实际征收额MT指数与名义征收额MT指数间的差异更大，即更加严重的经营净收入逃税状况大大削弱了个人所得税的再分配效应。

表5－22　城镇居民地上经营净收入基尼系数、个税税收集中度及平均税率

年份	税前收入基尼系数	实际税收集中度	名义税收集中度	实际税后收入基尼系数	名义税后收入基尼系数	实际平均税率（%）	名义平均税率（%）
2011	0.4177	0.7971	0.7971	0.4046	0.3681	3.32	11.56
2010	0.4079	0.7846	0.7846	0.3925	0.3532	3.94	12.69
2009	0.3887	0.7847	0.7847	0.3728	0.3409	3.85	10.78
2008	0.4105	0.7930	0.7930	0.3954	0.3635	3.79	10.95

表5－23　城镇居民地上经营净收入个人所得税MT指数

年份	实际及名义税收P指数	个人所得税实际征收额下			个人所得税名义征收额下		
		MT指数	纵向公平V	横向公平H	MT指数	纵向公平V	横向公平H
2011	0.3794	0.01304	0.01304	0	0.04959	0.04959	0
2010	0.3767	0.01545	0.01545	0	0.05474	0.05474	0
2009	0.3960	0.01587	0.01587	0	0.04786	0.04786	0
2008	0.3825	0.01507	0.01507	0	0.04703	0.04703	0

（3）城镇居民地上财产性收入个人所得税实际和名义再分配效应测算。

由表 5 - 24、表 5 - 25 可见，我国城镇居民财产性收入的税前基尼系数相对工薪收入和经营净收入而言，是最高的，但是，由于财产性收入个人所得税为比例税率，实际税后收入基尼系数和名义税后收入基尼系数均与税前收入基尼系数相等，而实际征收额下的 MT 指数和名义征收额下的 MT 指数均为零，因此，税收无法改变收入分配状况。

表 5 - 24　城镇居民地上财产性收入基尼系数、个税税收集中度及平均税率（2008 ~ 2011）

年份	税前收入基尼系数	实际税收集中度	名义税收集中度	实际税后收入基尼系数	名义税后收入基尼系数	实际平均税率（%）	名义平均税率（%）
2011	0.5836	0.5836	0.5836	0.5836	0.5836	14.71	20
2010	0.5813	0.5813	0.5813	0.5813	0.5813	13.42	20
2009	0.5514	0.5514	0.5514	0.5514	0.5514	15.39	20
2008	0.5383	0.5383	0.5383	0.5383	0.5383	18.56	20

表 5 - 25　城镇居民地上财产性收入个人所得税 MT 指数

年份	实际及名义税收 P 指数	个人所得税实际征收额下			个人所得税名义征收额下		
		MT 指数	纵向公平 V	横向公平 H	MT 指数	纵向公平 V	横向公平 H
2011	0	0	0	0	0	0	0
2010	0	0	0	0	0	0	0
2009	0	0	0	0	0	0	0
2008	0	0	0	0	0	0	0

（4）城镇居民地上总收入个人所得税实际和名义再分配效应测算。

在分收入类型对个人所得税的实际和名义再分配效应进行测算之后，本部分将对全部地上收入个人所得税对城镇居民总收入的实际和名义再分配效应进行测算和比较。相关指标见表 5 - 26 和表 5 - 27，可以看出，2008 ~ 2011 年，相对城镇居民税前收入基尼系数，实际征收额下的税后收入基尼系数均得到了降低，说明我国个人所得税总体而言有一定的再分配作用，但是，名义税后基尼系数更低，说明逃税削弱了个人所得税的总体再分配效果。对个人所得税实际征收额和名义征收额的 MT 指数进行比较，也会得出同样结论。名义征税额的 MT 指数大大高于实际征税额的 MT 指数，其原因是，一方面，不存在逃税的名义平均税率高于存在逃税的实际平均税率，另一方面，名义征收额下的 P 指数也高于实际征收额下的 P 指数。

表 5-26　城镇居民地上总收入基尼系数、个税税收集中度及平均税率

年份	税前收入基尼系数	实际税收集中度	名义税收集中度	实际税后收入基尼系数	名义税后收入基尼系数	实际平均税率（%）	名义平均税率（%）
2011	0.3375	0.7176	0.7308	0.3273	0.3199	2.63	4.29
2010	0.3346	0.7253	0.7340	0.3246	0.3162	2.48	4.40
2009	0.3292	0.7193	0.7314	0.3195	0.3121	2.42	4.07
2008	0.3385	0.7178	0.7367	0.3286	0.3227	2.54	3.81

表 5-27　城镇居民地上总收入个人所得税 MT 指数

年份	个人所得税实际征收额下				个人所得税名义征收额下			
	P 指数	MT 指数	纵向公平 V	横向公平 H	P 指数	MT 指数	纵向公平 V	横向公平 H
2011	0.3800	0.01025	0.01025	0	0.3933	0.01762	0.01762	0
2010	0.3908	0.00993	0.00993	0	0.3995	0.01840	0.01840	0
2009	0.3901	0.00968	0.00968	0	0.4022	0.01707	0.01707	0
2008	0.3793	0.00989	0.00989	0	0.3982	0.01576	0.01576	0

（5）不同种类收入的税收征管效率对个人所得税税收集中度的影响测算。

本部分需要分别计算城镇居民不同种类收入个人所得税的税收集中度及个人所得税总体税收集中度，然后以不同种类个人所得税在个人所得税总额中的比重为权数，计算不同种类收入个人所得税税收集中度在总体税收集中度中的加权平均比重。即：

$$p^j = \frac{C_T^j}{C_T} \times \frac{T^j}{T} \qquad j = 1, 2, 3$$

其中，C_T 为城镇居民总体个人所得税税收集中度，C_T^j 为城镇居民工薪收入、经营净收入、财产性收入中的某类收入个人所得税税收集中度，p^j 为城镇居民某类收入个人所得税税收集中度占总体个人所得税税收集中度的比重，T 为城镇居民个人所得税总额，T^j 为城镇居民某类收入个人所得税额，T 和 T^j 可以是名义税额，也可以是实际税额。

税收集中度越高，说明税收在不同收入等级人群中的分布越不平均，即来自较高收入者的税收更多，在税前收入基尼系数一定的前提下，税收对收入分配的调节力度就越大。税收集中度比重 p^j 则体现了不同种类收入税收集中度对个人所得税总体税收集中度的贡献率。通过对实际征收额和地上收入名义征收额下的税收集中度比重进行比较，就可以看出不同种类收入个人所得税的税收征管状况对个人所得税税收集中度的影响。

在表 5 - 28 中，名义征收额下不同种类收入的税收集中度比重说明了在不存在地上收入逃税，税制得到较为良好遵从的情况下该类收入的税收集中度对总体税收集中度的应有贡献，若实际征收额下某类收入的税收集中度比重高于该类收入名义征收额下的税收集中度比重，则说明该类收入的个人所得税实际上对个人所得税的总体税收集中度有了超额贡献，反之则说明该类收入的个人所得税在实际上对个人所得税的总体税收集中度的贡献没有达到应有水平。由表 5 - 28 可见，工薪收入实际征收额下的税收集中度比重大幅高于名义征收额下的税收集中度比重，而经营净收入实际征收额下的该比重则大幅低于名义征收额下的该比重，结合前述两类收入个人所得税的不同征收率，可以得出结论，经营净收入大量逃税的存在使得个人所得税的总体税收集中度更加依赖于工薪收入所得税，从而严重削弱了个人所得税本应具备的再分配效应。

表 5 - 28　城镇居民不同种类收入个人所得税对再分配的影响程度　单位：%

年份	工薪收入		经营净收入		财产性收入	
	实际比重	名义比重	实际比重	名义比重	实际比重	名义比重
2011	70. 10	57. 33	14. 31	29. 97	15. 58	12. 76
2010	71. 29	61. 54	15. 29	27. 39	13. 42	11. 13
2009	69. 23	63. 32	15. 19	24. 88	15. 59	11. 86
2008	66. 07	58. 09	15. 39	28. 91	18. 55	13. 00

5.2.2 城镇居民个人所得税全部收入名义征收额下的再分配效应测算

5.2.2.1 城镇居民地下收入个人所得税名义征收额测算

个人所得税全部收入名义征收额等于地上收入名义征收额与地下收入名义征收额之和，由于地上收入名义征收额在前面已经测算得出，因此，此处需要测算地下收入名义征收额。

地下收入名义征收额的测算可以通过现金比率法来完成。现金比率法的基本原理是，假设为了逃避监管地下经济只使用现金进行交易，因此，由现金比率可以估算出地下经济的规模。其一般公式为：

$$Y_u = \frac{1}{\beta} Y_0 \frac{(K_u + 1)(C - K_0 D)}{(K_0 + 1)(K_u D - C)}$$

其中，Y_u 为地下收入，Y_0 为地上收入，一般指国内生产总值；C 为实际现金余额，C_u 为地下经济占有现金余额，C_0 为地上经济占有现金余额，$C = C_u + C_0$；D 为实际活期存款余额，D_u 为地下经济活期存款余额，D_0 为地上经济活期存款余额，$D = D_u + D_0$；Ku 为地下经济现金比率，$K_u = \frac{C_u}{D_u}$，K_0 为地上经济现金比率，$K_0 = \frac{C_0}{D_0}$；V_u 为地下经济周转速度，$V_u = \frac{Y_u}{(C_u + D_u)}$，$V_0$ 为地上经济周转速度，$V_0 = \frac{Y_0}{(C_0 + D_0)}$；$\beta = \frac{V_0}{V_u}$。

基于 $D_u \to 0$，$K_u \to \infty$；K_0 为常数；$\beta = 1$ 等较为严格的假设，上式可简化为：

$$Y_u = Y_0 \frac{(C - K_0 D)}{(K_0 + 1) D}$$

但是，一些文献也指出，随着社会经济的发展，银行卡等电子支付手段改变了传统的现金和活期存款支付体系，银行卡也成为地下经济交易使用的重要手段，因此现金流量法需要修正（辛浩、王韬，2008；李一花等，2010）。由于银行卡消费量较高，而银行卡消费的虽然是活期存款，但却具有现金的性质，因此，银行卡消费在一定程度上替代了现金，所以上述公式中的变量应当做出相应调整，现金余额应当加上银行卡折合现金量。此处的银行卡折合现金量等于银行卡消费量除以经济周转速度 V_0。

因 K_0 为地上经济现金比率，因此可以选择一个地下经济规模很小的时点，其时地下经济可以忽略不计，经济中的现金量可以被全部看作地上经济的现金量。我国个人所得税开征于 1980 年，开征前应当不存在为了逃避个人所得税而存在的地下经济，所以选择开征前时点似乎较为合适，但考虑到我国 1978 年才开始改革开放，市场化程度尚不高的 1979 年的支付特点可能与当前差异较大，因此，以个人所得税开征不久的 1982 年为基点计算 K_0。

城乡居民地下收入个人所得税名义征收额（T'_u）为地下经济规模（Y_u）与税负率$\left(\frac{T'_a}{Y_0}\right)$的乘积：

$$T'_u = Y_u \times \frac{T'_a}{Y_0}$$

包含地上经济和地下经济在内的全部城乡居民个人所得税名义征收额 $T' = T'_a + T'_u$，而各不同收入等级的城镇居民地下收入个人所得税名义征收额 T_{ui}则为：

$$T_{ui} = T_{ai} \times \frac{T'_u}{T'_a} \quad i = 1,\ 2,\ \cdots,\ 8$$

各不同收入等级城镇居民全部收入个人所得税名义征收额（T_i）为：

$$T_i = T_{ai} + T_{ui} \quad i = 1,\ 2,\ \cdots,\ 8$$

以 1982 年为基期，则 $K_0 = \frac{439.1}{1435.9} = 0.3058$。2008 ~ 2011 年地下经济规模及其个人所得税名义征收额测算见表 5 - 29、表 5 - 30。

表 5 - 29　　地下收入规模测算

年份	流通中现金（亿元）	活期存款 D（亿元）	国内生产总值 Y_0（亿元）	地上经济周转速度 V_0	银行卡消费额（亿元）	折合现金（亿元）	调整后流通中现金 C（亿元）	地下收入规模 Y_u（亿元）
2011	50748.50	239099.20	472619.20	1.63	152118.84	93291.38	144039.88	107360.26
2010	44628.20	221993.40	402816.50	1.51	104297.67	69033.94	113662.14	63610.77
2009	38245.97	181755.50	348775.10	1.59	68612.95	43279.90	81525.87	38126.88
2008	34218.96	131998.17	315974.60	1.90	39474.12	20765.20	54984.16	26799.30

表 5－30　　地下收入个人所得税名义征收额及其占比测算

年份	地下收入规模（亿元）	税负率（%）	地下收入名义征收额（亿元）	地上收入名义征收额（亿元）	全部收入名义征收额（亿元）	城镇居民全部收入名义征收额（亿元）
2011	107360.26	2.08	2234.62	9837.21	12071.83	10829.49
2010	63610.77	2.12	1351.02	8555.33	9906.35	8852.88
2009	38126.88	1.90	722.53	6609.49	7332.02	6648.62
2008	26799.30	1.77	474.80	5598.14	6072.94	5655.81

5.2.2.2　城镇居民全部收入个人所得税再分配效应测算

加入地下收入个人所得税名义征收额后，全部个人所得税名义征收额对城镇居民再分配的影响见表 5－31，可以看出，若地下收入也能够被课税，则个人所得税的平均税率将得到进一步提高，MT 指数也将提高，从而优化个人所得税的再分配效果。

表 5－31　　全部个人所得税名义征收额对城镇居民的再分配效应

年份	平均税率（%）	税收集中度	税后收入基尼系数	P 指数	MT 指数	纵向公平	横向公平
2011	5.26	0.7308	0.3157	0.3933	0.02184	0.02184	0
2010	5.10	0.7340	0.3131	0.3995	0.02146	0.02146	0
2009	4.52	0.7314	0.3101	0.4022	0.01902	0.01902	0
2008	4.13	0.7367	0.3214	0.3982	0.01715	0.01715	0

5.3　中国个人所得税再分配效应的总体评价

前述较为重要的测算结果汇总见表 5－32。根据前述分析，可以对我国 2019 年税制改革之前的个人所得税实施相应评价。

表 5-32　城镇居民个人所得税实际征收额、地上收入名义征收额、全部收入名义征收额再分配效应对比

年份		平均税率（%）	税收集中度	税后收入基尼系数	P 指数	MT 指数
2011	税前收入基尼系数			0.3375		
	实际征税额下	2.63	0.7176	0.3273	0.3800	0.01025
	地上收入名义征税额下	4.29	0.7308	0.3199	0.3933	0.01762
	全部收入名义征税额下	5.26	0.7308	0.3157	0.3933	0.02184
2010	税前收入基尼系数			0.3346		
	实际征税额下	2.48	0.7253	0.3246	0.3908	0.00993
	地上收入名义征税额下	4.40	0.7340	0.3162	0.3995	0.01840
	全部收入名义征税额下	5.10	0.7340	0.3131	0.3995	0.02146
2009	税前收入基尼系数			0.3292		
	实际征税额下	2.42	0.7193	0.3195	0.3901	0.00968
	地上收入名义征税额下	4.07	0.7314	0.3121	0.4022	0.01707
	全部收入名义征税额下	4.52	0.7314	0.3101	0.4022	0.01902
2008	税前收入基尼系数			0.3385		
	实际征税额下	2.54	0.7178	0.3286	0.3793	0.00989
	地上收入名义征税额下	3.81	0.7367	0.3227	0.3982	0.01576
	全部收入名义征税额下	4.13	0.7367	0.3214	0.3982	0.01715

5.3.1　中国个人所得税名义再分配效应分析

5.3.1.1　再分配潜力有限

如前所述，个人所得税的名义再分配效应代表了税制的再分配潜力。我国的个人所得税不论是地上收入名义征收额下的 MT 指数，还是包括地下收入在内的全部收入名义征收额下的 MT 指数，水平都较低，2008～2011 年间，前者的最高值为 2010 年的 0.01840，后者的最高值为 2011 年的 0.02184。根据有关文献，20 世纪 80 年代末 90 年代初，一些主要发达国家的平均 MT 指数为 0.0305（徐建炜等，2013），虽然我国是发展中国家，与发达国家存在差异，但是粗略来看，我国个人所得税的名义 MT 指

数仍然较低，再分配潜力有限。

5.3.1.2 名义累进性较高

MT 指数的数额取决于两个因素：税制累进性（可以 P 指数表示）和平均税率，由于本部分对不同收入等级纳税人逃税率相同的假设，地上收入与全部收入个人所得税名义 P 指数相同，2008～2011 年间，我国个人所得税的名义 P 指数介于 0.3933～0.4022 之间，而 20 世纪 80 年代末 90 年代初，一些主要发达国家个人所得税的平均 P 指数为 0.2108（徐建炜等，2013），因此，虽然有文献认为应当继续提高我国个人所得税的整体累进性（程莹、吴建，2012），但实际上我国个人所得税的名义累进性已经相当高了。

5.3.1.3 名义平均税率较低

造就较低税制 MT 指数的是我国较低的个人所得税名义平均税率，2008～2011 年间，地上收入个人所得税名义征收额下的平均税率徘徊在 3.81%～4.40%之间，全部收入个人所得税名义征收额下的平均税率则介于4.13%～5.26%之间。而 2012 年欧盟 28 国个人所得税平均税率接近 12%，其中最高的丹麦达 31.65%，最低的波兰为 6.78%，介于二者之间的如爱尔兰为 18.66%，英国为 13.10%，人均收入较低的发展中国家，如波兰、罗马尼亚、斯洛伐克、匈牙利、保加利亚等东欧国家其平均税率也均介于6%～8%之间。由此可以看出，我国个人所得税的名义平均税率确实较低。

名义平均税率高低主要取决于三个因素。

一是个人所得税的名义税率水平。个人所得税的名义税率水平越高，在其他条件一定时，其名义平均税率就越高。我国 2019 年之前的个人所得税是分类征收，大体而言，工薪收入和经营净收入实行超额累进税率，财产性收入实行 20% 的比例税率。就工薪收入的适用税率而言，不论其在 2011 年 9 月改革前还是改革后，最高边际税率均为 45%，而经营净收入的最高边际税率为 35%。部分发达国家和发展中国家个人所得税的最高边际税率见表 5－33，本部分挑选的发达国家和发展中国家均具有相当代表性，可以看出，大部分发达国家的个人所得税最高边际税率较高，一般均在 45% 以上，有些国家甚至超过 55%；而发展中国家的个人所得税最高边际税率则一般均在 40% 以下，金砖国家中印度为 30%，巴西为 27.5%，而俄罗斯则仅为13%。考虑到我国的经济发展水平，与其他国家相比，我国的个人所得税税率水平并不低。

表 5－33　部分发达国家和发展中国家个人所得税最高边际税率（2016）

部分发达国家最高边际税率		部分发展中国家最高边际税率	
国家	税率（%）	国家	税率（%）
瑞典	57.1	斯洛文尼亚	50
日本	55.9	南非	45
法国	54.5	墨西哥	35
加拿大	53.5	波兰	32
澳大利亚	49.0	印度	30
意大利	48.8	印度尼西亚	30
德国	47.5	巴西	27.5
美国	46.3	乌克兰	18
英国	45.0	罗马尼亚	16
挪威	38.7	俄罗斯	13
新西兰	33.0	蒙古国	10

资料来源：OECD. OECD Statistics［DB/OL］https：//stats. oecd. org/；KPMG. Thinking Beyond Borders：Management of Extended Business Travelers［EB/OL］. 2017. https：//home. kpmg. com/xx/en/home/insights/2012/11/thinking – beyond – borders. html.

二是费用扣除额的设定。在税前收入一定的前提下，费用扣除额越高，应征税额就越低，平均税率则越少。2008 ~2011 年间，我国工资薪金所得的月费用扣除额经历了从 1600 元到 2000 元再到 3500 元的增长过程，个体工商户的生产经营所得除扣除必要的生产支出外，其每月的费用扣除额与工资薪金所得相同。考虑到当前的日常消费、住房、教育、医疗等基本需求和物价水平，这个费用扣除额并不算高。因此，费用扣除额也不是我国个人所得税平均税率低下的成因。

三是累进税率的级次设定。这里的级次设定指每个税率级次的所得区间划分，在累进税率水平相同的情况下，各级次税率适用的所得水平不同，也会影响平均税率水平。由表 5－34 可见，在丹麦、瑞典、荷兰、挪威等国，纳税人的工资稍高于平均工资即可适用最高边际税率，其他发达国家最高边际税率所适用的所得水平也大多较低，而作为发展中国家的墨西哥则与发达国家的状况相反。就我国而言，2011 年个人所得税改革之后，工资薪金所得最高边际税率 45% 适用于月工薪所得超过 80000 元的部分，而 2011 年我国城镇单位就业人员平均工资仅为 41799 元[①]，月平均工资仅为 3483. 25 元，80000 元为平均工资的 22. 97 倍，与墨西哥情况类似，这就使得我国适用较高税率的纳税人较少，即使税率水平总体较高，其征收的税额也较少，从而平均税率较低。由于工薪所得税在我国个人所得税中的占比很高，因此，工薪所得税的税率级次设定状况对个人所得税的总体平均税率构成了相当重要的影响。

表 5 -34　　部分 OECD 国家个人所得税最高边际税率适用所得级次与平均工资比率（2016 年）

国家	平均工资（美元）	最高边际税率所得级次为平均工资倍数	国家	平均工资（美元）	最高边际税率所得级次为平均工资倍数
丹麦	57310. 5	1. 2	瑞典	47450. 0	1. 5
法国	47816. 9	14. 8	荷兰	63548. 7	1. 4
日本	50278. 4	8. 7	加拿大	41021. 1	4. 3
意大利	42166. 4	9. 8	德国	61749. 9	5. 5
澳大利亚	56726. 5	2. 2	挪威	60020. 0	1. 6
美国	52542. 9	8. 0	英国	53020. 5	4. 1
智利	20516. 7	10. 9	墨西哥	13112. 0	26. 6

资料来源：OECD. OECD Statistics [DB/OL]. https://stats. oecd. org/.

由此可见，我国个人所得税名义平均税率较低的原因是较为宽松的累进税率级次设定。

5. 3. 1. 4　不同种类收入个人所得税的再分配潜力不同

由前述分种类地上收入个人所得税名义征收额下 2008 ~2011 年的指标可以看出，首先，就 MT 指数而言，经营净收入所得税的 MT 指数介于 0. 04703 ~0. 05474 之间，工薪收入所得税的 MT 指数则低得多，仅在

---

① 资料来源：国家统计局 . 中国统计年鉴（2012）[DB/OL]. http://www. stats. gov. cn/tjsj/ndsj/2012/indexch. htm.

0.01515～0.01831之间，约为前者的1/3，而财产净收入由于适用的是比例税率，所以MT指数为零。因此，就名义再分配效应，或者再分配潜力而言，经营净收入所得税最大。其次，就P指数而言，经营净收入所得税的P指数介于0.3767～0.3960之间，低于工薪收入所得税P指数0.4152～0.4370，说明工薪收入所得税的名义累进性高于经营净收入，工薪收入所得税较低的MT指数水平应当另有成因。最后，就平均税率而言，经营净收入所得税的平均税率在10.78%～12.69%之间，远高于工薪收入所得税3.36%～4.13%的税率水平，因此，导致工薪收入所得税再分配潜力低的原因是低水平的名义平均税率。

5.3.2　中国个人所得税实际再分配效应分析

5.3.2.1　实际再分配效应较差

如前所述，我国个人所得税的名义MT指数已经相当有限，但个人所得税的实际MT指数比名义MT指数还低，2008～2011年间一直介于0.00968～0.01025之间，仅为税前收入基尼系数的3%左右，说明个人所得税对我国收入分配状况的实际改变微乎其微。

5.3.2.2　实际累进性较高

2008～2011年我国个人所得税的实际P指数虽然低于名义P指数，但仍然介于0.3195～0.3286之间，与其他国家相比，也是个相当高的水平，所以，同名义征收额下的个人所得税再分配效应类似，我国个人所得税实际再分配效应的低水平与实际累进性无关。

5.3.2.3　实际平均税率很低

我国个人所得税的实际平均税率比名义平均税率更低，2008～2011年间一直介于2.42%～2.63%之间，如此低水平的实际平均税率其成因除前述税制的税率级次设定外，还有一个重要的原因，就是税收征管状况不理想。根据前述测算结果，2008～2011年我国个人所得税的总体征收率大体介于48%～62%之间，即有接近一半的应征税额流失。我国个人所得税的名义平均税率本已相当低，这种征管状况又使得实际平均税率大幅偏离名义平均税率，达到很低的境况。这种低实际平均税率最终强化了MT指数的低水平，大大削弱了我国个人所得税的实际再分配效应。

5.3.2.4 不同种类个人所得税的实际再分配效应不同

如前所述，不同种类个人所得税的名义再分配效应不同，经营净收入所得税的名义 MT 指数远高于工薪收入所得税，但是，这两类收入个人所得税的实际 MT 指数之间的差距则远没有这么大，2008～2011 年，工薪收入所得税的实际 MT 指数介于 0.01093～0.01199 之间，而经营净收入所得税的实际 MT 指数则介于 0.01304～0.01587 之间，仅稍高于前者。

对于影响 MT 指数的两个指标而言，由于本部分关于不同收入等级纳税人逃税程度相同的假设，所以以上收入个人所得税名义征收额下的 P 指数与实际征收额下的 P 指数相同，因此，经营净收入与工薪收入所得税的实际 MT 指数的比较与前述名义 MT 指数的比较类似；但是，两类收入的实际平均税率状况则与 P 指数状况非常不同，经营净收入所得税的征收率远低于工薪收入所得税，2008～2011 年间，经营净收入所得税的征收率一直低于 36%，大体相当于工薪收入所得税征收率的一半，这使得两类收入的实际平均税率的差距大幅缩小，经营净收入的实际平均税率介于 3.32%～3.94%之间，仅为名义平均税率的 1/3 左右，稍高于工薪收入的实际平均税率 2.44%～2.81%。因此，经营净收入过低的征收率导致实际平均税率锐减，从而使得经营净收入所得税制度本身的再分配潜力大打折扣，无法在现实中得到真正体现。

第 6 章

中国个人所得税的公平效应评估（二）[①]

上一章使用2019年税制改革之前的数据对我国个人所得税的名义再分配效应和实际再分配效应进行了比较分析，本章拟从税制改革后新旧税制比较的视角，采用微观模拟方法对我国2019年税制改革之后的个人所得税的再分配效应进行测算评估。

如前所述，长期以来，我国的个人所得税由于种种缺陷在公平方面一直差强人意（刘杨等，2014；杨斌，2016；詹新宇、杨灿明，2015），改革呼声很高，最近10余年里我国也分别于2006年、2008年、2011年实施了一系列个人所得税改革。但是，这些改革往往仅专注于个人所得税的某些方面，如工资薪金费用扣除额提高、部分所得的税率调整等，而缺乏一个较为完整的顶层设计和较为系统的整体改革，因此改革的效果受到很大限制（陈工、陈伟明，2011）。

2019年1月起，我国实施了新一轮的个人所得税改革，这次的改革不同于以往，改革的重要方面包括，第一，将个人所得税的分类课征模式改为了分类综合课征模式，将工资薪金所得、劳务报酬所得、稿酬所得和特许权使用费所得等劳动所得合并为了综合所得；第二，改变了原一刀切的费用扣除模式，将子女教育、赡养老人、住房贷款利息、住房租金、继续教育、大病医疗这6项专项附加扣除纳入了费用扣除范畴。这两项措施虽然仍有不够成熟之处，如综合所得领域较狭窄，专项附加扣除额的确定较为简单等，但其不失为我国个人所得税改革史上具有一定里程碑色彩的举

① 本部分主要内容发表于李文．公平还是效率：2019年个人所得税改革效应分析［J］．财贸研究，2019，4：41－55．

措。除了上述两项改革措施之外，这次个人所得税改革还将标准费用扣除额从每月 3500 元提高到了每月 5000 元，并拉宽了综合所得较低税率所适用的税率级次，调整了经营所得的税率级次。课税模式和费用扣除模式的这种变革，一直被认为是顺应公平取向的（雷根强、郭玥，2016；闫坤、程瑜，2016），而标准费用扣除额的提高和综合所得税率的调整也直接指向中低收入者税负的降低，这使得我国的这次个人所得税改革看上去似乎是趋向于强化公平的。

我国的这次个人所得税改革面临的是如下背景：首先，缩小收入差距的需求日益强烈。改革开放 40 多年来，随着经济的快速增长，收入分配差距不断拉大，近年来基尼系数一直处于较高水平[①]。而与此同时，本应作为重要的收入再分配工具的税收政策在此方面作为有限，改革个人所得税，强化其再分配效应的呼声不断。其次，国内外形势导致较大的减税压力。一方面，当前整个世界的经济形势相对低迷，贸易保护主义抬头，我国的经济增长也受其影响难以独善其身，这就产生了较大的减税以促进经济增长的需求；另一方面，美国特朗普政府的减税举措在全球化的今天必然会给他国造成竞争压力，这也对我国采取相应涉税措施加以应对提出了要求。这两个背景简而言之，前者聚焦的是公平，后者关注的则是效率。由于公平取向和效率取向对税制措施的偏好不同，因此，在这两方面背景夹击下的我国个人所得税改革在相当程度上处于两难境地。那么，这次个人所得税改革的实际效应到底是公平取向还是效率取向，是一个非常值得研究的问题，因为这次的改革显然不是我国个人所得税改革的终点，对这次改革的效应进行细致深入的分析可以为进一步的改革提供必要的经验。

在个人所得税的研究中，对个人所得税公平效应的研究是个热点。许多研究是基于各类收入不平等指数展开的，如运用阿特金森指数（Atkinson Index）、广义熵（GE）指数、泰尔指数（Theil Index）等（Nayak & Paul，1989；King，1983；雷根强、郭玥，2016），但是，如前所述，更为常用的个人所得税再分配效应指标是马斯格雷夫和辰（1948）提出的 MT 指数，其衡量的是个人所得税所带来的基尼系数的改变。卡克瓦尼（Kakwani，1977）建立了衡量个人所得税累进性的 Kakwani 累进指数，即 P 指

① 根据国家统计局数据，我国 2003 ~ 2018 年基尼系数的均值为 0.477，虽然后期呈缓慢下降趋势，但 2018 年仍为 0.468。资料来源：中国统计出版社，国家统计局住户调查办公室．中国住户调查主要数据 - 2019［DB/OL］. http：//58.194.172.13/rwt/CNKI_CYFD/http/MWZHKZSPM-NYGX4JPN3TYE/kns/brief/result.aspx？dbPrefix = CYFD.

数（或 K 指数），并将 MT 指数分解为纵向公平和横向公平（Kakwani，1984）两个部分。随后有许多研究采用了 MT 指数，如海耶斯等（Hayes et al.，1995）利用美国 1950～1987 年间的年度数据评估了个人所得税的有效累进性，瓦格斯塔夫等（Wagstaff et al.，1999）分析了 12 个 OECD 国家个人所得税的累进性和再分配效应。我国也有文献利用 MT 指数对个人所得税的再分配效应进行研究，如，徐建炜等（2013）利用微观住户调查数据考察了 1997～2011 年我国个人所得税的收入分配效应；岳希明等（2012）评估了我国 2011 年个人所得税改革的收入再分配效应；岳希明、徐静（2012）使用我国城镇住户调查数据对个人所得税 2002 年和 2007 的再分配效应进行了估算；万莹（2011）利用城镇居民 7 个收入组数据分析了 1997～2002 年我国个人所得税对收入分配的影响；杜莉（2015）使用 2012 年城镇住户调查数据对我国实行单一税对个人所得税再分配效应的可能影响进行了模拟分析。对我国个人所得税公平效应的研究结论相似，均认为个人所得税降低了居民收入不平等，但降低幅度有限，其中一个重要原因是个人所得税的平均税率较低。

本章意图通过微观数据模拟，对本次个人所得税的效应进行分析。本章的主要框架如下：首先，说明数据来源及各指标的模拟计算方法；其次，计算分析本次个人所得税改革所导致的总体及不同收入阶层税收负担的变化；再次，计算分析本次个人所得税改革的总体和分收入区间公平效应，包括新旧税制公平效应的对比，以及专项附加扣除在收入再分配中的作用；最后，根据分析结果得出简要结论。

本部分的研究发现，首先，2019 年的个人所得税改革总体而言是效率取向，削弱了个人所得税的再分配能力，但这是有较充分理由的。同时，在保持效率取向的基础上，我国个人所得税的再分配能力仍有优化空间。其次，从总体和不同收入区间层面分别实施的定量评估发现，看似有利于公平的专项附加扣除仅仅降低了平均税率，其在总体和几乎所有收入区间上均弱化了个人所得税的再分配效应。

6.1 数据来源及各指标模拟计算方法

本部分使用的是中国家庭金融调查（CHFS）（2013）数据，来源于西南财经大学中国家庭金融调查与研究中心的“中国家庭金融调查”（China

Household Finance Survey，CHFS）和浙江大学“中国家庭大数据库”（Chinese Family Database，CFD）（甘犁等，2015；甘犁、李运，2014）。对数据进行筛选后，共计97415个个体，分属于28141个家庭。该数据库展示的是2012年的数据，由于改革后的个人所得税税制自2019年生效，且个人所得税的费用扣除额、税率级次等均涉及所得的绝对额，因此，笔者使用相关价格指数或工资增长指数等将2012年的相关数据调整为了2019年数据。本部分使用Stata 13实施数据处理。所需的指标计算如下：

6.1.1 综合所得

数据库统计了2012年每个个体“最主要的那份工作”和“第二职业”的收入，由于无法知晓被雇佣者与雇佣者之间的确切雇佣类型，笔者将前者作为工资薪金收入，后者作为劳务报酬收入。数据库中未包含稿酬所得和特许权使用费所得，由于一般而言这两项所得的数额很低，对总体综合所得税额的影响很小，[①] 本部分将其略去。

6.1.1.1 工资薪金收入

依据最主要的那份工作“去年，实收多少税后货币工资”“去年，获得的税后奖金收入总共有多少元”“去年，获得的税后补贴收入或实物收入总共多少元”三个问题的回答分别得到2012年税后货币工资、税后奖金收入、税后补贴和实物收入的数据，将三者加总得到2012年税后工资薪金收入总额，并根据2012年实行的个人所得税（简称“旧税制”）工资薪金所得税率表倒推出2012年税前工资薪金收入总额。根据2012～2017年城镇单位就业人员平均工资平均增长率（9.17%）[②] 将2012年税前工资薪金收入总额换算为2019年税前工资薪金收入。

6.1.1.2 劳务报酬收入

依据对“去年，从第二职业中获得的税后收入是多少元？包括奖金、补贴、实物收入”的回答得到2012年税后劳务收入，依据旧税制劳务所

---

① 根据国家税务总局．中国税务年鉴（2017）数据，2016年来源于稿酬所得和特许权使用费所得的税收分别仅占包括工资薪金所得、劳务报酬所得、稿酬所得和特许权使用费所得在内的全部综合所得税额的0.09%和0.07%。

② 国家统计局．国家数据［DB/OL］．http：//data.stats.gov.cn/easyquery.htm？cn=C01&zb=A040E&sj=2018.

得税率表倒推出2012年税前劳务收入，也根据2012~2017年城镇单位就业人员平均工资平均增长率将2012年税前劳务收入换算为2019年税前劳务收入。

在计算个人所得税额时，将工资薪金收入和劳务报酬收入分别根据旧税制和新税制的规定扣除相关费用，得到工资薪金所得、劳务报酬所得或综合所得。

6.1.2 经营所得

根据税法规定，经营所得是“以每一纳税年度的收入总额减除成本、费用以及损失后的余额，为应纳税所得额”①，因此，对“去年，这些（工商业生产经营）项目的净利润是多少元”的回答可以被认为是2012年扣除标准扣除、专项扣除和专项附加扣除之前的经营所得。然后依据2012~2017年商品零售价格年平均增长率（0.85%）② 换算为2019年相应经营所得。在计算个人所得税时，再根据旧税制和新税制的相关规定计算调整为真正的经营所得。

6.1.3 财产所得

本部分所谓的财产所得包括利息、股息、红利所得，财产租赁所得和财产转让所得。

CHFS中与金融资产收入相关的问题包括：“去年，您家从定期存款上获得多少已实现的利息收入”“去年，您家从股票买卖或分红中实际得到多少收入”“去年，您家从债券买卖或分红中实际得到多少收入”“去年，您家从这些基金买卖或分红中实际得到多少收入”“去年，您家从金融理财产品上实际得到多少收入”等，可以从回答中相应得到2012年银行存款利息、股票转让和股息红利收入、债券转让和利息收入、基金转让和分红收入、金融理财产品利息收入。由于这几类收入并没有随时间增长的特点，所以将2012年的收入额视同2019年的收入额。

CHFS与财产租赁和其他财产转让收入相关的问题包括：“去年，您家

① 中华人民共和国个人所得税法［Z］.

② 国家统计局．国家数据［DB/OL］. http：//data. stats. gov. cn/easyquery. htm? cn = C01&zb = A0901&sj = 2018.

总共收回多少（房屋）租金”“去年，（您家出售房屋、汽车等）收入是多少”，对这两个问题的回答可以大致反映2012年的房屋租赁收入和非金融资产转让收入。然后，根据2012～2017年住房租金类居民消费价格平均增长率（16.17%）和2012～2017年自有住房类居民消费价格平均增长率（15.02%）[①] 分别将二者换算为2019年的房屋租赁收入和非金融资产转让收入。

上述类别的所得其个人所得税征免规定各不相同，其中目前免税的所得包括：银行存款利息；国债、金融债券和地方政府债券利息；个人转让上市公司股票和全国中小企业股份转让系统（新三板）挂牌公司非原始股取得的所得；基金买卖差价及投资者从基金分配中取得的收入。银行理财产品收益目前也一般不征收个人所得税。

对于上市公司和新三板挂牌公司股票的股息红利的课税规定为，持股期限在1个月以内（含1个月）的，股息红利全额课征个人所得税；持股期限在1个月以上至1年（含1年）的，减半征收个人所得税；持股期限超过1年的，股息红利暂免征收个人所得税。由于在CHFS数据库中无法区分股票转让所得和股息红利所得，而一般而言，股息红利所得数量较少，因此，将股息红利所得按全部免税近似处理。

简而言之，对于财产收入，本部分仅将房屋租赁收入和房屋等非金融资产转让收入按课税处理，金融资产相关收入按全部免税处理。在计算个人所得税时，按照税法规定计算房屋租赁所得；由于与房屋等非金融资产转让相关的成本费用没有数据，而实务中对于无法提供完整、准确的原值凭证及合理费用扣除凭证的，常常按照房屋转让收入的1%计税，因此，本部分也近似按照房屋等非金融资产转让收入的1%计算个人所得税。

6.1.4 养老金、退休工资、农业生产经营收益

根据对问题“上个月领取了多少养老金”“上个月的退休工资是多少”的回答，可以计算出2012年的养老金和退休工资收入。由于退休人员收入也不时上调，因此近似根据2012～2017年城镇单位就业人员平均工资平均增长率将其换算为2019年的养老金和退休工资收入。

根据对问题“去年，您家从事农业生产经营的毛收入是多少”“去

---

① 国家统计局．国家数据［DB/OL］. http://data.stats.gov.cn/easyquery.htm?cn=C01&zb=A090308&sj=2018.

年，您家因为农业生产经营雇人一共花了多少钱”“去年，您家从事农业生产经营的总成本是多少（不包括雇人成本）”的回答可以计算出2012年的农业生产经营净收入；根据对问题“（去年，您家从事农业生产经营的）货币补贴的金额是多少”和“以市价折算，这些实物（补贴）大概值多少钱”的回答可以计算出2012年从事农业生产经营所获得的补贴收入。将农业生产经营净收入与从事农业生产经营所获得的补贴收入相加即得到2012年的农业生产经营收益，再依据2012～2017年商品零售价格年平均增长率，换算出2019年农业生产经营收益。

养老金、退休工资及农业生产经营收益均无须缴纳个人所得税，但它们都是个人的一项收入，在计算基尼系数的时候应当纳入。

6.1.5 专项附加扣除

CHFS未提供相关继续教育和大病医疗数据，因此，本部分的专项附加扣除仅包含子女教育、住房贷款利息、住房租金、赡养老人等4项。

6.1.5.1 子女教育

按照税法规定，纳税人接受全日制学历教育的子女以及年满3岁至小学入学前处于学前教育阶段的子女，可以按照每个子女每月1000元的标准定额扣除教育支出。父母可以选择由其中一方按扣除标准的100%扣除，也可以选择双方分别按扣除标准的50%扣除。

首先，以2012减出生年份得出每个人的年龄[①]，将每个家庭3～16岁的成员均视同处于学前教育阶段或全日制学历教育阶段者；对于16岁以上的家庭成员，将对问题“为什么没有工作”的回答为“在校学生”者确认为处于全日制学历教育阶段者。

根据数据库相关数据，每个家庭的平均规模为3.48人，而人口超过5人的家庭仅占全部被调查家庭的5.15%，由此可见绝大多数家庭为原子型家庭，家庭成员关系较为简单，因此笔者近似将家庭中的孩子视同户主的孩子。CHFS数据库中，“户主”指家庭经济来源的主要承担者，“受访者”则是对家庭情况较为了解并接受问卷调查的个体。根据数据库资料，每个家庭中个人ID为1的个体为受访者，个人ID为2的个体绝大多数是

① 由于2012年家庭的年龄和人员组成结构与2019年并没有系统性差异，因此，本部分沿用2012年的家庭年龄和人员组成结构。

受访者配偶，而93.79%的受访者为户主或户主配偶。因此，本部分近似将个人ID为1的个体视为户主，将个人ID为2的个体视为户主配偶。又由于根据数据库数据，户主和户主配偶在扣除专项附加扣除之前的综合所得数额相差不大，所以在对1000元子女教育费用进行专项附加扣除时，假设由户主和户主配偶分别扣除500元。

6.1.5.2 住房贷款利息和住房租金

根据税法规定，纳税人发生的首套住房贷款利息支出，在实际发生贷款利息的年度，按照每月1000元的标准定额扣除；纳税人在主要工作城市没有自有住房而发生的住房租金支出，依据城市的性质和户籍人口状况，每月可扣除1500元、1100元和800元不等。住房贷款利息和住房租金不能同时扣除，且只能由夫妻双方之中的一方全额扣除。

根据对问题“目前，您家每个月支付多少（租赁住房）的租金”和“您家拥有自有的房屋吗”的回答筛选出无自有住房同时又支付租金的家庭。虽然税法规定允许扣除房屋租金的条件是“在主要工作城市无自有住房”，但囿于数据所限，无法区分纳税人是否在主要工作城市无自有住房，因此以无自有住房近似替代。由于无法按照税法规定准确区分纳税人所处的城市类型，因此，纳税人的住房租金近似按照1100元扣除。根据对问题“当时您家（买第一套自有住房时）一共向银行贷了多少钱”的回答筛选出有首套住房贷款利息的家庭。在计算个人所得税时，假设纳税人的住房租金或住房贷款利息都由个人ID为1的家庭成员扣除。

6.1.5.3 赡养老人

根据税法规定，纳税人赡养一位及以上年满60岁的父母或子女均已去世的年满60岁的祖父母、外祖父母的赡养支出，纳税人为独生子女的，按照每月2000元的标准定额扣除；纳税人为非独生子女的，由其与兄弟姐妹分摊每月2000元的扣除额度，每人分摊的额度不能超过每月1000元。

由于数据库数据所限，无法精确统计每一个体赡养老人的情况，因此，本部分仅统计受访者和受访者子女赡养老人的情况。由于受访者和受访者子女占全部个体的55.94%，剩余个体中还包括受访者父母、岳父母/公婆、祖父母/外祖父母等能够扣除老人赡养费用的可能性相对较小的个体，因此本部分的处理能够在较大程度上体现全部被调查个体赡养老人的情况。

首先，根据对问题“您的父母是否在世”“（您）是受访者的什么人”的回答来确定受访者是否能够扣除赡养老人费用。由于数据所限，无法获知受访者父母的年龄，但是，受访者的平均年龄为49.28岁，年龄在30岁以下的仅占10.36%，可以推断绝大部分受访者其父母的年龄都应能达到60岁。此处假设父母在世的受访者均能够扣除赡养老人费用。根据对问题“您有几个亲兄弟姐妹”的回答确认受访者是否为独生子女，若为独生子女，则每人每月扣除2000元赡养老人费用，若不是独生子女，则假设2000元费用由所有子女平均扣除。其次，根据对问题“（您）是受访者的什么人”筛选出受访者子女，根据受访者及其配偶的年龄，确认受访者子女父母的年龄是否达到60岁，根据家庭中孩子的数量确定受访者子女是否为独生子女。然后，对于父母中至少有一方年满60岁的受访者子女，若其为独生子女，则每月扣除2000元赡养老人费用；若其不是独生子女，则假设费用由所有子女平均扣除。

在上述各类所得及专项附加扣除指标的基础上，根据旧税制、新税制（假设不扣除专项附加扣除）、新税制的规定分别计算出各种制度下的应纳税所得额和个人所得税额。

6.2 中国个人所得税改革的税收负担变动分析

本部分计算出了全部家庭以及不同税前收入区间家庭在旧税制、新税制（未扣除专项附加扣除）和新税制下的平均税率 t_1、t_2 和 t_3（见表6-1、图6-1）以及税制改革所导致的税收负担变动的绝对额和相对比率（见表6-2、图6-2）。

表6-1　　不同税制下个人所得税的平均税率　　单位：%

税前家庭年收入区间	家庭数量（个）	t_1	t_2	t_3
全部家庭	28141	7.29	4.85	4.57
小于等于60000元	15628	0.79	0.41	0.41
60000~100000元	4598	1.42	0.54	0.46
100000~200000元	5290	3.05	1.29	1.06

续表

税前家庭年收入区间	家庭数量（个）	t_1	t_2	t_3
200000～400000 元	1895	8.25	4.17	3.72
400000～800000 元	527	15.48	10.21	9.60
大于 800000 元	203	20.77	18.27	17.98

注：t_1、t_2 和 t_3 分别表示旧税制、新税制（未扣除专项附加扣除）和新税制下的平均税率。

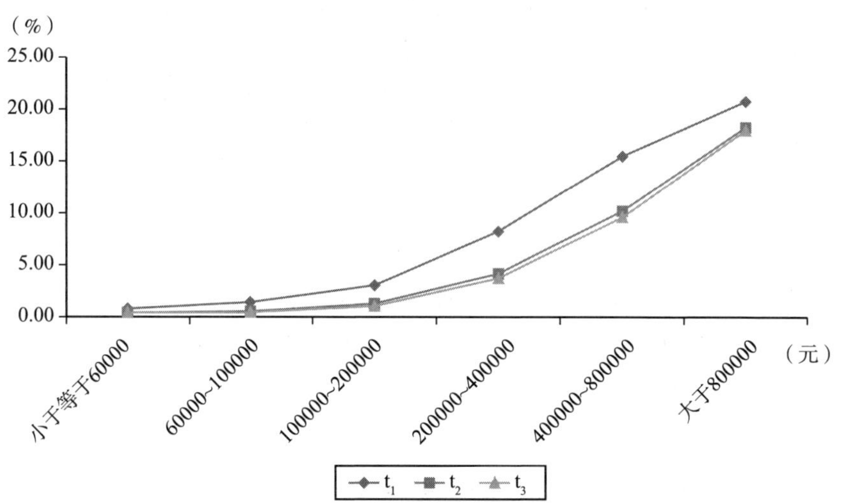

图 6－1　不同税制下个人所得税的平均税率

注：t_1、t_2 和 t_3 含义同表 6－1。

表 6－2　　　　　　　　税制改革导致的税负变动

税前家庭年收入（元）	税负变动相对比率			税负变动绝对额（元）		
	r_1（%）	r_2（%）	二者差额（百分点）	a_1（%）	a_2（%）	二者差额（百分点）
全部家庭	33.45	37.30	3.85	2144.74	2391.50	246.76
小于等于 60000 元	47.76	47.76	0.00	66.52	66.52	0.00
60000～100000 元	61.64	68.04	6.20	697.59	767.48	69.88
100000～200000 元	57.64	65.36	7.72	2446.97	2774.74	327.77
200000～400000 元	49.39	54.87	5.48	10826.17	12028.19	1202.02

续表

税前家庭年收入（元）	税负变动相对比率			税负变动绝对额（元）		
	r_1（%）	r_2（%）	二者差额（百分点）	a_1（%）	a_2（%）	二者差额（百分点）
400000～800000元	34.08	37.99	3.92	27922.65	31133.45	3210.80
大于800000元	12.04	13.44	1.39	39078.40	43604.60	4526.20

注：r_1、r_2分别表示相对旧税制，新税制（未扣除专项附加扣除）和新税制下个人所得税平均税率的下降幅度，即$r_1=(t_2-t_1)/t_1$，$r_2=(t_3-t_1)/t_1$；a_1、a_2分别表示相对旧税制，新税制（未扣除专项附加扣除）和新税制下个人所得税平均税额的下降绝对额。

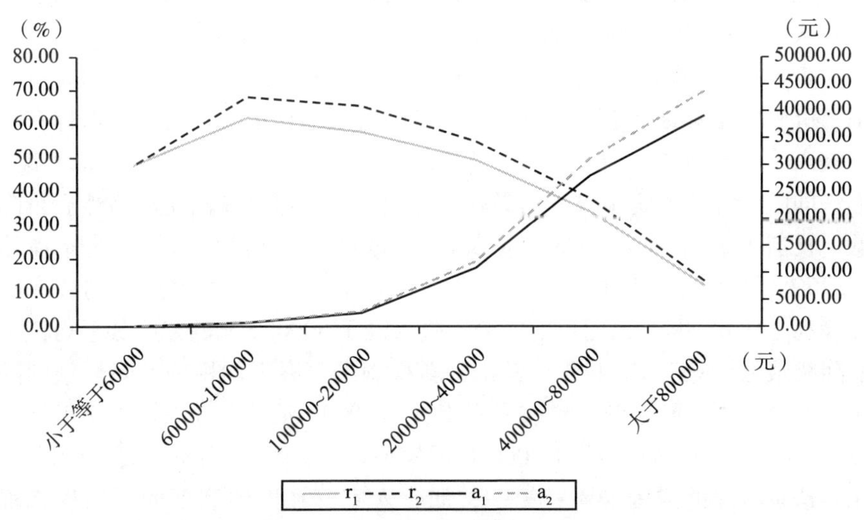

图6-2 税制改革导致的税负变动

注：r_1、r_2、a_1、a_2含义同表6-2。

6.2.1 总体税收负担变动

由表6-1可以看出，我国改革前的旧税制其平均税率最高，达7.29%，而改革之后的新税制的平均税率仅为4.57%，降幅高达37.30%，其中首次引入的专项附加扣除对平均税率降低的贡献是0.28个百分点。考虑到个人所得税带来的效率损失与税率的平方成正比，因此，总体而言，我国个人所得税的改革大大降低了效率损失。

6.2.2 不同收入阶层税收负担变动

由表6－1、表6－2可见，就全部家庭而言，相对旧税制，新税制下每个家庭平均税额降低了2391.50元，平均税率的降幅达到37.30%。但是对于不同收入阶层的家庭而言，其税负的降低情况是存在差异的。

图6－1将新旧税制下的平均税率t较为直观地体现了出来，可以看出，对于税前家庭年收入不超过60000元的家庭，由于改革前后其个人所得税的平均税率都很低，因此改革所导致的平均税率下降的绝对额微乎其微，随着收入的提高，新旧税制下的平均税率差异越来越大，当税前家庭年收入在400000～800000元之间时，这种差距达到最高值。

表6－2和图6－2反映的是新税制相对于旧税制其平均税率的相对降幅r和平均税额的降低额a。图6－2较为直观地显示了上述两个指标在不同收入阶层之间的变动。首先，新税制下平均税率的相对降幅r呈现倒U形。即随着税前家庭年收入的提高，平均税率的相对降幅先提高然后再降低，税前家庭年收入60000元及以下的家庭平均税率的相对降幅达47.76%，税前家庭年收入介于60000～100000元之间的家庭平均税率降幅最高，达68.04%，而税前家庭年收入高于800000元的家庭其平均税率的降幅最低，只有13.44%。其次，新税制下家庭平均税额的降低额则随收入的提高而不断上升，税前家庭年收入60000元以下者平均税额仅降低66.52元，税前年收入超过800000的家庭其平均税额则可降低43604.60元。这种状况的成因如下：第一，低收入家庭在旧税制下的平均税率很低，因此即使税制改革使其平均税率发生了少许下降，基于较低的基数，其相对降幅也会很大，而高收入家庭的情况恰好相反。由于新税制扩大了综合所得较低税率的所得级次，同时提高了标准费用扣除额，因此税前年收入中下水平（介于60000～200000元之间）的家庭平均税率的降幅最大；第二，虽然高收入家庭平均税率的相对降幅较低，但由于其税额基数较高，因此其平均税额降低的绝对额较低收入者高得多。

专项附加扣除是第一次引入个人所得税，其导致的税负下降在不同的收入区间也有不同的特点（见表6－2和图6－2）。首先，对于税前年收入不超过60000元的家庭，专项附加扣除未带来任何税负变化。究其原因，由于标准费用扣除额即为60000元，因此年收入60000元以下的家庭其综合所得或经营所得往往为零，一般只有存在财产所得者需要缴纳个人所得税，而财产所得是无法扣除专项附加扣除的，因此，这个收入区间的家庭无法因专项附加扣除的引入而降低税负。其次，随着税前年收入的增长，专项附加扣除所导致的平均税额的减少额越来越大，最高可达4526.20元，原因是家庭收入的提高为全额扣除专项附加扣除创造了条件，使得收入较高者较收入较低者有更好的条件足额享受专项附加扣除所带来的减税福利。但是，由于低收入者平均税负较低，专项附加扣除所带来的税负降低会使其平均税率的相对降幅较大，因此，专项附加扣除所导致的平均税率的相对降幅也呈倒U形，即在低收入阶段随着能够享受的专项附加扣除的增加而逐步提高，在税前家庭年收入介于100000～200000元之间时达到最高（7.72%），随后由于较高收入者的税负本身较重，因此即使其能够足额扣除专项附加扣除，专项附加扣除所带来的税负的相对降低程度也逐步降低。

总而言之，我国的个人所得税改革就总体而言，具有较明显的减税效应和效率取向。而对于处于不同收入区间的家庭来说，减税的绝对额与税前年收入成正比，即高收入群体受益最大；而减税的相对幅度则随税前年收入的提高而呈倒U形，收入处于中低水平的家庭减税相对幅度最高。同时，专项附加扣除的引入使得税前年收入较高的家庭享受到了更多的减税福利，虽然其导致的税负的相对降幅也呈倒U形。

6.3　中国个人所得税改革的再分配效应估算

个人所得税的公平效应即指其再分配效应。如前所述，有多种对个人所得税再分配效应的研究方法，但是，相比阿特金森指数和广义熵指数①，基于基尼系数的MT指数能够将整个公平效应分解为横向公平和纵向公平，并能够分别明确个人所得税平均税率和累进性对公平的作用，因此，本部分在评估个人所得税公平效应时主要采用MT指数。由于衡量不平等的指标均有各自的缺陷，采用不止一种指标来加以验证是一种较为稳妥的选择（万广华，2008），所以本部分还辅以泰尔指数和阿特金森指数对分析结果的稳健性进行验证。

本部分拟采用上述指标对本次个人所得税改革的公平效应进行分析。

① 泰尔指数是广义熵指数的特例。

在本部分的分析中，拟分别总体公平效应、不同收入层次家庭的公平效应等两部分加以展开。

6.3.1 总体公平效应

本部分以所有家庭为样本，分别计算出了税前收入、旧税制下的税后收入、新税制（未扣除专项附加扣除）下的税后收入和新税制下的税后收入等4种收入的基尼系数，并进而计算出了上述3种不同税制下的MT指数MT_1、MT_2和MT_3。同时，本部分还计算了上述3种税制下的P指数P_1、P_2和P_3，并最终将MT指数进行了分解，分别计算出了3种不同税制下的纵向公平指数V_1、V_2、V_3和横向公平指数H_1、H_2、H_3。之所以要单独考虑专项附加扣除的效应，原因是非标准扣除对个人所得税再分配效应的影响较为强烈（Wagstaff et al.，1999）。上述指标的具体数值见表6－3。

表6－3　总体个人所得税公平效应指标

MT_1	MT_2	MT_3	P_1	P_2	P_3
0.01969	0.01445	0.01382	0.28441	0.31391	0.32949
V_1	V_2	V_3	H_1	H_2	H_3
0.02236	0.01600	0.01530	－0.00267	－0.00155	－0.00148

由前述指标可以看出：

第一，在3个MT指数中，旧税制的MT指数MT_1是最高的，为0.01969，其次为新税制（未扣除专项附加扣除）的MT指数MT_2，0.01445，最低的是新税制的MT指数MT_3，0.01382。这说明，新税制的公平效应较旧税制低，而专项附加扣除的运用也在一定程度上降低了个人所得税的公平效应。当然，这3个MT指数就绝对额而言都不高，较20世纪80年代末90年代初美英德法等12个OECD国家MT指数的均值0.0324（Wagstaff et al.，1999）低得多。可见我国个人所得税对收入分配的改善作用较小，而新税制在公平效应方面较旧税制更加弱化。

第二，3个纵向公平指数V_1、V_2、V_3分别为0.02236、0.01600和0.01530，排序与3个MT指数一致，说明新税制，尤其是引入专项附加扣除之后的完整新税制的纵向公平效应下降，从而导致MT指数下降。而对于横向公平而言，3种税制都在一定程度上改变了纳税人的收入排序，具有一定的负面效应，但是H_2（-0.00155）、H_3（-0.00148）的绝对值均小于H_1（-0.00267），说明新税制对横向公平的负面影响更小，这与综合所得的引入有关。专项附加扣除的引入也改善了横向公平，虽然改善程度很小。

第三，就P指数而言，新税制的P指数P_2（0.31391）、P_3（0.32949）高于旧税制的P指数P_1（0.28441），说明新税制的累进性高于旧税制，尤其是专项附加扣除的引入更是进一步提高了个人所得税的累进性。同样以20世纪80年代末90年代初美英德法等12个OECD国家个人所得税的平均P指数0.1963（Wagstaff et al.，1999）为基准，我国旧税制的累进性0.28441已经很高，而新税制则进一步提高了税制的累进性。但是纵向公平指数V是由P指数和平均税率t共同决定的，而如前所述，税制改革导致平均税率大幅下降，新税制较旧税制平均税率降幅高达37.30%，因此，新税制纵向公平效应降低的根本原因是平均税率的下降。

鉴于此，可总结如下：我国个人所得税的公平效应是较低的，新税制的推行又进一步降低了公平效应。由于公平效应可以分解为纵向公平效应和横向公平效应，而新税制的横向公平效应优于旧税制，因此，新税制相对旧税制纵向公平效应的大幅降低是导致新税制公平效应削弱的根本原因。纵向公平效应取决于税制的累进性和平均税率，新税制的累进性有了一定提高，但平均税率较旧税制大幅下降，抵消了累进性提高对纵向公平效应的正面影响，最终导致新税制纵向公平效应的降低，这一点与我国前期个人所得税改革的效应（岳希明等，2012；徐建炜等，2013）有相似之处。

就我国初次引入的专项附加扣除而言，其在总体公平效应方面并未体现正面影响，导致MT指数的轻微降低。其将P指数从0.31391提高到了0.32949，在一定程度上提高了个人所得税的累进性，但是，却使平均税负从4.85%降低到了4.57%，二者相抵，最终使得税收的纵向公平指数轻微下降；最后，专项附加扣除对税收的横向公平有正面影响，但影响程度很低，仅使横向公平H提高了0.00007，几乎可以忽略不计。究其原因，是因为专项附加扣除均为定额扣除，且不与个人或家庭收入相关，尤其是赡养老人支出，其与被赡养老人的收入高低、纳税人是否确实需要赡养老人都不相关，只是以老人的年龄作为是否允许扣除费用的条件，这就导致专项附加扣除对税负的影响与收入脱节。

由于包括基尼系数在内的每一种不平等指数均有其自身的局限，可能会影响估计结果的准确性，因此，此处用泰尔 – T 指数、泰尔 – L 指数和阿特金森指数对个人所得税改革的总体公平效应加以验证。

泰尔指数是广义熵指数的特例，泰尔 – T 指数和泰尔 – L 指数分别为广义熵指数公式中参数 α 等于 1 和等于 0 时的广义熵指数，前者对收入分布顶层的变化更敏感，而后者对收入分布底层的变化更敏感。阿特金森指数则是建立在功利主义社会福利函数之上的一个不平等指数。与基尼系数类似，泰尔指数和阿特金森指数越大表示收入分配越不平等。以泰尔指数与阿特金森指数度量的旧税制、新税制（未扣除专项附加扣除）和新税制的公平效应见表 6 – 4。表 6 – 4 中的 NT 类似于前文中的 MT 指数，其数值等于税前收入的相关指数与税后收入的相关指数之差。可以看出，以泰尔 – T 指数、泰尔 – L 指数和阿特金森指数（不平等厌恶参数为 1）度量的三种税制的公平效应其正负走向甚至数值差距比例都与 MT 指数结果类似，这充分证明了分析结果的稳健性。

表 6 – 4　以泰尔指数与阿特金森指数度量的个人所得税改革的公平效应

公平效应	NT_1	NT_2	NT_3
泰尔 – T 指数度量	0.07572	0.06372	0.06227
泰尔 – L 指数度量	0.04276	0.03109	0.02965
阿特金森指数度量	0.02476	0.01790	0.01706

注：NT_1、NT_2、NT_3 分别表示旧税制、新税制（未扣除专项附加扣除）和新税制所导致的各指数值的变动。

6.3.2　不同收入区间的公平效应

本部分除计算了全部家庭的 MT 指数等指标外，还分别计算了不同税前家庭年收入区间下的相关指标（见表 6 – 5）。虽然 MT 指数等指标的计算一般应以总体为分析对象，但是，分收入区间的这些指标也能够在一定程度上揭示总体指标无法显现的状况。

表 6 – 5 和图 6 – 3 列示了不同收入区间的 MT 指数、P 指数、平均税率 t、纵向公平效应 V 和横向公平效应 H，其中各指标下标的 1、2、3 仍然分别代表旧税制、新税制（未扣除专项附加扣除）和新税制。

表6-5　不同收入区间的个人所得税公平效应指标

税前年收入	≤60000元	≤100000元	≤200000元	≤400000元	≤800000元	全部家庭
MT_1	-0.00013	0.00086	0.00348	0.00873	0.01371	0.01969
MT_2	-0.00024	0.00008	0.00137	0.00429	0.00803	0.01445
MT_3	-0.00024	-0.00007	0.00101	0.00374	0.00735	0.01382
V_1	0.00287	0.00416	0.00716	0.01200	0.01664	0.02236
V_2	0.00160	0.00201	0.00348	0.00619	0.00973	0.01600
V_3	0.00160	0.00184	0.00302	0.00555	0.00897	0.01530
H_1	-0.00300	-0.00330	-0.00368	-0.00327	-0.00293	-0.00267
H_2	-0.00184	-0.00193	-0.00211	-0.00190	-0.00170	-0.00155
H_3	-0.00184	-0.00191	-0.00201	-0.00181	-0.00162	-0.00148
P_1	0.35834	0.35689	0.32282	0.30388	0.29680	0.28441
P_2	0.38323	0.40973	0.37481	0.33941	0.32823	0.31391
P_3	0.38323	0.41911	0.39012	0.34992	0.33592	0.31949
t_1	0.79%	1.15%	2.17%	3.80%	5.31%	7.29%
t_2	0.41%	0.49%	0.92%	1.79%	2.88%	4.85%
t_3	0.41%	0.44%	0.77%	1.56%	2.60%	4.57%

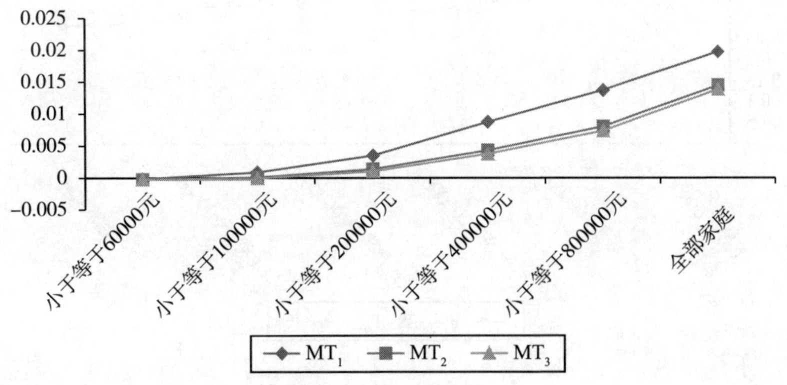

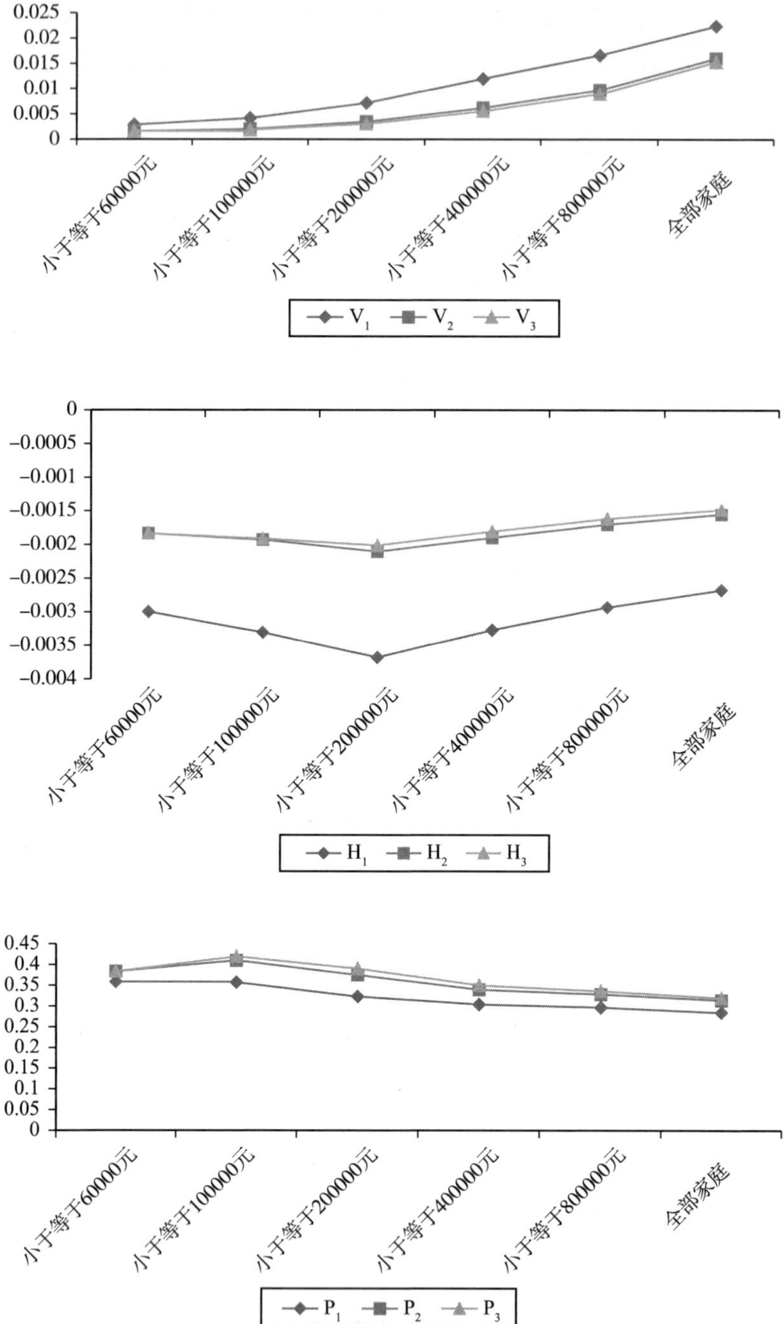
0.025
0.02
0.015
0.01
0.005
0
小于等于60000元
小于等于100000元
小于等于200000元
小于等于400000元
小于等于800000元
全部家庭
V1
V2
V3
0
-0.0005
-0.001
-0.0015
-0.002
-0.0025
-0.003
-0.0035
-0.004
小于等于60000元
小于等于100000元
小于等于200000元
小于等于400000元
小于等于800000元
全部家庭
H1
H2
H3
0.45
0.4
0.35
0.3
0.25
0.2
0.15
0.1
0.05
0
小于等于60000元
小于等于100000元
小于等于200000元
小于等于400000元
小于等于800000元
全部家庭
P1
P2
P3

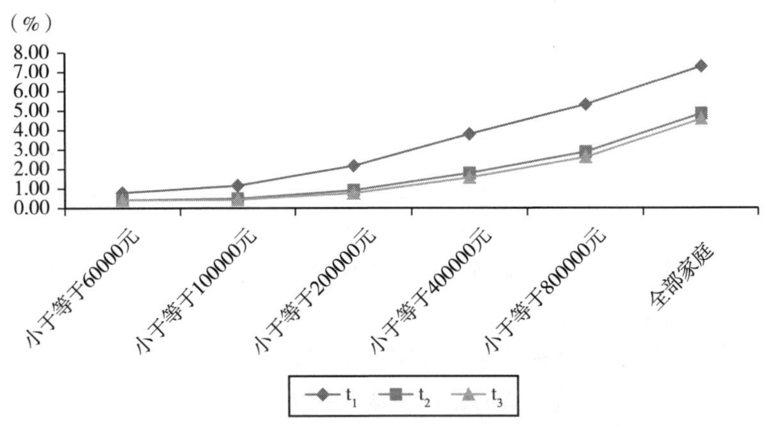

图6-3　不同收入区间的个人所得税公平效应指标

首先，若将税前家庭年收入不超过60000元的样本视为一个整体，则可以看出，不论是旧税制还是新税制，MT指数都是负的，即个人所得税恶化了这个收入区间的分配状况。与旧税制相比，新税制的负效应更甚，而是否存在专项附加扣除对这个区间的收入再分配没有影响。若将MT指数分解，由于新税制平均税率的大幅降低，新税制的纵向公平效应不如旧税制；新税制的横向公平效应则较旧税制有所改善，究其原因，旧税制下工资薪金所得和劳务报酬所得的费用扣除额和税率不同，使得处于这个区间的收入相同的纳税人由于收入结构的不同而税负不同，而新税制将工资薪金所得和劳务所得等合并为综合所得且提高了费用扣除额，综合所得在这个区间的纳税人待遇相同，均无须纳税，从而促进了横向公平。而由于此收入区间的纳税人无法享受专项附加扣除，所以新税制是否引入专项附加扣除，其公平效应都是相同的。

其次，若将税前家庭年收入不超过100000元的样本视为一个整体，可以发现，旧税制和新税制（未扣除专项附加扣除）的MT指数虽然绝对值很小，但已经转变为正数，说明在这个收入区间这两种制度的个人所得税已经具有了少许正向的再分配效应，只是旧税制的再分配效应更强。但是，纳入专项附加扣除的新税制其MT指数仍然为负。在此收入区间，新税制的横向公平效应仍好于旧税制，原因仍然是综合所得的引入使得工薪所得和劳务报酬所得在费用扣除额和税率方面实行同等待遇。平均税率的大幅降低同样导致新税制的纵向公平效应下降，而专项附加扣除对纵向公平的负面效应也开始有所体现。

随着收入区间的逐步扩大，3 种税制下的 MT 指数都在提高，但是，新税制的 MT 指数明显低于旧税制，而专项附加扣除对 MT 指数一直存在负面影响，虽然这个影响的绝对额不大。新税制的累进性 P 稍高于旧税制，但平均税率的大幅降低轻易抵消了这个正面效应，使得随着收入区间的扩大，新税制与旧税制的纵向公平效应差距不断拉大。新税制仍存在对横向公平效应的负面影响，影响程度随收入区间的扩大呈 V 形，但与旧税制相比，存在一定改善。专项附加扣除一般而言对横向公平具有正面影响，但影响幅度微不足道。

总之，新税制对公平效应的影响在不同收入区间上存在不同，随着收入区间的扩大，其与旧税制的差距也逐步拉大。

以泰尔 - T 指数、泰尔 - L 指数和阿特金森指数（不平等厌恶参数为 1）验证，可以得出类似结果（见表 6 - 6）。

表 6 - 6　　以泰尔指数、阿特金森指数度量的不同收入区间个人所得税公平效应指标

	NT_1	NT_2	NT_3
税前收入≤60000 元			
泰尔 - T 指数度量	-4E-05	-0.00026	-0.00026
泰尔 - L 指数度量	0.00087	0.0003	0.0003
阿特金森指数度量	0.00071	0.00024	0.00024
税前收入≤100000 元			
泰尔 - T 指数度量	0.00134	0.00014	-7E-05
泰尔 - L 指数度量	0.00209	0.0005	0.0003
阿特金森指数度量	0.00158	0.00038	0.00023
税前收入≤200000 元			
泰尔 - T 指数度量	0.00563	0.0022	0.00163
泰尔 - L 指数度量	0.00641	0.00241	0.00179
阿特金森指数度量	0.00449	0.00168	0.00125
税前收入≤400000 元			
泰尔 - T 指数度量	0.01778	0.00903	0.00795
泰尔 - L 指数度量	0.0158	0.0075	0.00643
阿特金森指数度量	0.01038	0.0049	0.00421

续表

	NT_1	NT_2	NT_3
税前收入≤800000 元			
泰尔－T 指数度量	0.03566	0.02236	0.02078
泰尔－L 指数度量	0.02643	0.0151	0.0137
阿特金森指数度量	0.01653	0.00939	0.00852

6.4 结　　论

根据前文分析，可以得出如下结论：我国此次的个人所得税改革是效率优先的，虽然有少数兼顾公平的措施，但平均税率的大幅降低使得效率提高明显，却使税制的再分配能力下降。具体而言：

第一，主要税改措施从总体上有利于效率但不利于公平。提高标准费用扣除额、引入专项附加扣除、调整综合所得和经营所得的税率级次等，都是减税措施，会降低平均税率。整体平均税率的降低一方面直接减少了税收的效率损失，另一方面则显著削弱了税收的纵向公平效应。虽然将工资薪金所得、劳务报酬所得等合并为综合所得使横向公平效应有少许改善，保持较高水平综合所得税率的级次分布也在一定程度上避免了纵向公平效应的下降，但二者对公平效应的正面效应与负面效应相比微不足道，使得新税制的总体公平效应明显低于旧税制。

第二，标准费用扣除额的提高和专项附加扣除的引入改变了税负在不同收入阶层之间的分布，进一步削弱了个人所得税的再分配效应。首先，是否能够享受标准费用扣除提高和专项附加扣除所带来的减税收益，很大程度上取决于收入的高低，收入较低者根本无法扣除或无法足额扣除允许扣除的费用，也就无法足额享受税制改革所带来的减税收益，而收入较高者则有条件足额享受这些收益，从而使得新税制改变了税负在不同收入群体之间的分布，在整体平均税率降低的基础上更进一步削弱了个人所得税的公平效应。其次，专项附加扣除均为定额扣除，扣除额与纳税人收入高低无关，适用条件也较为粗犷，这也在一定程度上改变了税负在人群中的分布，而这种改变并未使高收入者的税负提高。最后，标准费用扣除额的提高和专项附加扣除的引入使得大量纳税人所适用的税率级次跌落，但是，由于较高收入者适用的边际税率较高，因此其减税收益更大。

对公平和效率的权衡是任何税制改革都无法避免的，我国的个人所得税改革也不例外，决策者在权衡时考虑的根本因素是社会经济的需要。就我国而言，近年来基尼系数一直居高不下，强化再分配政策的呼声很高，但我国本次个人所得税改革选择效率优先也有充分理由：首先，当前世界经济景气不足，贸易保护主义抬头，我国经济也深受影响，需要政府实行适当的扩张政策，同时包括美国在内的一些国家纷纷减税，也对我国税制的竞争力构成一定威胁，因此，虽然就长期而言，个人所得税更应注重公平目标，但短期来看，减税是个更理性的选择。其次，作为发展中国家，由于税源、税收征管能力等的限制，个人所得税很难成为我国的主体税种，实现再分配目标不能过于倚重个人所得税，而应当诉诸更宽泛的政策工具，如转移支付等财政支出政策（马海涛、任强，2016；李文，2013），因此，现阶段适当忽略个人所得税的公平效应也是可取的。但是，即便如此，我国也仍然能够在提高效率的同时，对个人所得税的公平功能加以改善。

第 7 章

中国个人所得税的效率效应评估

个人所得税对效率的影响可以体现在对私人劳动供给、储蓄和投资等方面，但就我国而言，个人所得税对效率的影响主要体现在对私人劳动供给的影响方面。

总体而言，我国的个人所得税对储蓄和投资的效应相对有限，原因如下：

首先，我国的储蓄利息所得税影响有限。我国于 1999 年 11 月 1 日恢复对储蓄存款利息课征所得税，税率为 20%，又于 2007 年 8 月 15 日将税率降低至 5%，随后于 2008 年 10 月 8 日暂免征收储蓄存款利息的个人所得税。因此，就当前而言，我国的储蓄存款利息是不课税的。此外，国债和国务院批准发行的金融债券利息也属于个人所得税免税范围。所以，就上述利息免税范畴而言，个人所得税不会造成效率损失。但是，企业债券利息是需要按照 20% 的比例税率课税的，其中，中国铁路总公司发行的铁路债券利息收入减半征收，这会导致投资者行为的扭曲，形成效率损失，但是，由于税率相对较低，税额较少（见表 7 – 1），效率损失的强度应该不太严重。

表 7 – 1　　储蓄存款利息所得税收入状况

年份	2009	2010	2011	2012	2013	2014	2015	2016
税额（亿元）	139. 32	32. 25	14. 07	4. 05	1. 94	0. 47	0. 32	0. 19
占个人所得税比重（%）	3. 54	0. 67	0. 23	0. 07	0. 03	0. 01	0. 00	0. 00

资料来源：国家税务总局. 2010 ~ 2017 年《中国税务年鉴》[DB/OL]. http：//bjinfobank. com.

其次，我国的经营性所得、股息红利和资本利得所得税影响有限。投资可分为直接投资和间接投资，前者指投资者直接以货币资金购置实物资产或现有企业，后者则指投资者购买债券或股票等有价证券，也称为证券投资。个人所得税可能会对直接投资和间接投资造成影响，从而引发效率损失。第一，我国直接投资于产业生产经营的个人独资企业、合伙企业和个体工商户需要就个人所得按照5%～35%的5级超额累进税率缴纳个人所得税，与其他发展中国家相比，其最高边际税率属于相对较高的行列，因此，可能导致较高的效率损失。但是，如前文所述，我国经营性所得的个人所得税征收状况欠佳，税收流失较严重，因此，其实际税率远远低于名义税率，从而弱化了效率损失。第二，我国股息、红利和资本利得的个人所得税税负较轻。我国对普通的股息、红利征收20%的个人所得税，但对上市公司的股息红利有一定的税收优惠，对于持股期限在1个月以上至1年（含1年）的，减半征收，持股期限超过1年的，免征个人所得税；对个人转让上市公司股票取得的资本利得暂免征收个人所得税，但对于个人转让股权的净所得，则需要按照20%的税率缴纳个人所得税。由于税率只有20%，且存在减免税，因此，对于间接投资，我国个人所得税所导致的效率损失较低。

下文分别从定性和定量两个角度分析我国个人所得税对劳动供给的影响。

7.1 中国个人所得税对私人劳动供给影响的一般分析

7.1.1 个人所得税影响私人劳动供给的基本机理

众所周知，个人所得税对劳动供给的影响包括两个方面：收入效应和替代效应，其中，收入效率会导致个人为了维持税前收入水平而增加劳动供给，而替代效应则导致个人因闲暇的价格降低而更倾向于选择闲暇从而降低工作时间。个人所得税对劳动供给的净效应取决于收入效应和替代效应的相对大小。在个人所得税的这两种效应中，收入效应并不带来效率损失，只有替代效应才会导致效率损失。

一般而言，平均税率与收入效应相关，平均税率越高收入效应越大；边际税率与替代效应相关，边际税率越高替代效应越大。因此，比例税率与累进税率的效应是存在区别的，在相同的平均税率水平下，比例税率的最高边际税率低于累进税率的最高边际税率，因此，累进税率所导致的替代效应要高于比例税率。同时，由于高收入者的劳动供给弹性高于低收入者，因此，高累进税率对劳动供给的负面效应将更强烈，从而导致更高的效率损失。

国外的一些研究认为，个人所得税对男性和女性劳动供给的影响是不同的，男性的劳动供给弹性较小，因此，其劳动供给受个人所得税的影响也较小，而女性的情况则相反，劳动供给弹性较高，从而对个人所得税更加敏感。

劳动供给还有一个特殊之处，即个人可能没有能力自主决定工作时间的多少。因为许多个体都是在各类集体单位中工作的，各单位往往都有与工作时间相关的制度规定，个人往往不可能随心所欲地减少或增加工作时间，除此之外，也有个体因工作性质等原因受到其他较为刚性的工作时间制约。也正因如此，劳动供给决策实际上可以分为两个决策：劳动时间决策和劳动参与决策。所谓劳动时间决策，即个人对工作时间长短进行改变的决策，而劳动参与决策则指个人工作或彻底不工作的决策。如果个人有足够能力对工作时间进行随意调整，则劳动供给决策仅包括劳动时间决策即可，但现实中某些个体是没有能力对劳动时间进行随意调整的，如果政府提高了个人所得税，对某个体而言，替代效应增加，该个体主观上希望减少工作时间，但由于受到单位相关制度等因素的限制，工作时间减少的决策是不可行的，则其只能违背自身意志继续保持原有的工作时间。当替代效应增大到一定程度，个体的合意工作时间减少到某个限度时，该个体可能就会通过将工作时间直接降低至零，即选择不再工作来应对个人所得税负的提高，这样就出现了第二种劳动供给决策：劳动参与决策。

当然，现实中的真实状态是，在劳动供给方面，大量个体对个人所得税的变动是具有一定的反应能力的。首先，某些工作性质特殊的个人，如一些工作单位实行弹性工作制的个人，可能能够自主决定工作时间，这些个体对个人所得税税负的变动就具有较完备的应对能力；而对于大量在一般工作单位就业的个体而言，其对于加班时间或兼职时间等也具有一定的决定能力，因而对个人所得税的变动也具有一定的应对能力。上述个体在工作时间方面对个人所得税税负变动的应对能力就提供了个人所得税影响劳动供给的潜在前提。

此外，个人所得税对劳动供给的影响是建立在个体对个人所得税的正确认知之上的，个体对个人所得税的认知不足或认知错误都会扭曲个人所得税的劳动供给效应。

7.1.2 中国个人所得税对劳动供给的一般影响

我国当前实行的是分类综合个人所得税，与劳动供给相关的为综合所得税，涉及工资、薪金所得、劳务报酬所得、稿酬所得及特许权使用费所得的税收，此外，由于个体工商户和个人独资企业及合伙企业中在自有企业工作的投资者其所得除资本所得外，也有一部分为劳动所得，因此，个体工商户、个人独资企业和合伙企业的个人所得税在一定程度上也会影响劳动供给。

我国个人所得税对劳动供给的影响主要体现在综合所得边际税率过高方面，过高的边际税率将导致过度的效率损失。在前述各类劳动所得税中，工资、薪金所得税的占比一直很高，由表 7－2 可见，近年来工资、薪金所得税占全部个人所得税的比重多数年份在65%左右，若再加上劳务报酬所得税、稿酬所得税、特许权使用费所得税等，与综合所得相关的个人所得税比重就更高。个体工商户生产经营所得税的比重逐年下降，至2016 年仅占个人所得税总额的 4.70%，且其中包含较大部分的资本所得税。2019 个人所得税改革后，这种状况应当不会有根本改变。因此，可以看出，综合所得相关税收对劳动供给的影响是最重要的。

表 7－2　　个人所得税的内部结构　　单位：%

项目	2010 年	2011 年	2012 年	2013 年	2014 年	2015 年	2016 年
工资、薪金所得	65.41	64.55	61.79	62.81	65.47	65.37	66.65
个体工商户生产、经营所得	12.58	11.32	10.27	8.85	7.07	5.61	4.70
企事业单位承包、承租经营所得	1.27	1.36	1.54	1.87	2.09	1.77	1.46
劳务报酬所得	2.25	2.28	2.63	2.67	2.81	3.08	3.54
稿酬所得	0.06	0.06	0.06	0.07	0.06	0.06	0.06
特许权使用费所得	0.02	0.03	0.04	0.03	0.06	0.04	0.05
利息、股息、红利所得	11.16	10.92	13.01	11.13	10.57	10.52	8.88

续表

项目	2010年	2011年	2012年	2013年	2014年	2015年	2016年
财产租赁所得	0.29	0.33	0.42	0.43	0.48	0.46	0.52
财产转让所得	5.30	7.68	8.33	10.37	9.59	11.43	12.66
偶然所得	1.15	1.12	1.33	1.19	1.28	1.16	0.90
其他所得	0.50	0.35	0.56	0.57	0.52	0.49	0.58
合计	100	100	100	100	100	100	100

资料来源：国家税务总局.2011～2017年《中国税务年鉴》[DB/OL]. http://bjinfobank.com.

2019年个人所得税改革后，我国的综合所得沿用了原工资、薪金所得税的税率水平，实行的仍是7级超额累进税率，最高边际税率为45%，这个税率水平在发展中国家中是非常高的。表7－3为部分发展中国家的个人所得税税率，其中包括除中国外的其他四个金砖国家，我国2016年人均GDP为8166.76美元①，处于表中各国人均GDP的中间水平。可以看出，这些发展中国家的个人所得税最高边际税率相对发达国家低得多，多数在35%以下，许多国家低于20%。我国综合所得的高边际税率必将带来较高的替代效应，降低个体的劳动偏好，造成较大的效率损失。尤其是随着近年来我国经济的高速增长，一些一、二线城市的IT、金融等现代服务业的专业人员的工薪收入大幅提高，他们将面对相当高的边际税率，这种状况在从总体上强化替代效应的同时，还会对高技术的现代服务业的发展构成负面影响。

表7－3　2016年部分发展中国家个人所得税税率

国家	人均GDP（美元）	税率（%）	国家	人均GDP（美元）	税率（%）
斯洛文尼亚	21320.16	16～50	巴西	8726.90	0～27.5
南非	5260.90	18～45	拉脱维亚	14890.07	23（比例税率）
墨西哥	8554.62	1.92～35	格鲁吉亚	3842.3	20（比例税率）
土耳其	10742.70	15～35	爱沙尼亚	17632.70	20（比例税率）
越南	2173.27	5～35	乌克兰	2194.36	18（比例税率）

① 资料来源：IMF. World Economic Outlook Database（2017－04）[DB/OL]. https://www.imf.org/external/pubs/ft/weo/2017/01/weodata/index.aspx.

续表

国家	人均 GDP（美元）	税率（%）	国家	人均 GDP（美元）	税率（%）
波兰	12315.65	18～32	罗马尼亚	9465.42	16（比例税率）
菲律宾	2924.29	5～32	立陶宛	14890.07	15（比例税率）
印度	1723.30	10～30	俄罗斯	8928.70	13（比例税率）
印度尼西亚	3604.29	5～30	蒙古国	3659.83	10（比例税率）

资料来源：IMF. World Economic Outlook Database（2017－04）［DB/OL］. https：//www.imf.org/external/pubs/ft/weo/2017/01/weodata/index.aspx；KPMG. Thinking Beyond Borders：Management of Extended Business Travelers（2017）［EB/OL］. https：//home.kpmg.com/xx/en/home/insights/2012/11/thinking－beyond－borders.html.

此外，我国个人所得税对女性劳动供给的影响与西方发达国家应当存在差异，原因为：

第一，我国与西方国家的个人所得税制度规定不同。西方国家的个人所得税一般可以按家庭申报，一方面，在夫妻联合申报前提下，妻子的收入会加在丈夫的收入之上适用超额累进税率，如，若丈夫的自身收入适用5%～30%的累进税率，妻子的收入实际上适用的是最低税率30%的超额累进税率，其税收负担是非常高的；另一方面，若家庭中的妻子没有收入，并不降低整个家庭夫妻联合申报的费用扣除额，因此，妻子退出劳动市场并不会提高丈夫所得的税收负担。而我国个人所得税是按照个人申报的，若夫妻双方均工作，就整个家庭而言，就有两份费用扣除额，而若妻子退出劳动市场，则整个家庭就只能扣除丈夫个人的费用扣除额。所以，相对西方国家而言，我国的个人所得税制度事实上更加鼓励女性就业。

第二，我国与西方国家的福利制度不同。在西方国家，妻子退出劳动市场没有收入时，可能会享受到某种福利补贴，但在我国，妻子退出劳动市场后，只要丈夫仍有必要收入，一般不会得到任何补贴。

第三，我国与西方国家的文化不同。在许多西方国家，家庭角色分工更加明确，专职的家庭主妇司空见惯，许多职业女性在结婚之后就会退出劳动市场回归家庭。但是，在我国，女性与男性在受教育程度和工作参与度上的差异较小，社会大众普遍认为女性婚后仍然应当工作。

第四，我国与西方国家人均工薪收入水平不同。发达国家的人均工薪收入相对较高，丈夫的收入常常就可以负担整个家庭的支出，而我国仍为发展中国家，人均工薪收入较低，我国2017年城镇单位就业人员平均工资仅为74318元[①]，较发达国家差距较大，有相当多的家庭仅仅靠丈夫一人的收入无法负担家庭开支，因此也需要妻子同时工作取得收入。

鉴于上述原因，我国女性的劳动供给弹性与西方国家应当存在较大差异，女性的劳动供给弹性与男性可能不存在本质差别。

综上所述，我国个人所得税对劳动供给的影响可大体总结如下：

第一，高综合所得税率对高劳动所得者的劳动供给影响较大。我国近年来个人所得税占税收总额的比重一般在7%左右，而美国2015年个人所得税占税收总额（不含社会保险税）的比重为53.5%[②]，其他西方国家也远高于我国。我国个人所得税总量较少，使其在整个经济中所起的作用较低，但是，由于个人所得税主要是课征于较高收入者，尤其是我国综合所得税的累进程度较高，因此，税收的集中度较高，且更多集中在工薪阶层身上，即高工薪收入者承担了较大的税收负担，也因而可能受到较大影响。

第二，个人所得税对女性劳动供给的影响相对较低。基于我国的国情和个人所得税制度，我国女性的劳动供给弹性与男性的差距可能较西方国家小，也因此个人所得税对女性劳动供给的影响相对较低。

第三，个人所得税对整体劳动供给的净负面效应可能不是太大。一方面，劳动供给受多重因素的影响，个人所得税仅为其中的因素之一，且对于收入不是特别高的纳税人，在我国的税制下，税收负担相对较低，因此纳税人在确定劳动供给的时候往往并不将个人所得税作为首要的考虑因素，甚至有相当部分纳税人并不清楚自己的确切税额。另一方面，个人劳动时间的多少还会受到单位劳动制度及其他因素的限制，往往无法随心所欲地调整。而对于多数纳税人而言，我国的个人所得税负担并未高到需要个人做出彻底退出劳动市场决定的程度。但个人所得税可能会对收入较高者的加班或兼职决策构成较大影响。

7.2　中国个人所得税劳动供给效应的实证分析[③]

我国的个人所得税一直处于改革进程之中，虽然对个人所得税的关注

---

① 资料来源：国家统计局．国家数据［DB/OL］. http：//data. stats. gov. cn/easyquery. htm?cn = C01&zb = A040F&sj = 2017.

② 资料来源：OECD. OECD Statistics［DB/OL］. https：//stats. oecd. org/.

③ 本部分主要内容发表于：李文．税收认知影响个人所得税的劳动供给效应吗？——基于似不相关双变量Probit模型的分析［J］. 财贸研究，2018，9：66 - 75.

更多集中于公平效应，但其变革所可能带来的对效率的影响也不容忽视，其中，个人所得税改革对与其联系密切的劳动供给的效应非常值得研究。那么，个人所得税改革对我国劳动供给可能带来什么样的效应？个人所得税税负降低能否导致劳动时间的增加？个人所得税的劳动供给效应受什么因素的影响？这都是亟待回答的问题。前文从定性角度做了一些分析，本部分拟通过问卷调查数据对个人所得税的劳动供给效应进行实证分析。

如前所述，根据标准经济学模型，个人所得税负担的改变会带来收入效应和替代效应，从而可能导致理性的纳税人劳动供给的改变，而工作时间改变的最终结果则取决于收入效应和替代相应的相对大小。为了验证个人所得税改变对劳动供给的最终影响，众多文献就不同视角、不同期间、不同研究对象采用不同的方法进行了实证分析。多数文献同意个人所得税税负与劳动供给存在负向关系，即使存在正向关系也是一种较罕见的现象，而非规律（Manski，2012）。但是，个人所得税税负变化的效应如何在现实中取决于诸多因素。国外的研究多数认为，男性的劳动供给对税收变化的弹性较小，而女性的劳动供给对税收更为敏感（Stelcner and Breslaw，1985；Ma Curdy et al.，1990；Eissa，1996），但也有人得出相反结论（Keane，2011）。我国的学者也对此问题进行了研究，张世伟等（2008）基于自然实验途径对2005年我国个人所得税制度改革对劳动供给的影响进行了实证分析，发现改革导致已婚女性群体劳动供给增加了1.12%；尹音频、杨晓妹（2013）应用微观模拟方法，对我国2008年和2011年两次个人所得税改革对劳动供给的影响程度进行了分析，发现个人所得税改革对女性劳动供给的影响程度更大，尤其是对中低收入阶层女性劳动供给的激励作用最大；叶菁菁等（2017）用双重差分法对2011年我国个人所得税改革的劳动供给效应进行了分析，结果显示税改提高了个体的劳动参与率，但对劳动力的工作时长没有显著影响，同时，税改对中高收入阶层的劳动激励高于低收入阶层。余显财（2006）通过对调查问卷的Logit回归发现，总体而言，劳动供给的所得税弹性是缺乏的，除婚姻状况外，其他变量均无统计学意义；沈向民、吴健（2016）通过问卷调查发现，个人所得税税负变动对我国社会成员劳动供给的影响程度不高，且这种影响与年龄、学历、单位性质等有关，但与性别关系不大。

上述研究各有千秋，研究结论也都有其内在价值，但是，这些研究一般均未深入涉及两个因素：第一，个体对自身个人所得税税额的准确了解程度如何；第二，个体能够在多大程度上自主决定工作时间。笔者认为，这两个因素对个人所得税的劳动供给效应至关重要。

首先，个人所得税对劳动供给的效应是建立在税楔改变个体税收数额进而影响个体行为的基础上的，一般的研究均隐含着个体准确了解自身的应纳税额，进而能够根据应纳税额的改变而调整劳动时间的假设。但是，一些文献表明，在现实中，许多个体并不准确知道自身的税额和税负（Enirick，1963；Enirick，1964；Wagstaff，1965；Blaufus et al.，2015；Gideon；2015），即大量个体的税收认知程度有限，这就从根本上动摇了个人所得税变动影响个体劳动供给的最关键的隐含假设。

其次，个体劳动时间的改变并非完全由其主观决定，而是其主观意志和客观条件共同作用的结果。即只有在个体客观上具备一定的对工作时间的自主决定权时，其改变工作时间的意愿才能够实现。因此，如果不将个体对工作时间的自主决定能力与工作时间的改变共同纳入分析框架，结论将发生偏差。

鉴于上述原因，本部分拟通过问卷调查基础上的实证分析重点探讨在个体有限理性的前提下，个体税收认知对个人所得税劳动供给效应的影响，同时，将个体对工作时间的自主决定能力纳入系统分析框架。鉴于变量特性、变量之间的关系及拟达到的目的，本部分拟采用似不相关双变量Probit 模型。本部分的贡献在于，第一，打破了个体理性人假设，将个体税收认知纳入了分析框架，从而得出个体的税收认知水平与个人所得税税额降低增加工作时间之间呈现显著正相关关系的结论；第二，将个人所得税降低是否增加工作时间与个体的工作时间决定能力作为双变量同时纳入实证分析框架，避免了割裂二者关系而导致的结论偏差。

7.2.1 个体税收认知与个人所得税的劳动供给效应

7.2.1.1 个体税收认知及其对个人所得税劳动供给效应的影响途径

所谓个体税收认知，指纳税人对实际纳税额的主观认知程度。新古典经济学理论假设经济主体是理性人，且信息的获取是没有成本的，但现实并非如此。

首先，行为经济学认为人并非是完全理性的，而是有限理性的，这种有限理性表现在如下方面：第一，个体是信息不完全的，其掌握的仅仅是不完全的有限信息，且往往无法分辨信息准确与否；第二，个体不具有完美的信息处理能力，常常无法依据所掌握的信息做出最优选择；第三，个体并非道德和情感中性的，感性的主观因素在个体决策中具有重要影响。其次，制度经济学认为对信息的获取和处理是有交易费用的，若收益低于交易费用则会引发理性无知现象。这就导致现实中的个体会依据自身的主观感受有选择地获取某些信息或不获取某些信息，同时，在依据自身所掌握的有限且可能并不正确的信息之上实施判断时，可能会产生偏差。纳税人对自身实际纳税额的了解同样存在上述问题。

20 世纪 60 年代起，一些文献就提出了个体的税收认知问题，并对此进行了研究探讨。艾尼里克（Enirick，1964）通过在美国的问卷调查发现，纳税人普遍存在不清楚个人实际纳税额的情况，且更倾向于低估实际纳税额，低估税额者与高估税额者的比例为 2∶1。瓦格斯塔夫等（Wagstaff，1965）的问卷调查分析结果显示，只有 12.6% 的纳税人对其实际纳税额有准确了解，而对实际纳税额高估和低估者的比重相当，同时，低收入者倾向于高估其实际税额，高收入者则相反。最近的研究也证实了税收认知问题的存在，如，布鲁夫斯等（Blaufus et al.，2015）的研究发现，大量德国民众不清楚自己所得税的实际负担；吉迪恩（Gideon，2015）的研究表明，个体会低估工薪的最高边际税率，高估股利的最高边际税率，并高估自身的平均税率；巴拉德和古普塔（Ballard & Gupta，2016）对美国密歇根州的调查发现，86% 的被调查者高估他们的个人所得税实际平均税率。

由此可以看出，个体对实际纳税额的错误认识是较普遍存在的，而这种税收认知问题会直接影响个人所得税对劳动供给的效应。

首先，个体税收认知欠缺会破坏个人所得税变动对劳动供给影响的内在作用机制。个人所得税税负影响劳动供给的内在机制是，个人所得税作为税楔，导致雇主支付的工薪数额与雇员得到的工薪数额之间产生差异，而个人所得税所导致的税后工薪的变化，最终会引起劳动供给的变动。但是，如果个体的税收认知较差，即个体对自身个人所得税的实际数额并不清楚，其对个人所得税变动的实际意义的理解就不会准确，进而个人所得税的变动与劳动供给变动之间的内在作用机制就会受到影响，个人所得税变动所可能导致的劳动供给变动结果就会存在不符合理论预期的不确定性。

其次，个体税收认知状况在一定程度上反映了个体对个人所得税税负的敏感程度。不论个人所得税的纳税方式是源泉扣缴还是自行申报，若想获知个人的准确纳税额应当不是一件特别困难的事情，即个体获取其实际税额信息的成本并不太高。在这种情况下，若一个人仍然不清楚自身的应纳税额，原因可能是：第一，其主观上对税收不够重视，即使信息获取成本不高也不愿意去了解准确的税额；第二，其可能因为文化水平较低或缺乏相关税收知识而对个人所得税较为生疏，进而对个人所得税税额不够敏感。个体对个人所得税税负敏感程度的缺乏，会导致其与税负变动相关的劳动供给弹性降低，从而削弱个人所得税对其劳动供给造成的影响。

7.2.1.2　个体税收认知的影响因素

对于税收认知的影响因素，有的研究认为，个体的收入越高、受教育程度越高，其税收认知水平就越好（Wagstaff，1965；Blaufus et al.，2015）；有的研究认为，税款被直接征收的程度、税种的重要性、公民是否能够直接决定税率等是影响税收认知的重要因素（Ordeshook，1979），但有的研究认为源泉扣缴方式对个体的税收认知并没有显著影响（Enirick，1964）；还有研究发现，纳税人对税款使用效率的主观感受会影响税收认知，相对相信税款被有效使用的人而言，相信税款被无效率使用的人对其税负的高估程度更大（Ballard & Gupta，2016）。

笔者认为，个体税收认知是主观范畴的概念，个体的自身特征及个人所得税的特点均会对其构成影响。

第一，个体的收入水平可能影响税收认知。一方面，收入较高者其税额的绝对额也较高，可能会使纳税人认为个人所得税是一项较重要的支出，因此，更关心税额，从而税收认知水平较高；另一方面，收入较高者由于总体收入水平高，也可能因此对个人所得税的税额支出并不敏感，因此不太关心实际税额，从而税收认知水平较低。收入较低者的情况可能相反。所以，收入水平对税收认知的影响是不确定的。

第二，个体的受教育程度可能影响税收认知。一般而言，受教育程度越高，文化水平越高，其对个人所得税的了解越多，可能越清楚自身的实际税额。因此，受教育程度与税收认知水平可能存在正相关关系。

第三，个体的年龄、性别和职业可能影响税收认知。同一年龄段、同一性别或相似职业的个体，其经历及价值观可能存在相似之处，因此，税收认知水平也可能存在相似之处，但年龄、性别、职业对税收认知水平的具体影响方向不明。

第四，个人所得税的缴纳方式。在我国，个人所得税存在两种纳税方式：源泉扣缴和自行申报。源泉扣缴方式下税收的计算和扣缴均由他人完成，而自行申报方式下纳税人自身对税额计算、缴纳的参与程度可能更大，因此，可能相对自行申报，源泉扣缴方式会降低纳税人的税收认知。但是，在我国当前的个人所得税制度下，一些需要自行申报的纳税人往往也有专门的财务人员代为完成纳税申报，而其他需要自行申报的纳税人也可能寻求税务代理人员的帮助，因此，自行申报与源泉扣缴是否对纳税人的税收认知构成显著的不同影响，也未可知。

7.2.2 模型设定及变量选择

本部分拟研究个体税收认知对个人所得税改革所导致的劳动供给变动的影响，因此，以个人所得税降低一定幅度是否增加工作时间作为被解释变量，之所以未考虑工作时间减少，是因为，如前所述，多数文献同意个人所得税税负与劳动供给存在负向关系，即使存在正向关系也是一种较罕见的现象，而非规律（Manski，2012），因此，个人所得税降低所引发的工作时间减少应该并不普遍。由于被解释变量为二值选择变量，所以拟采用 Probit 模型。

但是，在现实世界中，许多个体并不完全拥有自主决定工作时间的能力，如前所述，个人所得税改变后，若个体改变其工作时间，必须符合两个条件：第一，其主观上愿意改变工作时间；第二，其客观上具有改变工作时间的能力。因此，个体自主决定工作时间的能力与其工作时间的改变存在密切的关联。鉴于此，本部分拟采用似不相关双变量 Probit 模型。

双变量 Probit 模型适用于需要同时考虑两个虚拟变量的发生概率时，这两个变量是相互关联的，其 Probit 模型的扰动项（设为 ε_1 和 ε_2）之间存在一定的相关性，（ε_1，ε_2）服从二维联合正态分布，期望为0，方差为1，相关系数为 ρ，即：

$$\begin{pmatrix}\varepsilon_1\\ \varepsilon_2\end{pmatrix} \sim N\left\{\begin{pmatrix}0\\ 0\end{pmatrix}, \begin{bmatrix}1 & \rho\\ \rho & 1\end{bmatrix}\right\}$$

双变量 Probit 模型能够解决两个方程之间的内在联系问题，提高估计的效率。

本部分除将个人所得税降低一定幅度是否增加工作时间作为被解释变量建立 Probit 方程（即方程一）外，也将工作时间决定能力作为被解释变量建立 Probit 方程（即方程二），然后在这两个 Probit 方程扰动项相关的基础上，对二者进行最大似然估计。由于两个方程的解释变量和控制变量不同，因此属于似不相关双变量 Probit 模型。

7.2.2.1 方程一的变量选择

方程一的被解释变量为个人所得税降低一定幅度是否增加工作时间。为了研究更全面，本部分将个人所得税的降低幅度设定为 20% 和 40% 两档，分别实施回归分析，两个变量分别以 tim20 和 tim40 表示，若劳动时间增加则赋值为 1，不增加赋值为 0。

方程一的解释变量包括：

（1）个体的税收认知（real）。根据前文分析，若个体税收认知水平较低，则其对个人所得税降低的敏感程度可能较差，其劳动供给变动的概率也就可能较低，因此，个体税收认知与个人所得税降低是否增加工作时间应当存在正相关关系。本部分中，个体税收认知赋值如下：不太清楚个人所得税税额为 1；大体知道税额为 2；准确知道税额为 3。

（2）收入（inc）。不同收入水平的个体，其劳动供给弹性可能不同，因此，个人所得税降低后，其工作时间的变动就可能不同。但是，由于现实中每个个体的偏好各异，同一收入水平的个体对个人所得税降低的反应会存在差异，因此，收入水平对个人所得税降低是否增加工作时间是否存在显著的系统影响不确定。本部分中收入变量依据月收入的不同水平分档赋值，由于缴纳与劳动所得相关的个人所得税的纳税人的收入大多在 3500 元以上，因此，本部分问卷调查的对象为收入在 3500 元以上的个人所得税纳税人，收入变量的最低档也是从 3501 元起算。收入变量的具体赋值见表 7-4。

表 7-4 方程一变量定义

变量类型	变量含义	变量名称	变量赋值
被解释变量	个人所得税降低 20% 是否增加工作时间	tim20	增加 =1；不增加 =0
	个人所得税降低 40% 是否增加工作时间	tim40	增加 =1；不增加 =0

续表

变量类型	变量含义	变量名称	变量赋值
解释变量	税收认知	real	不太清楚实际税额 =1；大体知道实际税额 =2；准确知道实际税额 =3；
	收入	inc	月收入 3501 - 5000 = 1；5001 - 6500 = 2；6501 - 8000 = 3；8001 - 10000 = 4；10001 - 14000 = 5；14001 以上 = 6
	个人收入在家庭中所占份额	pro	20% 以下 =1；21% ~40% =2；41% ~60% =3；61% ~80% =4；81% ~100% =5
	性别	gen	女性 =1；男性 =0
	年龄	age	18 -30 =1；31 -40 =2；41 -50 =3；51 -60 =4
	教育程度	edu	高中、中专及以下 =1；大专 =2；本科 =3；硕士及以上 =4
	婚姻状态	mar	已婚 =1；其他 =0
	职业	car1	政府机关 =1；其他 =0
		car2	事业单位 =1；其他 =0
		car3	国有企业 =1；其他 =0
		car4	外资企业 =1；其他 =0
		car5	民营企业 =1；其他 =0
		car6	个体工商户、自由职业者及其他 =1；其他 =0
	个人所得税缴纳方式	pay	源泉扣缴 =1；自行申报 =0

（3）个人收入在家庭中所占份额（pro）。一方面，个人收入在家庭收入中所占份额越小，其收入对家庭的重要性就越低，其劳动的供给弹性可能就越高，个人所得税的高低对其劳动供给的影响可能就越显著。另一方面，正因为收入份额较低从而其收入不够重要，个人所得税降低后个人增加劳动时间所提高的收入对家庭而言也同样不重要，所以，个人所得税降低个体增加工作时间的动机不强烈。因此，个人收入在家庭中所占份额的影响方向不确定。本部分将个人收入占家庭收入的份额分为 5 档，变量赋值也从 1 ~5（见表 7 -4）。

（4）性别（gen）。一般来说，男性往往是家庭收入的主要来源，相对而言，女性的工资较低，同时基于社会分工，除工作之外，女性还须承担大量的养育子女等任务，其参加工作的刚性较男性低，因此，如前所述，国外许多研究发现女性的劳动供给弹性显著高于男性。但是，我国的情况与国外有所不同，虽然我国的女性在家庭分工方面与国外类似，近年来也有越来越多的女性由于种种原因退出劳动力市场，但是，我国女性有着与男性一起工作的传统，尤其是城市女性，工作参与比率较高，2015 年15 岁以上女性中的劳动力比率，世界平均水平为 49.6%，高收入国家为52.2%，而我国为 63.6%[①]，若仅考虑城市范围，这个比率应当更高。因此，性别对个人所得税劳动供给效应的影响在我国是否存在性别差异也无法从理论上实施判断。性别变量的赋值为女性为 1，男性为 0。

（5）年龄（age）。随着年龄的变化，个人在观念、工作状况、面临的支出需求等方面可能存在有规律的变化，因此劳动供给对个人所得税降低的反应也可能存在一定的规律性。本部分调查的是 18 岁以上的个体，将年龄划分为 4 个档次，分别赋值为 1 ~4（见表 7 –4）。

（6）教育程度（edu）。教育程度不同，个人可能在能力、观念等方面存在差异，随着教育程度的逐步提高，个人所得税降低对个体工作时间的影响与教育程度之间可能存在一定相关性。本部分依据学历不同将教育程度分别赋值 1 ~4（见表 7 –4）。

（7）婚姻状态（mar）。婚姻状态不同的个体其家庭结构、支出需求、收入状况和收入结构均存在差异，因此，不同婚姻状况个体的劳动供给弹性可能存在差异，进而对个人所得税变动的反应可能不同。本部分设置了婚姻状态虚拟变量，已婚赋值为 1，其他赋值为 0。

（8）职业（car1 ~ car6）。相同职业的个体，可能价值观、职业特点等类似，因而可能对个人所得税降低存在相似的反应。但个人所得税降低对每个行业个体工作时间是否增加的影响不确定。本部分依据不同职业分类设置了 6 个虚拟变量，具体变量赋值见表 7 –4。

（9）个人所得税的缴纳方式（pay）。根据行为经济学理论，费用的支付方式对个人主观感受的影响非常显著，如，同样数额的费用，若以现金支付则个体对付款的感受就比较深刻，而以银行卡支付个体的感受就相对轻微。个人所得税的缴纳方式可能存在类似效应，代扣代缴方式相对自行申报方式而言，个人所得税缴纳使个体对付费的主观感受会较为轻微，其对个人所得税的重视程度可能也相对较低，因此，个人所得税降低对其

① 资料来源：The World Bank. World Development Indicators（2017）［DB/OL］. http：//wdi. worldbank. org/table/2. 2.

工作时间的影响也会较低，而自行申报方式可能相反。但由于适用自行申报方式纳税的纳税人也不一定是由本人亲自纳税，因此，前述效应也可能不存在。本变量的赋值规则为：源泉扣缴为1，自行申报为0。

7.2.2.2 方程二的变量选择

方程二的被解释变量是工作时间决定能力（dec），赋值规则是：无法自主决定工作时间为0，能够在一定程度上决定工作时间为1（见表7－5）。

方程二的解释变量为：

（1）收入（inc）。一方面，收入较高的个人由于财务自由度较大，可能具有更大的自主决定工作时间的能力；另一方面，相同收入水平的个人其职业及工作状态各不相同，因此，在工作时间的自主决定能力方面，可能不具有共性，进而收入水平与工作时间决定能力之间可能不存在显著的相关关系。

（2）性别（gen）。由于不同性别的个体在社会中承担的角色不同，因此男性与女性在自主决定工作时间方面可能存在系统差异。但是在当前的我国，男性与女性所从事的职业在很大程度上存在重叠，因此，二者自主决定工作时间的能力是否真正不同还有待检验。

（3）年龄（age）。不同年龄段的个人其观念、工作特点可能存在一些系统差异，因此，年龄与自主决定工作时间的能力之间可能存在一定的相关性。

（4）教育程度（edu）。教育程度可能会使个体在工作时间的确定方面具有一定的规律性，但是否确实具有这种规律性尚需检验。

（5）职业（car1～car6）。不同职业的特点不同，可能导致从事不同职业的个人在自主决定工作时间的能力方面存在系统差异。一般而言，职业对个人工作时间自主决定能力的影响可能有如下几个方面：第一，工作单位制度的限制。许多工作单位对工作时间是有较为明确的限制的，个人常常无法自主增加或减少工作时间；第二，与职业有关的其他因素的限制。有一些职业，虽然看似对工作时间没有制度约束，但却有潜在的其他限制因素。例如许多个体工商户，其往往是依据市场状况确定营业时间的，而一旦营业时间对外公布，就得每天严格按照这个时间工作，“连请假都不可能”，某种程度上，这种市场约束可能比制度约束还要严格。

表7-5　方程二变量定义

变量类型	变量含义	变量名称	变量赋值
被解释变量	工作时间决定能力	dec	无法自主决定工作时间=0；能够在一定程度上决定工作时间=1
解释变量	解释变量为收入、性别、年龄、教育程度、职业，其定义同表7-4		

7.2.3　数据来源及回归结果

笔者2017年对山东省青岛市18岁以上且月收入3500元以上的个人所得税纳税人实施了问卷调查，共收回有效问卷308份。青岛市在社会经济发展方面是一个较为典型的二线城市，在实施问卷调查时，又特别关注了样本的性别比例、年龄分布、收入水平分布、职业分布、教育程度分布等特征。所有样本中，男性占58.44%，女性占41.56%；年龄在31~50岁者最多，占82.79%，18~30岁及51~60岁者占17.21%；收入处于5001~10000元之间者合计占74.67%，低于此区间者占11.69%，高于此区间者占13.64%；职业为国有企业、外资企业和民营企业者最多，合计占76.94%，行政机关和事业单位者占21.11%；大专和本科教育程度者占主体，合计80.20%，大专以下者占12.66%，硕士及以上者占7.14%。样本的这些比例分布大致符合我国个人所得税纳税人群体的特征，因此具有一定的代表性。

方程一和方程二各变量的描述性统计见表7-6。

表7-6　变量的描述性统计

变量	均值	标准差	最小值	最大值
tim20	0.2565	0.4374	0	1
tim40	0.3117	0.4639	0	1
dec	0.8961	0.3056	0	1
real	1.5390	0.5490	1	3
inc	3.0390	1.4523	1	6
prop	3.0260	0.7986	1	5
gen	0.4156	0.4936	0	1

续表

变量	均值	标准差	最小值	最大值
age	2.0877	0.6523	1	4
edu	2.4578	0.8040	1	4
mar	0.7045	0.4570	0	1
car1	0.0390	0.1938	0	1
car2	0.1721	0.3781	0	1
car3	0.2532	0.4356	0	1
car4	0.2013	0.4016	0	1
car5	0.3149	0.4652	0	1
car6	0.0195	0.1384	0	1
pay	0.9740	0.1593	0	1

似不相关双变量 Probit 模型的回归结果见表 7－7。表 7－7 分别列示了个人所得税降低 20% 和降低 40% 时的回归结果，每种情况又分别列示了包括所有变量（1a、2a）和根据信息准则标准删减相关变量后（1b、2b）的两种结果。可以看出：

表 7－7　　　　回归结果

变量	个人所得税降低 20% 是否增加工作时间		个人所得税降低 40% 是否增加工作时间	
	包括所有变量（1a）	变量删减后（1b）	包括所有变量（2a）	变量删减后（2b）
	方程一		方程一	
real	0.3120** (2.09)	0.3032** (2.08)	0.2913** (2.08)	0.2618** (1.96)
inc	−0.0309 (−0.50)		−0.0575 (−0.97)	
prop	0.0294 (0.28)		−0.0073 (−0.07)	
gen	−0.0109 (−0.06)		−0.1928 (−1.17)	
age	0.2737** (1.96)	0.2518** (2.08)	0.2734** (2.01)	0.2221* (1.91)
edu	−0.3424*** (−3.24)	−0.3134*** (−3.12)	−0.1135 (−1.14)	
mar	−0.0777 (−0.40)		−0.0340 (−0.18)	
car2	0.2782 (0.61)		0.2562 (0.07)	

续表

变量	个人所得税降低 20% 是否增加工作时间		个人所得税降低 40% 是否增加工作时间	
	包括所有变量（1a）	变量删减后（1b）	包括所有变量（2a）	变量删减后（2b）
	方程一		方程一	
car3	0.0954（0.21）		0.0281（0.07）	
car4	0.0626（0.14）		0.0966（0.23）	
car5	-0.0121（-0.03）		-0.0235（-0.06）	
car6	-0.2958（-0.40）		-0.4365（-0.58）	
pay	-0.3295（-0.72）		-0.6060（-1.28）	
	方程二		方程二	
inc	0.1740 **（1.99）	0.1715 **（2.00）	0.1754 **（2.10）	0.1940 **（2.40）
gen	0.0538（0.25）		0.0503（0.23）	
age	0.4398 ***（2.67）	0.4346 ***（2.68）	0.4388 ***（2.70）	0.4273 ***（2.64）
edu	0.2110（1.46）	0.2397 *（1.71）	0.2717 *（1.89）	0.2990 **（2.23）
car2	0.4674（0.92）		0.5001（0.98）	
car3	0.1668（0.35）		0.2793 *（0.57）	
car4	0.7760（1.47）	0.5486 *（1.72）	0.9248（1.71）	0.5732 *（1.78）
car5	0.6376（1.31）	0.4327 *（1.86）	0.5149（0.67）	0.4546 *（1.92）
car6	0.4138（0.55）		-0.5149（0.67）	
ρ的似然比检验	P=0.0000	P=0.0000	P=0.0000	P=0.0000
Wald 检验	P=0.0171	P=0.0000	P=0.0388	P=0.0003

注：表中数据为系数，括号中数据为 z 值；* 表示在 10% 水平显著，** 表示在 5% 水平显著，*** 表示在 1% 水平显著。

第一，不论个人所得税降低 20% 还是降低 40%，似然比检验 P 值均显示在 1% 水平上拒绝两个 Probit 方程扰动项相关系数 =0 的原假设，即两个方程的扰动项之间存在相关关系，用似不相关双变量 Probit 模型优于普通的 Probit 模型。

第二，模型 1a 和 2a 均显示许多解释变量不显著，但由于这两个模型包含了过多的冗余变量，因此其估计结果是不准确的。根据信息准则标准对变量进行相应删减后，可以看到较准确的回归结果。

第三，个体税收认知与个人所得税降低一定幅度后增加工作时间之间存在非常显著的正相关关系，与理论预期相符，表明纳税人是否清楚自身的个人所得税纳税额确实会影响个人所得税对劳动供给的效应。年龄与税额降低后增加工作时间之间显著正相关，教育程度在税额降低20%时与工作时间增加之间显著负相关，但在税额降低40%时与工作时间增加之间的关系不显著。收入、个人收入在家庭中所占份额、性别、婚姻状态、职业、个人所得税缴纳方式等变量的影响均不显著。

第四，不论税额降低20%，还是降低40%，显著影响工作时间决定能力的变量都是相同的，其中，收入、年龄、教育程度对工作时间决定能力都存在正相关关系，与行政机关相比，外资企业和民营企业工作人员具有更好的自主决定工作时间的能力。而性别的影响不显著，事业单位、国有企业、个体工商户[①]等在工作时间决定能力方面与行政机关不存在显著差异。而这两种情况下估计结果的相似性也说明了模型是比较稳健的。

为了验证模型的MLE估计是否一致，对变量删减后的模型使用稳健标准误再次回归，发现稳健标准误与原模型的普通标准误相似，说明模型的设定正确，结果可信。

那么，个人税收认知又受什么因素影响呢？根据前文的分析，以税收认知（real）为被解释变量，以收入（inc）、年龄（age）、教育程度（edu）、性别（gen）、能否准确计算个人所得税税额（cal）[②]、各职业虚拟变量（car2 ~ car6）作为解释变量进行定序Probit回归，最终结果为，教育程度（edu）和能否准确计算个人所得税税额（cal）对税收认知具有正向影响，且前者在1%水平显著，后者在5%水平显著；相对于行政机关，外资企业工作人员具有更好的税收认知能力，但只在10%水平显著。其他解释变量均不显著。教育程度反映了个体的文化知识水平，而能否准确计算个人所得税税额则反映了个体的相关税收知识水平，因此，税收认知的最重要影响因素是个人的知识能力素质。

① 个体工商户的工作时间决定能力与行政机关不存在显著差异，看似不符合常理，但实际上有其内在逻辑。行政机关工作人员的工作时间是受单位制度约束的，而个体工商户的工作时间是受市场约束的。笔者曾经询问过一些个体工商户，如小商店店主、小饭店店主等，得知他们的营业时间是依据市场特点确定的，是较为固定的，因此他们很难自行改变工作时间。

② 本变量赋值规则为：能够根据个人所得税法准确计算个人应纳税额 =3，大体能够计算个人应纳税额 =2，不会计算个人应纳税额 =1。变量的均值为1.4026，标准差为0.5477。

7.2.4 结论

本部分采用似不相关双变量 Probit 模型，将个人所得税降低是否增加工作时间及工作时间决定能力同时纳入同一个回归分析框架，发现：

第一，个体税收认知与个人所得税降低一定幅度后增加工作时间存在非常显著的正相关关系，表明纳税人是否清楚自身的个人所得税纳税额确实会影响个人所得税对劳动供给的效应。

第二，个体税收认知主要受个人教育程度和税收知识水平影响，这两个因素与个人税收认知显著正相关。

第三，年龄、教育程度对个人所得税劳动供给效应也有显著影响，但收入、性别、婚姻状况、职业等因素的影响均不显著。

第四，收入、年龄、教育程度与个体的工作时间决定能力显著正相关，外资企业和民营企业工作人员也较行政机关工作人员具有更强的工作时间决定能力。但性别的影响不显著。

个人所得税作为政府调节公平和效率的重要工具，其对劳动供给的影响也是不容忽视的一个重要方面。鉴于现实中纳税人的有限理性特征，大量纳税人并不具有完美的税收认知能力，这会导致个人所得税在对劳动供给的影响方面存在一定程度的变形，因此，政府在政策制定过程中应当注意这个问题。鉴于税收认知与个人的教育程度和税收知识水平显著正相关，而教育程度的提高是一项长期的工作，政府可以通过加强税法宣传等方式在较短时期内提高纳税人的个人所得税知识水平，以强化个人的税收认知，使税收政策的作用渠道更加通畅。

第 8 章

中国个人所得税各原则定位的约束分析

如前所述，公平、效率、国际竞争力原则在个人所得税制度设定中的定位体现了政府对自身目标的排序，但是，这并不意味着各原则的定位完全服从政府的主观意志，实际上，政府的主观意志只是各原则定位的影响因素之一，各原则的定位在相当大的程度上是受各类客观因素的限制的，因此，讨论公平、效率、国际竞争力定位的约束非常必要。

8.1 公平、效率、国际竞争力原则对中国个人所得税制度的要求

在讨论各原则定位约束之前，需要先分析一下这些原则对我国个人所得税制度的要求，因为对各原则定位的客观约束实际上是以不同原则对个人所得税制度具体要求的约束的形式体现的，换言之，不同的原则为了实现自身目标，对个人所得税制度的具体设置会有不同的要求，而这些要求往往会受限于客观的社会经济现实，这些限制最终形成对各原则定位的客观约束。

8.1.1 公平原则对中国个人所得税制度的要求

根据前文分析，公平原则对我国个人所得税制度的要求包括如下方面：

8.1.1.1　改革税制中有违公平原则的现有缺陷

我国个人所得税现行税制存在许多缺陷导致其有违公平原则，若仅仅考虑公平原则，我国的个人所得税制度应实施如下改革：

第一，摈弃分类综合所得税课征模式，实行综合所得税。理论上而言，综合所得税的优点是对所有来源的所得一视同仁，如此一来，无论所得来源于何处，在费用扣除标准、税率等方面就不存在差异，且分类所得税模式下存在的一类所得扣除一次费用，从而所得种类不同的人总费用扣除额也不同的现象就不会存在。同时，劳动所得与非劳动所得的税负也趋同，避免了现有税制对劳动所得的事实上的歧视。

第二，按家庭课征。应当根据家庭情况划分不同的类型，如单身申报、夫妻联合申报、夫妻单独申报、户主申报等，以适应不同的家庭状况。在此基础上，确定不同申报类型的费用扣除额，使其尽量符合公平原则。这种改革将会在很大程度上把家庭状况置入个人所得税税收负担设定的考虑之内，有利于公平的实现。

第三，增加各类有利于公平的税收特别待遇。一方面，对已有的专项附加扣除进行优化，使其更加符合公平原则，同时加入残疾人特别扣除等其他扣除，以使费用扣除能够与纳税人的收入水平和负担水平相契合。另一方面，设定具体可行的税收优惠措施，以进一步减轻较低收入纳税人的税负。

综上所述，公平原则下的理想个人所得税，应当是一个考虑周全、规定平等、措施精致的制度。

8.1.1.2　大幅提高个人所得税收入

由前文分析可知，我国个人所得税公平效应较差的原因是平均税率过低，这大大削弱了个人所得税的影响力，在这种情况下，即使个人所得税制度本身规定完美，一个仅占 GDP 一个多百分点的税制对整个社会收入分配的影响也微乎其微。因此，公平原则要求我国的个人所得税收入应当大幅提高。

个人所得税收入提高的税制方面的途径大体包括三个：

第一，降低费用扣除额。降低费用扣除额将把更多的个人纳入个人所得税的课征范围，同时，相当于提高了原有纳税人的所得额，在超额累进税率下，即使税率维持原有水平，也会使相当一部分原有纳税人的税率水平自动爬升。如此一来，税收收入自然就得到了提高。

第二，提高税率水平。很显然提高税率水平能够提高个人所得税的平均税率，使个人所得税在个人所得一定的前提下获取更多的收入。提高税率水平又可以大致分为两类措施：全面提高所有水平所得的税率或单独提高高收入者的税率。若全面提高所有水平所得的税率，则提高的税收负担就会较均匀地被分配在所有收入水平纳税人身上，在提高个人所得税收入进而增强其对收入分配的调节能力的同时，不会对高收入者造成过多负担，但是，对于收入相对较低者而言，其承担的税收负担也会提高；而若单独提高高收入者的税率，收入较低者的税收负担保持不变，所有的税收负担增量将全部集中于高收入者，这会在提高个人所得税收入及其收入调节能力的同时，进一步强化不同收入水平纳税人之间的收入再分配。

第三，降低较高税率适用的所得水平。如前所述，发达国家的个人所得税收入较高，其成因并非仅仅是个人所得税边际税率水平较高，而是在很大程度上由于其最高边际税率所适用的所得水平相当低。由表 8 -1 可见，许多国家当所得水平达到平均工资的较少倍数时，就开始使用最高税率了。这种状况使得在所得水平和税率水平一定的条件下，个人所得税的收入会大幅提高，其效应与前述全面提高所有所得水平税率相仿。

表 8 -1　　2016 年部分 OECD 国家个人所得税状况

国家	平均工资（美元）	法定最高税率（%）	最高税率适用所得水平/平均工资
丹麦	57310.5	55.8	1.2
美国	52542.9	46.3	8.2
加拿大	41021.1	53.5	4.3
英国	53020.5	45.0	4.1
德国	61749.9	47.5	5.5
意大利	42166.4	48.8	9.8
法国	47816.9	54.0	14.8
日本	50278.4	55.7	8.7
韩国	48978.7	39.3	4.2
上述国家平均	50542.8	49.5	6.8

资料来源：OECD. OECD Statistics［DB/OL］. http：//stats loecd. org/.

除税收制度的上述改革外，公平原则对个人所得税的征收管理提出了较高的要求。因为如果个人所得税的征管较差，存在大量的逃税现象，那么即使税制本身非常完美，其实际执行效果也会不尽人意，不同纳税人之间的实际税负会发生扭曲，公平只能沦为奢谈。

8.1.2 效率原则对中国个人所得税制度的要求

结合前文分析，效率原则对我国个人所得税制度的要求包括以下几点：

8.1.2.1 降低综合所得税率

就数量而言，效率损失与税率的平方成正比，而我国综合所得的税率较高。一方面，与其他发展中国相比，我国综合所得的最高边际税率偏高；与我国个人所得税其他税目的税率相比，综合所得的边际税率也是最高的。另一方面，我国综合所得税虽然最低档税率较低，但随着所得水平的提高税率爬升较快，如第三档税率直接从第二档的10%上升到了20%，随后也均以5%或10%的级差上升，导致较高所得的税率水平较高。因此，应当降低综合所得的税率，并实施所得级次水平的调整，以全面降低工资、薪金所得的税收负担，减少效率损失。

8.1.2.2 使所有种类所得税负相同

差别税负导致纳税人在选择工作方式的时候行为扭曲，从而导致替代效应产生效率损失，同时差别税负还会人为导致税制复杂化，增加纳税人的遵从成本和税务当局的征管成本，造成税收行政效率损失。可以从两个方面促进不同种类所得税负的同一化：首先，税率同一化，即对不同种类所得适用同一税率，这就要求个人所得税采用理想的综合所得税模式或单一税模式；其次，消除税收特别待遇，避免由于税收优惠而导致的不同所得税负差异。

8.1.2.3 税率结构扁平化

效率原则要求降低个人所得税的累进程度，因此，税率结构扁平化符合效率原则精神。所谓税率结构扁平化，即减少个人所得税的累进级次，最极端的扁平化就是单一的比例税率，因此，单一税是最符合税率结构扁平化要求的个人所得税课征模式。

8.1.2.4 建立物价调整机制

我国当前的个人所得税制度中缺乏费用扣除额和课税所得随物价调整的机制，如前所述，由于在正常的经济中，物价一般会逐年提高，因此，即使纳税人的实际收入不变，其名义收入也会逐年提高，当存在通货膨胀时，这种状况就更加严重。而纳税人名义收入的提高，会导致其个人所得税发生税率爬升现象，从而使得实际税负增加，造成更大的效率损失。

8.1.3 国际竞争力原则对中国个人所得税制度的要求

毫无疑问，资本和高素质劳动力无疑更喜欢水平较低的税负，因此，降低税负肯定是国际竞争力的首要要求。就我国而言，降低税负的主要途径包括降低税率、提高费用扣除额和强化税收优惠力度。

8.1.3.1 降低相关所得税率

降低综合所得和经营所得的边际税率。这会直接降低高资本和高素质劳动力的税收负担，提高对其的吸引力。

8.1.3.2 改革费用扣除额

一方面，建立费用扣除额随物价调整的机制，保持费用扣除额的动态变化，同时，根据生活费用负担的变化和生活水平的提高相应提高费用扣除额；另一方面，费用扣除额的标准和涵盖范围更加科学，允许纳税人选择不同的申报方式，并对不同申报方式［如个人申报、夫妻联合申报、鳏（寡）申报等］确定不同的费用扣除额，同时，扩大专项附加扣除的范围。

8.1.3.3 对资本所得和涉外所得给予优惠

由于全球化时代资本较劳动具有更高的流动性，因此，国际竞争力原则要求给予资本较低的税收负担，以吸引外资同时避免本国资本的外逃；而若给予涉外所得更多的税收优惠，则外国资本和劳动力的税收负担更轻，其比较利益更高，也更有利于提高税制的吸引力。所以，国际竞争力原则要求我国的个人所得税设定力度更强的资本所得优惠和涉外所得优惠。

此外，国际投资者也较为偏好简洁稳定的税制，因此，累进级次较少的扁平化税率、规定严密、相对稳定的税收制度会更符合国际竞争力原则的精神。

8.1.4 不同税收原则对中国个人所得税制度要求的比较分析

很显然，公平、效率、国际竞争力原则对我国个人所得税制度的要求有部分相同之处。如，各原则大致都同意或不排斥建立对费用扣除额和所得水平的物价调整机制，同意完善费用扣除额标准，但也存在很大的矛盾。

8.1.4.1 对是否降低税负的要求不同

效率原则和国际竞争力原则都明确要求降低税收负担，且越低越好，但很显然公平原则的要求与此相反。为了提高个人所得税在收入分配调节方面的影响力，公平原则不但要求提高总体税负以增加税收收入，还要求提高高收入者的税率，使其承担更多份额的税收负担。

8.1.4.2 对税率结构的要求不同

公平原则要求提高个人所得税的累进性，而效率原则和国际竞争力原则则倾向于降低税制的累进性，以一方面尽量减少不同级次所得的税负差异，降低效率损失，另一方面也促使税制更加简洁和透明，减少税收征纳成本，提高税制的确定性。

8.1.4.3 对差别税负的要求不同

公平原则要求对高收入者尽量征收更高水平的税收，效率原则则要求尽量消除税负差异，而国际竞争力原则也希望实行差别税负，但其着力点并非高收入者，而是资本所得和涉外所得。

8.1.4.4 对税制简洁性的要求不同

效率原则对税制简洁性具有最高的要求，国际竞争力原则虽然由于对某些税收优惠的需求而接受一定的税制复杂性，但基于确定性考虑，对税制简洁性也有一定偏好。但公平原则基于收入再分配因素，往往希望通过税制的不同规定来对不同纳税人的利益进行调节和再平衡，自然会导致税制的复杂化。

总之，公平、效率和国际竞争力原则对我国个人所得税的要求存在许多差异，这些差异之间存在相互制约的关系，政府在不同原则的矛盾要求中，需要在多维度上对各原则进行排序。经过多年的经济市场化改革之后，近年来我国的收入差距一直保持在相当高的水平，强化收入再分配，缩小收入差距，减轻贫富分化已经迫在眉睫，因此，在个人所得税的改革中，公平原则非常重要。但是，在强调公平的同时，除考虑效率和国际竞争力原则对公平原则的牵制外，还必须充分顾及社会经济的客观约束及纳税人的主观感受，否则设计出来的税制在执行过程中就会障碍重重，不仅无法实现决策者的原本意图，可能还会带来巨大的实施成本。

8.2 中国个人所得税各原则定位的一般约束[①]

如前所述，政府在个人所得税改革中对公平、效率、国际竞争力原则定位时，并非随心所欲，一般会面临诸多约束。这些约束分析如下：

8.2.1 收入约束

政府在设计税收制度时，无论对公平、效率、国际竞争力原则如何定位，保障政府实施其功能所必需的财政收入都是一个潜在的必要前提，因此，收入约束是个人所得税改革中首当其冲的基本约束。收入约束要求在个人所得税的改革中，若拟降低个人所得税收入，则要么相应降低财政支出，要么找出替代税源以弥补个人所得税收入的下降。

如在美国特朗普政府的税制改革中，个人所得税的改革方案一直处于变动之中，从特朗普最初提出的将个人所得税最高税率降至25%的激进减税，到最终通过立法的最高税率仅仅微降到37%的较温和变动，在逐个税改方案中，个人所得税的最高边际税率不断提高。之所以如此，顾及税收收入是一个很重要的原因。如前所述，美国的个人所得税收入占整个税收

① 本部分内容发表于：李文．我国个人所得税的再分配效应与税率设置取向［J］．税务研究，2017，2：45－51；李文．税制结构优化的限制——实施约束视角的分析［J］．税务研究，2017，8：27－33.

收入的比重高达 53.5%[①]，因此，大幅降低个人所得税的税率可能导致较高的税收收入损失，而这在美国财政赤字和债务高企的当今是难以承受的。

就当前的我国而言，效率原则和国际竞争力原则要求降低个人所得税税负，而这很可能导致个人所得税收入的减少。近年来，我国个人所得税占税收总额的比重常常处于 7% 左右，相对较低，因此，降低个人所得税税率对税收总额的冲击可能不如美国严重，但是，若考虑我国的现实状况，个人所得税的收入减少虽有一定空间但也仍存在较严格的限制。可能充当个人所得税替代税源的税种有增值税、企业所得税和其他直接税，但是，首先，目前我国税制结构的合意走向是降低间接税比重，“营改增”的整个过程也处处渗透着减税的意图，因此，提高增值税收入以替代个人所得税减少不合时宜；其次，我国的企业所得税税率目前为 25%，就世界范围而言，虽不算太高，但也不属于低税率，尤其是当前美国的公司所得税税率大幅降低可能引发全球性的公司所得税减税浪潮，因此，提高企业所得税也不具有可行性；最后，理论而言，房地产税是较为理想的个人所得税替代税源，但是，当前我国的房地产税制度仍未改革，个人自有非营业用房的房地产税仍处于免税状态，而房地产税制度的改革背景复杂，不易实施，即使改革实现，短期内也不太可能获得较高收入[②]，何况提高直接税比重是我国政府当前的政策取向，而以房地产税替代个人所得税是与这种取向背道而驰的。

所以，收入约束会在一定程度上限制效率原则和国际竞争力原则降低个人所得税税负的要求。

8.2.2　税源约束

公平原则要求大幅提高我国个人所得税收入数量以强化个人所得税在收入再分配方面的影响力，但是，个人所得税收入的提高必须建立在较为丰裕的税源之上，税源匮乏的税收只能是无源之水。

一般而言，税负的高低是与一国的经济发展水平紧密相连的，个人所

---

① 根据 OECD. OECD Statistics [DB/OL]. http://stats.oecd.org/. 数据计算而得。为了与中国数据可比，此处的美国税收总额不含社会保险税。

② 笔者发表于《财贸经济》2014 年第 9 期的论文《我国房地产税收入数量测算及其充当地方税主体税种的可行性分析》对我国房地产税改革后可能获得的收入进行了测算，发现在短期内很难获得理想数量。

得税税负的高低更是如此。提高个人所得税税收收入就税制角度而言一般包括三个途径：提高名义税率水平、降低费用扣除额、调整累进税率的级次设定，但是，这三条途径均受制于经济发展水平。根据前文分析，与其他发展中国家相比，我国个人所得税的法定税率已经位列较高水平行列，而考虑到当前的日常消费、住房、教育、医疗等基本需求和物价水平，当前的费用扣除额也不低，因此，我国个人所得税名义平均税率较低进而收入较低的最主要原因就是较为宽松的累进税率级次设定。发达国家个人所得税最高边际税率所适用的所得级次往往较低，不少国家最高边际税率所适用的所得水平都在平均工资的 5 倍以下，这使得其纳税人个人所得税平均税负较高，从而使个人所得税聚敛了大量收入。

但是，短期内提高我国个人所得税的平均税率水平可行性如何呢？

8.2.2.1 调整高税率适用级次的可行性

如前所述，我国个人所得税名义平均税率水平较低的原因是累进级次的设定模式，在许多国家对相对较低的所得水平设置较高的税率时，我国较高税率的适用所得水平设置则较高，使得在我国适用高名义税率的纳税人较少。由此看来，改变个人所得税的税率级次设置能够直接提高名义平均税率。

但是，较高税率的所得适用水平设置并非完全由决策者的主观意图决定，其会受人均收入水平等客观因素的限制。换言之，当经济发展水平较高，人均收入也较高时，纳税人的负税能力就较强，此时，即使对中等收入纳税人设置较高的个人所得税适用税率，其也能够承受；反之，当人均收入较低时，若将较高税率施加于中等收入者，则将形成超出纳税人负担能力的税负。

笔者根据 OECD 资料①，对 2015 年 OECD 34 个成员国的数据进行了简单的线性回归分析，其中，被解释变量为以平均工资倍数表示的个人所得税最高税率适用的所得级次，解释变量为经购买力平价调整之后以美元表示的平均工资的对数，发现二者存在显著的负相关关系，平均工资每提高 1%，最高税率所适用所得级次的平均工资倍数就降低 0.14，系数在 5% 水平上显著。两个变量的散点图和回归线见图 8－1。虽然这个线性回归有些失之简陋，但其结果仍能够说明，虽然各国的宏观税负、税制结

① 资料来源：OECD. OECD Statistics [DB/OL]. http://stats.oecd.org/.

构、税种设置等存在很大差异，但平均工资水平较高国家的纳税人对较高个人所得税税率的负担能力较强。

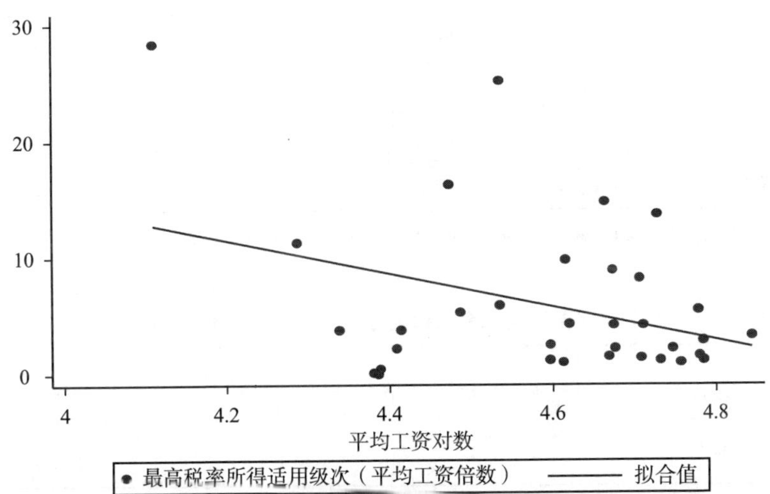

图 8－1　最高税率所得适用级次平均工资倍数与平均工资对数

OECD 国家购买力平价基础的平均工资水平较高，即使最低的墨西哥，也超过了 12000 美元，发达国家均在 30000 美元以上，较高的平均工资水平赋予了经济中一般收入水平纳税人较高的负税能力。而我国作为一个发展中国家，平均工资远低于绝大多数 OECD 成员国水平，若我国的个人所得税将较高税率设置在较低的所得水平，将给众多纳税人带来过重的负担，因此是不现实的。由表 8－3 可见，2019 年税制改革后，若按 2017 年的城镇就业人员平均工资水平估算，我国的个人所得税平均税率仅为 0.58%，而若将平均税率提高到 10%，甚至主要发达国家的平均水平 18%，纳税人是难以承担的。

表 8－2　　2016 年部分 OECD 国家个人所得税平均税率　　单位：%

国家	单身无孩个人平均税率		国家	单身无孩个人平均税率	
	平均收入	167% 平均收入		平均收入	167% 平均收入
澳大利亚	24.32	30.21	加拿大	15.42	21.36
丹麦	36.19	42.15	法国	14.80	20.94

续表

国家	单身无孩个人平均税率		国家	单身无孩个人平均税率	
	平均收入	167%平均收入		平均收入	167%平均收入
德国	18.98	27.49	意大利	21.63	29.90
日本	7.82	12.70	新西兰	17.89	23.57
瑞典	17.86	31.41	英国	13.98	22.32
美国	18.33	23.67	平均	18.84	25.97

资料来源：OECD. OECD Statistics [DB/OL]. http://stats. oecd. org/.

表 8-3　2017 年我国平均工资城镇就业人员个人所得税税额估算

实际月应纳税额（元）*	实际平均税率	估算应纳税额	
		平均税率 = 10%	平均税率 = 18%
35.80	0.58%	619.32	1114.77

注：* 每月费用扣除额按照 2019 年新税制的标准费用扣除额 5000 元计算，未扣除其他项目，因此此应纳税额应高于真实应纳税额。

资料来源：国家统计局．国家数据 [DB/OL]. http://data. stats. gov. cn/easyquery. htm? cn = C01&zb = A040F&sj = 2017.

8.2.2.2 提高高收入者名义税率的可行性

那么，我国是否可以通过单纯提高高收入者的税率来提高个人所得税平均税率呢？这同样缺乏可行性。原因如下：

第一，与发达国家相比，中国高收入者的收入水平和人数有限，单纯提高高收入者的适用税率到底能在多大程度上提高整个个人所得税的平均税率也存在疑问。发达国家施加于高收入者的个人所得税税率较高，多数国家的最高边际税率都在 45% 以上，丹麦、法国、日本、荷兰、瑞典、葡萄牙、奥地利、比利时等国均超过 50%，有的甚至达到 55% 以上①，但是，与这些高税率对应的是高收入。由于我国的人均收入较低，因此，所谓高收入者的收入也不高，2016 年全国收入最高的 20% 居民人均可支配收入仅为 59259 元（国家统计局，2017），比发达国家的高收入者低得多，负税能力自然也低；而若提高我国高收入者的认定标准，虽然此时

① 资料来源：OECD. OECD Statistics [DB/OL]. http://stats. oecd. org/.

的高收入者负税能力提高，但其数量一定会大大降低。因此，作为一个发展中国家，我国高收入者的数量及其收入水平相对较低，负税能力有限，单纯依靠增加高收入者的适用税率以提高个人所得税总体的名义平均税率空间有限。

第二，根据前文分析，目前我国个人所得税的最高边际税率在发展中国家已经处于高位，同时税制的累进程度已经很高，若再进一步提高，一方面会降低高收入者的工作偏好，导致过高的效率损失①，另一方面也会在一定程度上影响我国个人所得税的国际竞争力。

第三，我国的税制结构与发达国家存在较大差异，发达国家个人所得税的比重较高，即发达国家的高收入者主要通过个人所得税途径向政府支付税收，其缴纳较高个人所得税的前提是承担较低的流转税。OECD 成员国中的发达国家个人所得税占税收总额的比重，除法国和日本接近 20% 之外，其他各国均在 20% 以上，有些国家甚至超过了 40%，最高的丹麦超过了 50%②，相对而言，其流转税占税收总额的比重则较低。而我国的税制结构则是较为典型的发展中国家模式，流转税比重较高，2017 年我国国内增值税、国内消费税之和占税收总额的比重达 46.13%，个人所得税仅占税收总额的 8.29%③，因此，在我国的高收入者已经承担了较多流转税的前提下，再对其施加与发达国家高收入者类似的高个人所得税，则其承受的整体税负过高。

第四，过高的名义税率，可能降低高收入者的税收遵从偏好。一方面，高名义税率导致依法纳税的机会成本太高，而逃税的收益较大，使得高收入者更倾向于逃税；另一方面，过高的名义税率会使高收入者主观上感觉不公平，由于现实中的个体是具有情感的有限理性人，因此可能引发高收入者对纳税的抵触情绪，进而导致避税乃至逃税的猖獗。上述状况都可能造成高收入者的税收流失，反而会降低实际平均税率。

综上所述，在当前的我国，通过全面提高所有人名义税率或单独提高高收入者名义税率的途径来显著提高个人所得税名义平均税率的可行性不高。

---

① 根据税收经济学原理，个人所得税所导致的超额负担与税率的平方成正比。

② 资料来源：OECD. OECD Statistics [DB/OL]. https://stats.oecd.org/.

③ 资料来源：国家统计局，国家数据 [DB/OL]. http://data.stats.gov.cn/easyquery.htm?cn=C01&zb=A0806&sj=2017.

8.2.3 征管约束

8.2.3.1 税制结构及税制设计的征管约束及其成因

税收征管是税制得以实施的基础条件，因此，各国的税制结构——即各税种的相对数量、各税种本身的制度规定等，在很大程度上都要受制于税收征管环境和税收征管水平，个人所得税也不例外。

本处所谓的税收征管环境，主要指一国税收征管所处的人文、经济环境，具体而言，包括社会对税收的看法、纳税人的文化素质及纳税习惯等。一方面，若社会对税收持负面看法，则就会对逃税现象较为宽容，而纳税人的税收遵从意愿就不会太强烈；另一方面，若纳税人的整体文化素质较差，则其搜集和核算涉税信息的能力也会相对较差，其税收遵从能力就不会太理想，而若纳税人一直缺乏个人纳税的习惯，其税收遵从的意愿和能力也会较弱。

税收征管能力指一国的税务当局依法足额征收税款的能力，其建立在税收立法的完备程度、税务机构设置和运行的效率、搜集和处理涉税信息的能力等基础之上，其中，对信息的搜集和处理能力特别重要。

如前所述，缺乏诚实可信的会计核算和纳税人高水平的自愿遵从会导致税务当局倾向于规避对个人自我评估及个人自愿遵从要求较高的税种，转而课征易征管的税种，因此，发展中国家政府一方面不会将获取主要收入的希望寄托在较为复杂的税种之上，另一方面各税种的制度规定会尽量简化。

个人所得税就属于相对较为复杂的税种，原因是，第一，个人所得税的纳税人为自然人，在个人所得税早已从早期的富人税转变为大众税的当今，个人所得税的纳税人数量可谓众多；第二，个人所得税的制度较为复杂，涉及各类收入的归集、不同情况下的费用扣除规定、复杂的税收优惠规则等，是较难把握的一个税种。鉴于此，个人所得税要求纳税人应当有良好的税收遵从意识和税收遵从能力，同时，税务当局也须有足够的税收征管能力。因此，税收征管环境和征管能力水平相对较差的发展中国家其个人所得税的比重较低，同时，其个人所得税的制度规定也往往较为简单。

税制结构的纵向演进和横向差异能够很好地佐证这个论点。从税收的发展历史来看，税制结构总是受制于征管约束的（樊丽明、李昕凝，2015；郭健，2015；Gordon & Li，2009）。纵向就时间维度而言，早期税制的主体税种为土地税等财产税，很大的原因是作为税基固定的税种，征管方便，从而契合了当时落后的征管环境和征管水平；横向比较发达程度不同的国家，也会发现，发达程度不同从而税收征管环境和征管水平也不同的国家其税制结构存在系统性差异，发达国家一般课征于个人的直接税比重较高，而发展中国家间接税和课征于企业的公司所得税往往占据主导地位，由表8－4可以清楚看出这种取向。表8－4中，发达国家居多的OECD其个人所得税比重高达23.5%，较拉丁美洲与加勒比地区高13.8个百分点，但货物与劳务税和公司所得税比重则分别低18.1和6.4个百分点，究其原因，个人所得税难以征管而主要课征于经营性纳税人的货物与劳务税和企业所得税相对便于征收是一个重要因素。

表8－4　2016年OECD国家与拉丁美洲和加勒比国家税制结构比较　单位：%

国家	个人所得税	社会保险税	公司所得税	财产税	货物与劳务税
OECD平均	23.5	26.2	9.0	6.5	32.4
拉丁美洲与加勒比地区	9.7	15.9	15.4	3.4	50.5
二者差额	13.8	10.3	－6.4	3.1	－18.1

资料来源：OECD. OECD Statistics［DB/OL］. http：//stats. oecd. org/.

个人所得税制度的设计也充分反映了征管约束的影响：单一税之所以在众多发展中国家盛行就是因为其税制简单便于征管，同时低水平的税率也有利于提高纳税人的纳税遵从偏好。

8.2.3.2　我国个人所得税原则定位的征管约束

对于我国而言，首先，社会对逃税行为相对较为包容。中华人民共和国成立后，我国的税制曾经经历过较长时期的简并至单一税制的时期，税收被认为是不必要的负面事务，在民间税收也常常与“苛捐杂税”相联系。近年来，虽然这种现象有所改观，但逃税并不被认为是一种非常可耻的事情，这导致纳税人逃税的心理成本较低。其次，个人税收在我国并没有悠久的传统。长期以来，我国的税收法定纳税人主要集中于企业，个人税收很少，即使有些个人需要缴纳个人所得税，一般也都是由扣缴义务人代扣代缴，因此，纳税人并没有自行申报缴纳个人税收的习惯。这使得个人纳税人的税收遵从能力不高。最后，税务机关对个人税收的征管能力较薄弱。税务机关获取个人涉税信息的能力不高，即使是对当前实行的高收入者个人所得税申报的准确与否进行甄别已经非常困难，若实施全部纳税人均自行申报的较为复杂的个人所得税制度，当前的税收征管能力恐怕难以应付。

鉴于上述原因，第一，短期内个人所得税不可能像发达国家那样成为我国的主体税种，公平原则所希望的大幅提高个人所得税收入比重难以实现。第二，公平原则要求的有多种特别税收待遇的复杂个人所得税也难以实施，我国的个人所得税只能在简便加效率与复杂加公平之间进行权衡，很大程度上复杂要让位于简便，公平要让位于效率。当然，由于当前的个人所得税在一些方面仍显简陋，适当的精细化也是必要的。第三，鉴于低税负更有利于提高纳税人的税收遵从偏好，因此，公平原则所希望的较高税率也是不现实的。

8.2.4 路径依赖约束

一般而言，一国税制结构，即包括个人所得税在内的各税种的比重，以及税种的制度设计受经济发展水平、税收征管能力等因素影响，但是，客观条件相仿的不同国家，其税制结构和税制设计仍可能存在较大的差异。

8.2.4.1 税制结构与税制设计的路径依赖及其成因

首先，税制结构存在路径依赖约束。表 8 -5 为主要发达国家的税制结构，可以看出：第一，虽然各国人均 GDP 差距不大，但税制结构却存在较大差异，个人所得税比重的最大值与最小值之间的差异高达 34.9 个百分点。第二，某些国家税制结构存在一定的相似之处。如同在大洋洲的澳大利亚和新西兰都没有社会保险税，而个人所得税比重较高；同在美洲的美国和加拿大个人所得税和财产税比重较高；位于亚洲的日本个人所得税比重较低；对增值税较为倚重的法国的个人所得税也较低；北欧国家的财产税比重相对较低。这种状况充分说明包括个人所得税比重在内的税制结构还受社会经济发展水平等因素之外的某些历史因素和主观因素的影响，这就是路径依赖，而这种路径依赖也必将对未来的个人所得税比重的变化乃至整个税制结构的优化构成约束。

表 8-5　　2017 年主要发达国家主要税种收入比重　　单位：%

国家	个人所得税	社会保险税	公司所得税	财产税	货物与劳务税
澳大利亚（2016）	40.8	0	16.5	10.8	27.1
新西兰	37.7	0	14.7	6.0	38.4
美国	38.6	23.1	7.1	15.4	15.9
加拿大	35.9	14.3	10.6	11.9	24.0
日本（2016）	18.6	40.4	12.0	8.3	20.4
法国	18.5	36.8	5.1	9.5	24.4
英国	27.4	19.2	8.5	12.6	31.5
德国	27.2	37.9	5.4	2.7	26.2
意大利	25.7	30.4	5.0	6.0	28.4
丹麦	53.4	0.1	6.6	4.0	31.9
瑞典	29.9	22.0	6.0	2.2	28.0
挪威	26.3	27.1	12.0	3.3	31.1
最大值-最小值	34.9	40.4	11.5	13.2	22.5

资料来源：OECD Statistics [DB/OL]. http://stats. oed. org/.

其次，税制设计存在路径依赖。一般而言，某个税种的具体内容设计往往都是在原有制度的基础上逐步发生增量变动的，改良后的税制常常带着原有税制的烙印，个人所得税制的优化也是如此。这就导致经济发展水平类似的国家之间，个人所得税的具体规定会存在不少差异。

税制结构和税制设计的路径依赖成因多样，主要包括：

首先，历史惯性。各国税收制度是在很长的历史过程中逐步演进的，在这个进程中，除经济发展水平等一般因素外，还会有诸多偶然性因素发挥作用，从而最终雕琢形成当前的税制结构和具体的税制设计。而不同的税制结构和税制设计现状就构成了不同的税制优化初始状态，必定影响优化结果。

其次，内部优化成本。税制结构和税制设计的优化可能带来多重有形和无形成本，从而阻碍变革：

第一，税制改变会导致大量交易费用。（1）制度变迁都会带来利益的此消彼长，因此，需要不同利益集团之间的不断协商，从而最终达成妥协。这个过程依不同国家的不同情况，时间长短和难易程度不一；（2）税制涉及所有的征管机构和纳税人，牵扯面非常广，其改变必将带来不菲的学习成本；（3）税收是一国各级政府的最主要收入来源，有些税种可能还涉及专款专用问题，因此，税制的改变可能需要预算管理体制、财政支出制度、社会福利制度等的相应改变作为配套，从而带来系统调整成本。

第二，税制改变会导致风险成本。税收制度是一国重要的经济制度，若其设计不当，则可能带来一系列的问题，从而对经济增长、收入分配和社会发展造成损害，但税制对社会经济的影响机制非常复杂，而实际的社会经济状况又千变万化，决策者一方面无法准确掌握全部信息，另一方面也很难对掌握的海量信息进行最有效的处理，这都可能导致税制变革方案的非最优，从而形成风险成本。

8.2.4.2 我国个人所得税原则定位的路径依赖约束

我国个人所得税优化中公平、效率、国际竞争力原则的定位也同样存在路径依赖约束。

首先，路径依赖约束使得公平原则所要求的高个人所得税收入难以短期内实现。我国的个人所得税长期以来一直仅占税收收入总额的7%左右，占据税收总额大部分的是货物与劳务税，而二者之间在法定纳税人、税收负担的承担方式等方面存在显著差别。货物与劳务税是由经营性纳税人直接缴纳的，然后再依据商品的供需弹性等部分转嫁给消费者，而这部分转嫁的税收是混合在商品价格中的，负税人往往无法察觉；而个人所得税则是直接课征于自然人纳税人个人，不论源泉扣缴还是自行申报，都是很明确地从纳税人口袋中直接掏钱，负面感受强烈，尤其是我国的民众并不习惯自行纳税，这样一来，即使货物与劳务税减少的数量与个人所得税增加的数量相同，纳税人对这种改革的抵触也会大大降低改革的可行性。

其次，路径依赖约束使得个人所得税税制的具体设计受到约束。我国现行的个人所得税经过 2019 年的改革虽有所改进，但在费用扣除额、税率、税收优惠措施等方面的规定仍较为简易，在今后的改革中，可能会顺应公平原则的要求对课征模式、费用扣除额、税收优惠措施、税率等进行进一步改革，以提高个人所得税的收入再分配职能，但是，这种优化是有限制的，不可能一步到位。我国是一个幅员辽阔的国家，人口众多，东方文化下的家庭关系较为紧密，社会经济状况也非常复杂，因此，如果个人所得税税制改革的步伐过大，则其可能设计不当所带来的风险也会较大，这会给决策者造成压力。

8.3　纳税人主观意愿对中国个人所得税公平原则强化的约束

前文的讨论更多的是述及客观因素对个人所得税优化中各原则定位的影响，但是，现实中的个体并非新古典经济学中的理性人，而是具有道德和情感的有限理性人，因此，本部分拟从行为经济学视角探讨个体的主观因素对个人所得税改革中原则定位的影响，主要侧重于个体对强化个人所得税公平原则的看法。

8.3.1　税制公平功能强化的民众接受程度分析——一个前景理论视角①

近年来，随着我国经济的增长，收入差距问题日益凸显。在这个背景下，税收政策在再分配领域被寄予了厚望，税制公平功能的强化及其相关的个人所得税改革等早已不再仅仅是理论界讨论的热点，而是已经进入了国家政策调整的层面。为了促进改革的顺利进行，必须考虑其所可能导致的民众抵触情绪，因为这些抵触情绪可能会对改革的实施带来诸多影响，从而导致改革成本的上升和改革实际结果与决策者预期结果的偏差。

笔者认为，改革所可能导致的抵触可以分为两类：一类是由于当事人的自身利益确实因改革遭受客观损失而引发的抵触，可称为客观原因抵触；另一类则是与当事人所遭受的客观损失无关，而仅仅是由于改革给其带来了心理上的负面影响而使其感觉遭受了损失，进而引发的对改革的抵触，可称为主观原因抵触。任何改革都是一种利益关系的重新调整，因此，必定有人会遭受客观损失，由此产生的对改革的客观原因抵触很难避免，但是，第二类由心理因素引发的对改革的主观原因抵触则有很大弹性，若处置得当则会在很大程度上被弱化。我国拟通过优化税制结构进而强化税制公平功能的改革同样会遇到这些问题，本部分不打算研究客观原因抵触，而拟将税制结构优化改革所可能引发的主观原因抵触及其相应对策作为研究主题。

---

① 本部分主要内容发表于：李文．税制结构优化的民众接受程度分析［J］．税务研究，2016，1：38－44.

由于主观原因抵触主要发端于心理因素，因此，笔者拟用前景理论作为工具实施分析。前景理论（prospect theory）是行为经济学的重要内容，与传统的期望效用理论一样，都是不确定条件下的决策理论，但却在一定程度上是对期望效用理论的颠覆。国内有学者将前景理论运用于税收领域，但一般集中在对税收遵从的研究方面，如李林木、赵永辉（2011）运用前景理论研究了公共品供给效率对高收入者纳税遵从决策的影响，王韬、许评（2007），刘华等（2011）分析了我国个人纳税遵从决策中的框架效应，本部分的贡献是明确了通过优化税制结构、加强个人所得税等直接税所可能引发的民众的主观原因抵触，并将其纳入了前景理论的分析框架，从而得出了一些有意义的结论。

8.3.1.1 前景理论的价值函数和决策权重函数及其对决策的影响

新古典经济学假定人是理性的经济人，偏好是外生的，而行为经济学则认为人是有限理性的，是有道德和情感的，偏好是内生的。基于上述假设，卡尼曼和特沃斯基（Kahneman & Tversky，1979）提出了风险决策的前景理论，随后又有众多文献对其进行了后续发展。若某种决策有 i 种可能结果，每种结果得到的产出是 x_i，发生的概率是 $p_i(\sum p_i = 1)$，则在期望效用理论下，决策者比较的是不同决策的效用，即：

$$U = \sum p_i u(x_i)$$

前景理论则认为，决策者在意的并不是效用，而是不同决策的总价值，即：

$$V = \sum \pi(p_i) v(x_i)$$

其中，$v(x)$ 是前景理论中的价值函数（value function），$\pi(p)$ 为前景理论中的决策权重函数（decision weight function）。

前景理论的价值函数和决策权重函数具有如下特征：

第一，x 度量的并非产出的绝对额，而是变化后的状况与初始参照点（reference point）之间的变化，包括收益（gains）和损失（losses）。因此，价值函数 $v(x)$ 度量的是产出相对参照点的偏离的价值，同样的一个结果，如果决策者设定的初始参照点不同，产出 x 和价值 $v(x)$ 就不同，即存在“参照依赖”（reference dependence）。

第二，价值函数 $v(x)$ 度量的是主观价值。一方面，由于产出 x 度量的是相对参照点的变化，而参照点的设定会受很多因素的影响，包括决策者的禀赋、所处环境、曾经的经历、周边舆论、事物被描述的方式等，所以，参照点的设定在很大程度上是非客观的，进而导致产出 x 的主观性；另一方面，决策者均是有限理性的，其很难获得完全信息，且也缺乏根据所获得的信息做出最优选择的能力，因此常常出现认知偏差，从而使得对产出的价值判断具有深厚的主观色彩。

第三，价值函数 $v(x)$ 是 x 的增函数，且当 $x>0$（即产出为收益）时，其为凹函数（$v''<0$），而当 $x<0$（即产出为损失）时，其为凸函数（$v''>0$），这体现了随着损失或收益的增大，人们的敏感性越来越低，即敏感性递减；当 $x>0$ 时，$v(x)<-v(-x)$，这体现了“损失厌恶”（loss aversion），即同样数量的损失所带来的价值损耗大于同样数量的收益所带来的价值获得。价值函数 $v(x)$ 如图 8-2 所示。

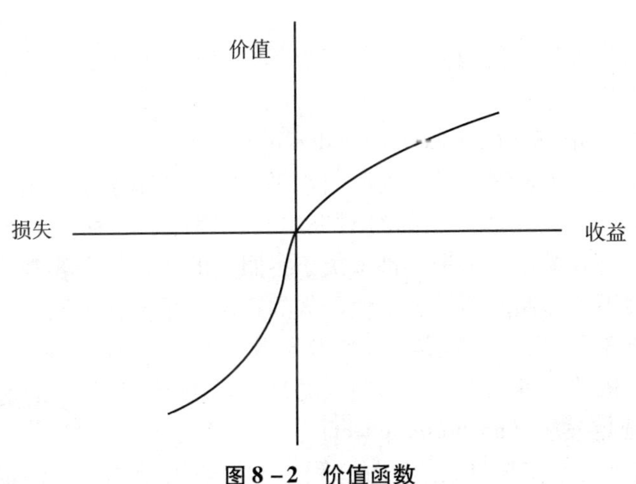

图 8-2　价值函数

当同时有两种产出时，在损失区域，价值函数是凸的，所以 $v(-x_1)+v(-x_2)<v[-(x_1+x_2)]$，$x_1$、$x_2>0$，因此，要把小的损失合并在一起宣布；而在收益区域，价值函数是凹的，$v(x_1)+v(x_2)>v(x_1+x_2)$，x_1、$x_2>0$，所以收益要分开宣布。

第四，决策权重函数 $\pi(p)$ 是概率 p 的增函数，且 $\pi(0)=0$，$\pi(1)=1$，其是一种主观概率，而并非真正的概率，且往往 $\sum\pi(p_i)\neq1$。同时，当概率 p 较小时，$\pi(p)>p$，而当概率 p 相对较大时，则 $\pi(p)<p$，即人们往往会高估小概率，而低估大概率（见图 8-3）。

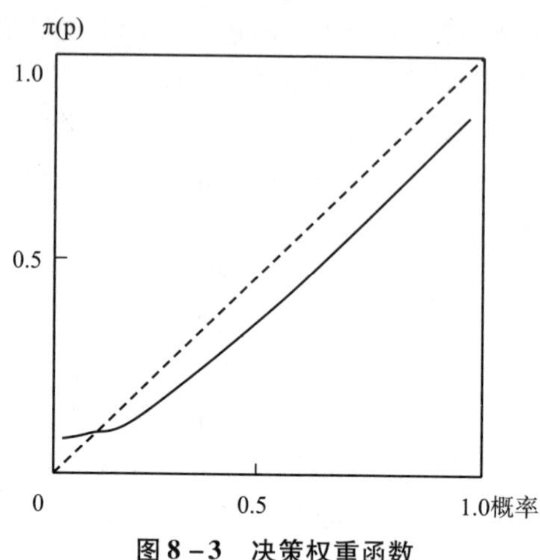

图 8-3　决策权重函数

基于前景理论价值函数和决策权重函数的上述特征，决策过程中的下列现象应当受到重视：

（1）参照依赖（reference dependence）。

如前所述，人们对某种行动产出水平 x 的判断是基于产出绝对额与参照点之间的变化，而非产出的绝对额本身，因此，某种行动产出 x 的大小、该产出是收益还是损失，都取决于参照点的设定。在客观产出绝对额一定的情况下，参照点不同，价值函数的产出水平 x 就不同，从而决策者对价值的判断就不同。特沃斯基和卡尼曼（Tversky & Kahneman，1991）指出，选择依赖于参照水平，参照点的改变常常会导致偏好的逆转。

（2）锚定效应（anchoring effect）。

"锚定效应"在参照点的选择过程中发挥着关键作用。锚定效应指的是，人们在确定参照点时，往往会首先"锚定"在某一个数值（事物）上，而不管这个数值（事物）与决策之间到底有多大关联。现实生活中，一件标价 300 元的服装，如果是在专卖店就会被认为很便宜，而如果是在批发市场就会被认为很贵，就是锚定效应的典型体现，因为专卖店的奢侈风格使消费者将价格的参照点锚定在了较高的水平，而批发市场的平民风格则恰恰相反。此外，先入为主、从众心理等都是锚定效应的反映。有限理性是锚定效应的产生基础，而锚定效应的存在使得众多因素都可能影响参照点的设定，从而影响决策者对产出 x 及其价值 v(x) 的判断。在锚定的过程中，认知偏差是一个需要重点关注的问题。认知偏差即指由于个体无法获得全面可靠的信息，且依据信息做出正确判断的能力存在欠缺，因此，常常对某些现实状况得出歪曲的认识，甚至依据自身的想象去做出判断。

（3）损失厌恶（loss aversion）。

损失厌恶是卡尼曼和特沃斯基（Kahneman & Tversky，1984）提出的，其产生基础同样是基于有限理性。损失厌恶是指，与收益相比，人们对损失更加敏感。损失厌恶在决策时可能会体现在多个方面：

首先，禀赋效应（endowment effect）和现状偏见（status quo bias）。禀赋效应指出，当人们拥有一件物品时对该物品的评价比未拥有这件物品时的评价要高（Thaler，1980）；现状偏见也持同样观点，同时现状偏见还认为，人们不仅在评价自己拥有的物品时存在这样的偏差，在对更广泛的现状进行评价时也是如此（Samuelson & Zeckhauser，1988），所以人们更倾向于维持现状而不是改变，即使不得不改变现状，也倾向于较小的改变。卡尼曼等（Kahneman et al.，1991）认为，这是因为人们对机会成本和"现款支付"（out - of - pocket）成本的态度不同，失去的可能收益比能感知到的损失痛苦更小，所以人们不愿意支付成本改变现状而去获得有风险的未来收益。

其次，同样数量损失所带来的价值损耗大于同样数量收益所带来的价值获得，即丢失100元所感受到的价值损失远高于得到100元所感受到的价值获得。这从图8-2中价值曲线的形状即可看出。

再次，风险偏好的不一致性。现实世界与新古典经济学的假设不同，个体的风险偏好并不是一成不变的，而是视情景不同而不同。如，在100%的可能性可以得到100元，与50%的可能性可以得到200元、50%的可能性一分不得之间，人们普遍倾向于选择前者，表现为风险规避；而在100%会损失100元，与50%的可能性会损失200元、50%的可能性一分都不损失之间，人们则倾向于选择后者，又变为了风险喜好。这说明，当人们面临收益前景时，往往体现出风险规避，但当面临损失前景时，则转变为风险喜好，即倾向于"赌一把"。收益前景下的偏好顺序与损失前景下的偏好顺序就像经过了镜像反射，所以卡尼曼和特沃斯基（Kahneman & Tversky，1979）称之为反射效应（reflection effect）。

（4）心理核算（mental accounting）。

心理核算也从一个侧面反映了人们决策的非理性。

首先，心理核算理论放松了传统经济学的可替代性假设。心理核算理论提出个体会将各项支出分类，即将支出划分到不同的心理账户中，不同账户中的资金之间不能相互替代。塞勒（Thaler，1985）曾举了一个例子：J先生夫妇为了在五年之后购买他们梦想的度假屋存了15000元钱，这笔存款可以获得利率为10%的利息；他们又贷款11000元买了一辆新车，而贷款的利率则是15%。很明显，一个理性人做出的决策应当是用存款购买新车，而非贷款买车，但在现实世界中J先生夫妇的选择却并不罕见。究其原因，就是他们分别为购房款和购车款设置了两个心理账户，而这两个账户在他们的内心中是无法相互替代的。这种心理账户分类又会导致人们对不同的心理账户开支采取不同的态度，较为典型的表现如，一个一贯节俭的人会对工资的花费非常节制，但对于一笔意外的中奖所得则可能会大肆挥霍。

其次，心理核算理论认为人们在进行决策时是带有情感色彩的。塞勒（Thaler，1985）认为，个体从一桩交易中获取的效用包括两个部分：获得效用（acquisition utility）和交易效用（transaction utility），其中，前者取决于得到的货物的价值与支出之间的对比，后者则取决于支出与参照价格的对比，而决定参照价格的最重要因素是公平。即如果某人以其可以接受的价格，如100元，获取了某种物品，其就取得了一定的获得效用；但若其又得知该物品较为公平的参照价格实际上为50元，则他从这个物品上得到的交易效用就会降低，而该物品的总体价值v(x)也会下降。影响参照价格的因素可能是该物品的生产成本等因素，这些因素使得参照价格在当事人眼中是一个公平价格。

又如，普雷莱茨和勒文斯泰因（Prelec & Loewenstein，1998）提出了耦合（coupling）的概念，认为耦合是消费能够让人联想到支付的程度，如信用卡付款就趋向于削弱耦合，而现金支付，则会产生紧密耦合。所以，即使人们支付了同样数量的支出，支出方式不同主观感受也是不一样的。

（5）对概率的感觉偏差。

如图8－3所示，当客观概率p很小时，人们往往倾向于高估，所以，得奖率很低的彩票从来都不缺买者，其中的机理就是，虽然人们知道彩票中奖的概率很低，但在潜意识中却认为自己很可能会中奖，从而事实上高估了自身中奖的概率，使得$\pi(p) > p$。

（6）框架效应（framing effect）。

所谓“框架”实际上是指描述方式，框架效应即指当同样问题被以不同方式描述的时候，人们的偏好会发生逆转，说明描述方式的不同会直接影响人们的主观判断。特沃斯基和卡尼曼（Tversky & Kahneman，1981）以这样一个实验来说明框架相应：假设一种预计会导致600人死亡的疾病突然爆发，目前有两种应对这种疾病的方案，如果采用方案A，会有200人获救，而如果采用方案B，则有1/3的概率600人都获救，2/3的概率无人能获救。参加实验的人中72%选择了B；但是，如果将上述问题换一种"框架"，描述为如果采用方案A，将有400人死亡，而如果采用方案B，则有1/3的概率没人有会死亡，2/3的概率600人全部死亡，则参加实验的人中78%选择了方案B。仅仅是因为描述方式不同，人们的选择就截然不同，究其原因，两种框架下，不同的描述设置了不同的参照点，第一种框架将参照点设定为600人全部死亡，因此救人的风险前景为收益，此时人们表现为风险规避；而第二种框架则将参照点设定为600人全部获救，因此有人死亡的风险前景为损失，人们就表现出了风险喜好。

8.3.1.2　民众心理因素对强化税制公平功能接受程度的影响

我国希望通过优化税制结构、加强个人所得税等直接税来强化税制的公平功能，其主要措施如下：第一，降低增值税等间接税税种的比重；第二，提高个人所得税的比重；第三，对个人非营业用房开征房地产税，以提高房地产税的比重。我国税制目前确实存在间接税比重过高，直接税体系不健全、比重过低的结构性缺陷，导致税制的再分配效应较弱，对其进行适当优化是必要的。但是，这种公平取向的税制结构优化是一个较为复杂的过程，由于涉及一系列变革，不仅可能带来客观原因抵触，民众心理因素所导致的主观原因抵触更加不容忽视。

（1）锚定效应的影响。

长久以来，我国的征收重点都是经营性税收，自然人税收近乎微不足道，民众已经将参照点锚定在了这种状况上。当前我国针对自然人纳税人的非经营税收税种很少，数量也较小。就个人所得税而言，一方面，由于费用扣除额的设定，大多数居民无须纳税。以工资薪金所得税为例，2017年我国城镇单位就业人员年平均工资为74318元[①]，而个人所得税工薪收入的月费用扣除额即为3500元，再加上可以从应纳税所得额中扣除的住房公积金及各类保险费，能够缴纳个人所得税的人员较少。2019年的税改大幅提高了标准费用扣除额至5000元，且引入了专项附加扣除，进一步

---

① 数据来源于·国家统计局．国家数据［DB/OL］. http：//data. stats. gov. cn/easyquery. htm? cn = C01&zb = A040F&sj = 2017.

减少了个人所得税纳税人员数量。另一方面，虽然名义税率较高，但是相对较高的名义税率所对应的所得水平很高，如综合所得税的最高税率45%对应的是80000元以上的月所得额，为我国2017年城镇在岗职工平均工资的12.92倍[①]，即大多数纳税人仅适用于较低的税率级次，因而税收负担较轻。因此，自然人不缴税，或仅仅缴纳数量很少的税就被我国民众设定为了参照点，而提高自然人税收自然会被视为一种损失前景，尤其是价值函数v(x)损失部分较为陡峭，即使对民众收取或增加数量较少的税收，其也会认为自己损失很大。

（2）损失厌恶的影响。

首先，直接税的增加会带来更大的价值损失。我国公平取向的税制结构优化在一定程度上是倾向于收入中性的，即降低一定数量的间接税，增加同样数量的直接税，如果民众是新古典经济学中的理性经济人，则对于这种变化，他们不应感觉到效用损失。但是，民众是有限理性的，且具有明显的损失厌恶，因此，即使其明了增加的直接税会通过间接税的降低得到补偿，增加的直接税（即损失）使其感受到的价值损耗也会超过减少的间接税（收益）能使其感受到的价值获得，二者相抵，这种税制结构的变化将给民众带来价值的净损失。在提高直接税，如个人所得税数量方面，如果采取降低费用扣除额扩大纳税人范围的方式，也存在类似问题，即使在较低收入者缴纳个人所得税后再给予其等量甚至更多的补偿，由于损失厌恶的存在，其感受到的可能仍然是价值的净损失。

其次，现状的改变可能会带来一定的负面感受。如前所述，损失厌恶所导致的禀赋效应和现状偏见会使民众更喜欢维持现状，即使要改变，也倾向于变化较小的改进。而虽然我国税制经常变动，但绝大部分并不涉及自然人，因此，加强个人所得税等直接税以替代一部分间接税对于民众而言是一种较大的变革，且是一种会带来价值净损失的变革，因此，其可能会对这种变革产生抵触情绪。

最后，直接税增加的损失前景可能会导致民众的偏好逆转。如前所述，前景理论认为个体存在风险偏好的不一致性，当人们面临损失前景时，其偏好会由收益前景下的风险规避转变为风险喜好。直接税的增加对民众而言是一种损失前景，因此，税制改革后，铤而走险逃税的现象可能会增加。

---

① 数据来源于：国家统计局．国家数据［DB/OL］. http：//data. stats. gov. cn/easyquery. htm?cn = C01&zb = A040F&sj = 2017.

（3）心理核算的影响。

首先，长期缺乏自然人税收导致我国民众没有税收心理账户。如果个体能够将税收账户在心中单列出来，其就会将税收开支看作专门的税收账户的开支，而不会认为这是日常账户的支出，从而感受到的主观价值损失就会相对较小，但是，如果个体没有专门的税收心理账户，则任何税收支出都会被视为日常账户的花费，所感受到的价值损失就较高。由于长期以来我国的自然人几乎不用缴税，因此，民众一般是没有专门的税收心理账户的，如果其个人税收增加，就会被认为是日常账户的额外花费，从而会感受到较为强烈的主观价值损失。

其次，存在偏差的“参照价格”可能会增强民众的负面感受。如前所述，个体对交易效用的评估会受到在其眼中较为公平的参照价格的影响，民众会将税收的支付看作是获取一定公共品的代价，政府要求其支付的税收相当于交易的实际价格，而民众会依据其从各个途径获得的信息自行设定一个其自认为公平的“参照价格”，当实际税收超过这个参照价格水平时，就会被认为是过高，从而降低交易效用，引发民众的主观价值损失。当前，我国的广大民众大部分并不具备专业的涉税知识，许多人的信息来源于微博、微信、非专业网络评论等渠道，而这些渠道的信息良莠不齐，充斥着大量不准确、不全面或具有故意误导倾向的信息，如，“中国税负世界第二”、其他国家都没有中国的“馒头税”“月饼税”等，使得许多民众产生了认知偏差，将其想象中的国外的“低税”设定为了参照价格，而一旦听说个人需要缴纳更多的直接税时，会认为实际税收价格较参照价格更高了，从而感觉价值损失巨大，进而对税制改革产生反感。

最后，直接税的支付方式会产生较为紧密的耦合。众所周知，间接税的法定纳税人为经营者，消费者作为负税人在购买商品和劳务时通过价格支付税收，这种税收的缴纳方式较为隐蔽，尤其是对缺乏税收意识的个体而言，甚至可能感知不到税收支付的存在。但个人所得税等直接税则是由个人直接掏钱缴纳的，纳税人非常清晰地知道自己缴纳了税收，因此，对税收支出印象深刻。所以，降低间接税可能不见得带给民众多少正面感受，但增加直接税则会带来较大的负面感受。

（4）概率感觉偏差的影响。

对小概率事件的高估可能会引发对税改的反感。个人所得税等直接税的改革，虽然确实会提高一些人的税收负担，但由于这些税种本身所具有的再分配性质，其提高的往往是高收入者的税收负担。如果民众是理性的，中低收入者应当是拥护这些直接税的，但是，这些税种的出台一般还是会引发大量民众的本能反感，而其中的许多人按照制度规定根本无须纳税。究其原因，一个重要因素就是人们普遍会下意识地高估自己将来可能会富有的可能性，潜意识里担心即使现在不用缴税，但将来自己收入提高或有了更大的房子之后，就会缴税或缴更多的税，所以自动将自己归入了税制改革的“受害者”之列。

（5）框架效应的影响。

如前所述，同样的一件事情，表述方式不同，人们的偏好就会发生逆转。在我国税制结构优化的过程中，同样也存在表述问题。一般而言，官方及民间的媒体对税制结构优化的描述都是以“提高个人所得税数量”等为基调的，这实际上将基准点（即参照点）定位在了“个人所得税数量较低”上，而提高税收数量对民众而言无疑是一种损失前景，会引发其抵触，并促使其转变为风险喜好，从而在改革后更偏好逃税。

8.3.2 主观公平感对再分配税制改革被接受程度的影响[①]

前文从行为经济学的前景理论视角定性探讨了民众的主观原因抵触可能对税制公平功能强化的影响。本部分将从实证视角对民众主观公平感对我国再分配税制改革被接受程度的影响进行分析。

新古典经济学认为，个体的效用只与其自身的收入有关，因此，当群体中所有其他个体的收入都不变，而某一个体的收入提高时，就是一种帕累托改善。但是，行为经济学认为，这种帕累托改善是不成立的，因为他人收入的相对提高可能引致个体的不良主观感受，即某个体效用的提高会自动导致其他个体效用的降低。行为经济学认为，现实中的人与标准经济学的理性利己主义者假设不同，是具有道德和情感的有限理性（bounded rationality）个体。由于具有道德和情感，因此崇尚公平和互惠是大多数人的共同属性，公平感在个体的决策中可能起到至关重要的作用，当个人收入不变而他人收入提高时，虽然个体的客观收入并未发生损失，但可能由此产生的不公平感会导致个体效用降低。

行为经济学中的公平实际上是一种主观公平，换言之，所谓公平并没有一个明确的客观标准。基尼系数能够以较为精确的数值来度量收入在个

① 本部分主要内容发表于：李文．主观公平感对再分配税制改革被接受程度的影响——一个行为经济学视角［J］．财贸研究，2017，7：77－87.

体间的分布状况，但是，基尼系数反映的公平是一种客观公平，个体所感受到的主观公平往往与这种客观公平不一致。个体的主观公平感受多重因素的影响，其中许多属于主观范畴。同时，由于个体的有限理性，其没有足够能力获取完全信息，也只具备有限的计算和决策能力，所以在决策时往往采用直觉式推断（heuristics），这毫无疑问会产生认知偏差（cognitive biases）。主观公平感就建立在这种客观分配状况与不完全信息、认知偏差、个体感受相混合的主客观相结合的基础之上。

大量文献分析和验证了主观公平感对个体决策的影响。最后通牒博弈（ultimatum game）（Güth et al.，1982；Thaler，1988）、独裁者博弈（dictator game）（Forsythe，1994）、公共品博弈（public goods game）（Fehr & Fischbacher，2002；Fischbacher & Gächter，2010）等实验以及其他一些相关研究（Camerer & Thaler，1995；Fehr et al.，1993；Fehr & Schmidt，1999）均认为，人是具有不公平厌恶（inequity aversion）的，这种不公平厌恶是指个体对于其感觉不公平的结果具有抵触心理，他们为了获得更加公平的结果宁可放弃自身的一些物质利益。不公平厌恶并非仅当个体收入低于他人时存在，当一些个体收入高于他人时，也可能会由于自身收入相对较高而产生某种“愧疚感”，从而致力于将自己的收入回报给社会。不公平厌恶使得主观不公平感导致个人效用下降，鉴于此，人们会产生采取措施遏制不公平、促进公平的内在动力。

一些文献研究了个体的道德、情感和有限理性对其涉税行为的影响，但这些文献往往聚焦于税收遵从行为。如鲍迪根（Bordignon，1993）指出，纳税人是否希望逃税取决于其财政公平感，这种公平感与政府的公共品供给和其他纳税人的行为相关。金（Kim，2002）指出，公平感在纳税申报中很有意义，公共转移支付对纳税申报的作用取决于纳税人在申报收入时在何种程度上运用公平感，将公平感置于重要位置的个体在获得公共转移支付时会申报更高的收入。霍夫曼等（Hofmann et al.，2015）认为与税率、收入、税收审计概率、罚款力度等外部变量相似，公民的“内部变量”，如个人价值观、其所观察到的社会规范和公平等同样会对税收遵从构成显著影响。博贝克和哈特菲尔德（Bobek & Hatfield，2003）、艾尔姆和托格勒（Alm & Torgler，2011）等认为，个体并非新古典范式中的自私的理性人，道德在税收遵从决策中作用巨大。还有一些文献认为有限理性所导致的认知偏差等会影响税收遵从行为（Alm et al.，1992；Yaniv，1999；Dhami & al－Nowaihi，2007）。我国也有文献有类似研究，如李林木、赵永辉（2011）基于前景理论分析了公共品供给效率对高收入者纳税遵从决策的影响。

鉴于此，本部分拟从主观公平感对民众效用影响的角度切入，分析民众对再分配税制改革的接受。本部分的验证内容包括两个层面：第一，在民众对再分配税制改革的接受过程中，不公平厌恶是否真实存在，其状况如何；第二，若不公平厌恶存在，对不公平的厌恶程度，换言之对再分配税制改革的接受程度受哪些因素影响。本部分的数据来源于 2016 年在山东济南、潍坊、临沂三市的 598 份调查问卷，采用 SEM 模型中的 PA－OV 模型和定序 Logit 模型实施分析。

本部分的创新之处和贡献在于将主观公平感和不公平厌恶引入民众对当前再分配税制改革的接受程度分析中，并对相关已有理论模型进行修正，同时基于调查问卷采用 PA－OV 模型和定序 Logit 模型对理论假设进行实证，得出，在我国再分配税制改革过程中，总体而言，基于收入低于他人而产生的不公平厌恶确实会提高民众对税制改革的接受程度，但收入高于他人并不会产生不公平厌恶，也不会因此促进民众对税制改革的接受；同时，收入低于他人对个人效用影响的敏感度（即嫉妒心理强度）主要受个人对收入分配状况及其成因的主观判断和感受影响，而收入高于他人对个人效用影响的敏感度（即同情心理强度）则主要与价值观念有关。

8.3.2.1 主观公平感对再分配税制改革被接受程度的影响——基本理论模型设定

依据标准经济学模型，当一个集体中存在 n 个个体时，每个个体的效用只与其本人的收入相关，即 $U_i(x)=x_i$，其中，$U_i(x)$ 为第 i 个个体的效用（$i\in\{1,\cdots,n\}$），x_i 为第 i 个个体的收入。费尔和施密特（Fehr & Schmidt，1999）则认为，某个个体效用的大小，不仅是其本人收入的函数，也是其本人收入与集体中其他成员收入差距的函数，他们将效用函数设定为：

$$U_i(x)=x_i-\alpha_i\frac{1}{n-1}\sum_{j\neq i}\max\{x_j-x_i,0\}-\beta_i\frac{1}{n-1}\sum_{j\neq i}\max\{x_i-x_j,0\}$$

其中，i，$j\in\{1,\cdots,n\}$。在上式中，α_i 表示收入低于他人对个体 i 效用影响的敏感度（即嫉妒心理强度），β_i 则表示收入高于他人对个体 i 效用影响的敏感度（即同情心理强度）。

费尔和施密特（Fehr & Schmidt，1999）设定这个函数的前提假设包括两个：第一，除纯粹自私的个体之外，也存在一些不喜欢非公平结果的个体，当这些个体的收入低于或高于其他人时，他们都会感到不公平；第二，一般而言，个体的收入低于他人较其收入高于他人所感受到的不公平程度更强烈。因此，在上式中，$\beta_i \leqslant \alpha_i$，且 $0 \leqslant \beta_i \leqslant 1$。

这个效用函数纳入了由于个体的收入低于或高于他人而产生的不公平感，是对传统效用函数的一个修正，也更加接近现实，但此函数仍然没有完全打破理性假设，因其使用的是个体的客观收入差距，这意味着其默认所有个体都能够确知他人的客观收入，而依据自身与他人的客观收入差距来作为衡量不公平感的基准。但笔者认为，在现实世界中，由于人是有限理性的，因此，个体 i 是无法准确知晓他人（个体 j，$j \neq i$）的客观收入的，而只能依据其具有的有限信息实施猜测，猜测结果是他人客观收入的函数，但往往不等于他人的客观收入。即个体 i 所猜测的个体 j 的收入（即个体 j 的主观收入）$y_j = f(x_j)$ 会与个体 j 的客观收入 x_j 相关，但由于信息不完全和认知偏差其与客观收入 x_j 相比会存在偏高或偏低。

综上所述，笔者将前述理论模型修订为：

$$U_i(x) = x_i - \alpha_i \frac{1}{n-1} \sum_{j \neq i} \max\{y_j - x_i, 0\} - \beta_i \frac{1}{n-1} \sum_{j \neq i} \max\{x_i - y_j, 0\} \tag{8-1}$$

其中，$y_j = f(x_j)$，$i, j \in \{1, \cdots, n\}$。

这个模型的含义为：个体 i 的效用 $U_i(x)$ 不仅仅是其个人收入 x_i 的函数，也是 x_i 与其他个体主观收入（y_j）差距的函数，当 $y_j > x_i$ 时，个体 i 认为自身收入较个体 j 低，由此产生的主观不公平感会降低其效用，反之，当 $y_j < x_i$，即个体 i 认为自身收入高于个体 j 的收入时，主观不公平感也可能会降低个体 i 的效用。

将上述模型应用到对再分配税制改革被接受程度的分析方面，当个体 i 的收入高于或低于其他人时，基于不公平厌恶，其效用下降，而再分配税收政策改革能够缩小个体间的收入差距，从而改善个体 i 的主观感受，提高其效用水平，进而就会获得个体 i 的支持。换言之，民众的不公平厌恶会提高其对再分配税制改革的接受程度。

基于上述分析，可设定如下假设：

假设1：$\alpha_i > 0$，即收入相对较低所导致的主观不公平感会降低个体效用，从而导致个体更加赞同再分配税制改革。

假设2：$\beta_i > 0$，即收入相对较高所导致的主观不公平感会降低个体效用，从而导致个体更加赞同再分配税制改革。

8.3.2.2 主观公平感对再分配税制改革被接受程度的影响——进一步的分析

前述模型中的嫉妒心理强度 α_i 和同情心理强度 β_i 可能受多重因素影响：

（1）社会观念的影响。

主观公平感本身隐含着价值判断，而这种价值判断的依据是风俗、社会规范及社会的主流价值观。在一个社会中，如果多数人普遍倾向于均贫富，那么，收入差距对收入相对较低者而言，就会造成较严重的不良主观感受，从而导致其效用度下降，$\alpha_i>0$，均贫富的观念越强烈，α_i 的水平越高。反之，若社会主流观念对收入差距较为包容，则收入相对较低者对收入差距就不会太敏感，α_i 的水平就会较低。

对于 β_i 而言，在一个主流观念倾向于均贫富的社会，具有一定利他主义倾向和同情心的收入相对较高者可能会产生一定的愧疚感，从而可能 $\beta_i>0$，且水平相对较高。

就我国而言，一方面，历史上就有"不患寡而患不均"的观念，历次的农民起义大多起因于此，而"为富不仁"这个词的广泛应用，更是隐隐流露着对富人高收入的不平。另一方面，中华人民共和国成立后实行多年的计划经济体制打在社会观念上的平均主义烙印目前仍然存在，许多人对收入差距的包容程度较低。因此，就传统文化和当前的社会观念而言，我国是一个相对更倾向于均贫富的社会。鉴于此，个体 i 的 α_i 水平应当相对较高，对收入相对较高者的嫉妒心理可能会促使民众赞同对比自身收入高的个体课征更多的税收。

但是，在社会倾向于均贫富的同时，收入相对较高者无偿将物质利益转移给收入相对较低者的捐赠文化在我国并不太盛行，因此，收入相对较高者因自身收入较高而产生较大的愧疚感进而采取措施向低收入者转移物质利益的动机应当不是太强烈。同时，在崇尚勤奋和吃苦耐劳的东方文化背景下，当收入相对较高者认为低收入者收入较低是起因于懒惰等不正当因素时，其更加不可能因同情而产生愧疚。因此，在再分配税制改革中，个体的 β_i 水平应当不会太高，甚至其水平是否能够大于 0 都有待考察。

（2）收入分配状况的影响。

主观公平感并不完全取决于客观分配状况，但是，客观的收入差距确实会反射到主观公平感上。长期以来，许多文献对社会比较过程进行了研究，认为人们之间的相对收入会影响个体福利和行为（Homans，1961；Adams，1963；Davis，1959；Pollis，1968；Klugel，1988；Kreidl，2000，史耀疆、崔渝，2006），个体会将自身收入与相关参照群体的收入进行比较，若其认为自身获得的相对利益过少，即使其收入绝对额较高，也会产生相对剥夺感（relative deprivation）。因此，当一个社会贫富差距过大时，收入相对较低的个体更容易产生相对剥夺感，从而使得 α_i 大于零，其个人效用降低。收入差距越大，上述相对剥夺感越强烈，α_i 水平越高。

若一个社会的收入差距较大，个体或许会因此对比自己收入低的其他个体产生同情心理，而导致 β_i 提高，但个体也可能会因还有很多人比自己收入高得多而认为收入差距较大是正常现象，因此，不会因自身收入相对较高而产生愧疚感，从而使得 β_i 较低。

改革开放初期，基于经济增长的迫切需要，我国政府在公平与效率的权衡中，是将效率放在公平之上的，即“效率优先，兼顾公平”，而主要基于市场的收入分配结果毫无悬念地会导致较高的收入差距。同时，我国目前仍属于发展中国家，2017 年人均国民收入为 8690 美元，为世界平均水平 10366 美元的 83.83%①，根据库兹涅茨曲线的倒 U 形状，人均收入处于中间阶段的国家收入差距会较大。因此，我国当前的基尼系数较高，客观收入差距相当大。这会使许多个体在与其他人比较的过程中，产生更强烈的相对剥夺感，进而导致 α_i 水平提高，更倾向于赞同对比自己收入高的人征收更多的税收；但是，在这样的背景下，个体是否愿意将自己的部分收入以税收的形式转移给相对收入较低者，即 β_i 的水平如何，则较难确定。

（3）收入来源状况的影响。

卡尼曼等（Kahneman et al.，1986）提出了双边赋权（dual entitlement）模型，认为在交易中，如果一方用于牟利的市场力量是基于不当手段获取的，则被认为是不公平的。虽然这个理论被用于研究公平约束对价格及工资的影响，但其原理在其他领域也是共通的，即人们判断是否公平，依据的并非仅仅是结果，手段也很重要。在个人收入领域，一方面如果个体 i 认为比其收入高的个体 j 的收入更多是基于不正当的手段或不公平的环境而获得，其 α_i 水平就会较高，反之，如果其认为个体 j 的收入来

① 资料来源：The World Bank. World Development Indicators [DB/OL]. http://wdi.worldbank.org/table/4.2.

源较为正当，则其 α_i 水平就会相对较低。另一方面如果个体 i 认为社会中个体较高收入的获得是基于不正当的手段或不公平的环境，则面对收入较其更低的其他个体时，可能会更容易产生负疚感，进而提高 β_i 的水平。

此外，如果收入较低者 j 的低收入是基于残疾、疾病等客观原因，则较高收入者 i 就可能对其产生更多的同情，β_i 就可能较高；反之，若较低收入者 j 之所以收入低是基于懒惰等不正当因素，则较高收入者 i 的 β_i 就会较低，较高收入者通过税收转移收入给个体 j 的意愿就会较小。

我国自改革开放以来，经济秩序和法律框架不断完善，但是，目前经济环境仍存在一定问题，导致一些人通过不正当的手段或不公平的环境聚敛财富，从而使其他人尤其是低收入者在比较中感受到更加强烈的不公平，从而提高收入相对较低者的 α_i，产生支持政府对这些较高收入者课税的动机；而如前所述，较高收入者是否愿意以缴纳更多税收的方式向较低收入者转移收入，则取决于较低收入者收入较低的原因，因此，β_i 的高低取决于不同的情况。

（4）认知偏差的影响。

个体 i 对其他个体收入的认知偏差也会影响 α_i 的水平。该认知偏差包括两个方面：对其他个体收入数量的认知偏差和对其他个体收入来源状况的认知偏差。如果收入相对较低的个体 i 所猜测的个体 j 的主观收入 $y_j = f(x_j)$ 高于其实际收入 x_j，则可能会强化个体 i 对收入分配差距过大的认知；如果个体 i 对个体 j 的收入来源存在错误猜测，则可能会强化个体 i 对个体 j 收入来源不正当的认知。上述两种状况都会加重个体 i 的收入分配不公平感，从而提高 α_i 的水平。而收入相对较高者，由于认知偏差也可能会产生相对剥夺感，从而可能不愿意将自己的收入转移给较低收入者，即 β_i 降低。

随着网络的发展和自媒体的兴起，我国公众获得信息的渠道更加多样，但这些信息有许多是存在偏误甚至是完全错误的，这就加重了有限理性个体的认知偏差。当前的一些信息似乎存在系统性偏差，即一方面夸大某些群体的收入数量，另一方面夸大某些群体收入的非正当性，因此就会强化公众的相对剥夺感，从而提高较低收入者对政府向较高收入者收取更多税收的支持力度。而较高收入者，由于相对剥夺感，可能因此降低对再分配税制改革的支持力度。

基于上述分析，可以设定如下假设：

假设3：α_i 和 β_i 受社会观念、收入分配状况、收入来源状况、认知偏差等因素的影响。

8.3.2.3　数据来源及实证检验

本部分采用的数据来自2016年实施的问卷调查，调查地点为山东省济南市、临沂市和潍坊市，每个城市分别收回了200份问卷，剔除无效问卷2份后，共获得有效问卷598份。这三个城市类型不同，其中，济南市是山东省省会，属于“俗称”的二线城市，2016年人均地区生产总值为90999元；潍坊市是位于山东半岛中部的地级市，2016年人均地区生产总值为59275元；临沂市是位于山东省东南部的地级市，属于老区，为较为典型的内陆城市，2016年人均地区生产总值为38803元①。三个城市在地理位置特点、历史沿革、经济发展水平等方面均有所不同，具有一定的代表性。

（1）实证检验模型设定。

本部分拟设定四个实证检验模型，其中模型一、模型二检验假设1、假设2，即 α_i 和 β_i 均大于零，换言之个体由于收入强势或收入弱势而产生的主观不公平感均会导致个体效用下降，进而会使其倾向于接受调控力度增加的再分配税制改革；模型三和模型四检验假设3，即检验 α_i 和 β_i 的影响因素。

①模型一和模型二。

由于数据条件以及其他限制，以前述方程（1）直接作为实证模型进行分析显然无法实施。因此，为了检验假设1和假设2，拟设定两个结构方程模型（SEM）的观察变量路径分析模型（PA－OV模型），分别验证 α_i 和 β_i 的取值。之所以采用SEM模型，是因为相对传统回归分析，其能够同时进行多层次的路径分析，允许设定中间变量，且允许不同变量之间存在一定相关，以确定变量之间的相互影响以及自变量对因变量的直接和间接影响，而在本部分的模型一和模型二中，一些自变量之间具有一定的因果关系，SEM模型的PA－OV模型较为适合这种变量关系。同时，SEM模型较为适合定序变量分析，而模型一和模型二中的因变量和一些自变量均为定序变量。模型一和模型二的设定见图8－4、图8－5。

---

① 资料来源：山东省统计局．山东统计年鉴（2017）［DB/OL］. http：//tjj. shandong. gov. cn/tjnj/nj2017/indexce. htm.

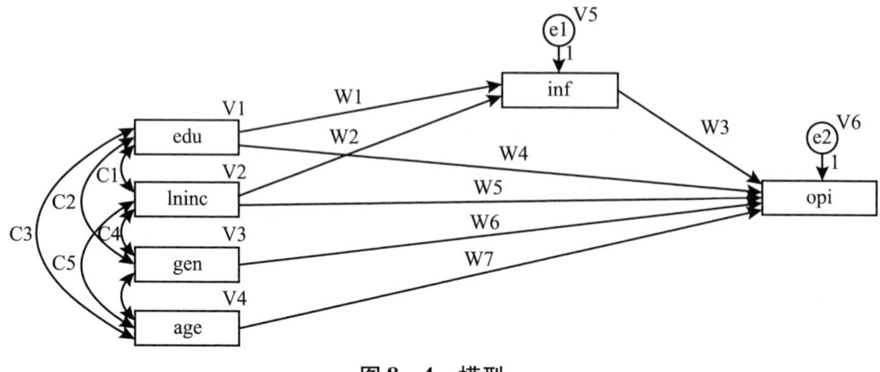

图 8－4　模型一

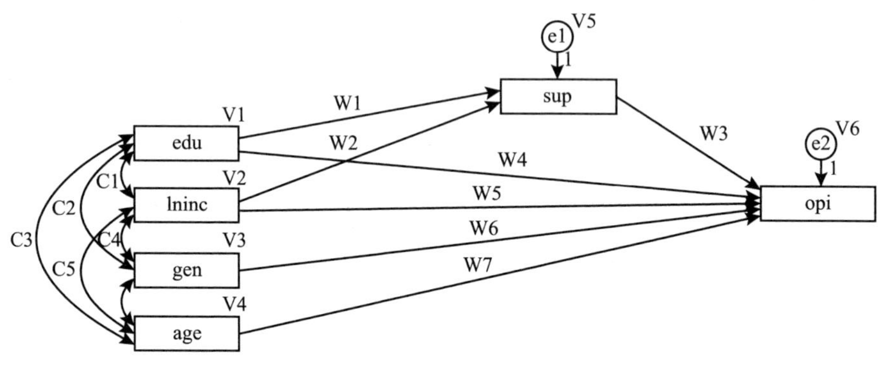

图 8－5　模型二

模型中各变量的说明见表 8－6。

表 8－6　模型一和模型二的变量说明

变量种类	变量名称	变量含义	取值规则
内生变量	opi	税改意愿	非常支持＝1，比较支持＝2，不太支持＝3，不支持＝4
	inf	收入低于他人程度	见正文
	sup	收入高于他人程度	见正文
外生变量	lninc	收入的对数	个体收入的对数
	age	年龄	18≤A≤29＝0，30≤A≤39＝1，40≤A≤50＝2，A＞50＝3

续表

变量种类	变量名称	变量含义	取值规则
外生变量	gen	性别	男 =0，女 =1
	edu	学历	初中及以下 =0，高中、中专或大专 =1，本科 =2，硕士及以上 =3

变量 inf 和变量 sup 分别表示个体 i 自认为的收入低于他人程度和高于他人程度。如何在实证中衡量个体对其他个体收入的主观认定是个难点，为了解决这个问题，笔者将所有个体的收入由低到高平均分为 5 个级别，然后在调查问卷中让被调查者确定自身所属的级别。这种自身级别的确定实际上是个体对自身收入在人群中的主观定位，既包含了个体对自身收入的认定，也包含了其对他人收入的猜测。个体 i 自认为的收入级别以 G_i 表示，其猜测的其他个体 j 的收入级别以 G_j 表示，G_i、G_j 的数值依据收入由低到高分别为 1～5。如当某个体 i 认为自身收入处于级别 2 时，其即默认有 20% 的其他个体处于级别 1（较其收入低），各有 20% 的其他个体分别处于级别 3、级别 4 和级别 5（均较其收入高），其 inf 和 sup 即可分别按照以下公式计算得出：

$$inf = \frac{1}{5-1}\sum_{j\neq i}\max\{G_j - G_i, 0\}$$

$$sup = \frac{1}{5-1}\sum_{j\neq i}\max\{G_i - G_j, 0\}$$

在模型一中，内生变量是税改意愿 opi 和收入低于他人程度 inf，外生变量是收入的对数 lninc、学历 edu、性别 gen 和年龄 age。这是一个复回归，一方面，被解释变量是 opi，解释变量为 inf 和 lninc，同时控制了 age、gen 和 edu 等变量；另一方面，inf 是被解释变量，而 edu 和 lninc 为解释变量。首先，根据假设 1，inf 越大，基于不公平厌恶，个体的效用下降越多，其越赞同具有收入再分配作用的税制改革，因此，inf 的回归系数（α 的相反数）应当为负；其次，收入越高，个体的效用越高，而再分配税制改革可能会降低其收入，从而降低其效用，因此，lninc 的回归系数也应当为负；再次，edu、gen、age 对税改意愿的影响较难准确确定；最后，lninc 和 edu 影响 inf，lninc 越高，个体 i 越可能认为自身处于较高的收入水平，因此 inf 可能越低，lninc 对 inf 的回归系数应当为负，而学历 edu 一方面可能会对收入提高有利，另一方面则可能提高个体对收入级别的判断能力，从而使个体对自身收入水平具有更正确的判断，但其对 inf 的影响方向难以确定。

模型二与模型一的区别在于以收入高于他人程度 sup 替代了收入低于他人程度 inf，模型中的变量和回归性质、变量之间的关系与模型一类似，区别在于，根据假设 2，sup 越高，基于不公平厌恶，个体的效用下降越多，其越赞同收入再分配税制改革，因此，sup 的回归系数（β 的相反数）应当为负。Lninc 越高，个体越可能认为自身处于较高的收入水平，进而 sup 越高，因此 lninc 对 sup 的回归系数应当为正，

模型二是以变量收入高于他人程度 sup 替代了变量收入低于他人程度 inf，其他变量和模型形式相同，因此，这两个模型可以互为稳健性检验。

②模型三及模型四。

模型三和模型四分别分析 α_i 和 β_i 的影响因素。考虑到变量的特点，本部分采用定序 Logit 模型，依据前文分析选择解释变量。模型变量的说明见表 8 - 7，在模型三中，被解释变量为 α_i，在模型四中，被解释变量为 β_i，两个模型的解释变量和控制变量相同。解释变量和控制变量的预期系数符号也列在了表 8 - 7 中，其中，解释变量的符号设定依据前文的分析，对于几个控制变量而言，收入较高者的相对剥夺感可能较低，因此，收入水平与 α_i 可能负相关，lninc 系数为负；收入水平与 β_i 的符号则较难确定，一方面，收入较高可能会导致个体产生更大的负疚感，但另一方面，收入较高也可能会使个体产生较高的自豪感，从而不但不降低自身效用，反而导致自身效用的提高，因此，lninc 与 β_i 的符号不定。学历（edu）较高的个体，对真实信息的掌握程度和对信息的处理能力较高，因此，其可能对相对剥夺感的感知方面更加理性，从而 edu 可能与 α_i 负相关；同时，学历较高者可能更加注重公平和人文关怀，从而使得 β_i 与学历正相关。而年龄（age）和性别（gen）对 α_i 和 β_i 的影响方向则难以确定。

表 8 - 7　　模型三和模型四的变量说明

变量种类	变量名称	变量含义（系数预期符号）	取值规则	备注
被解释变量	α_i	嫉妒心理强度	认为社会上有不少人收入比自己高非常公平 =1，比较公平 =2，比较不公平 =3，非常不公平 =4	—
	β_i	同情心理强度	非常不愿意援助低收入者 =1，不太愿意 =2，比较愿意 =3，非常愿意 =4	—

续表

<table>
<tr><th>变量种类</th><th>变量名称</th><th>变量含义
（系数预期符号）</th><th>取值规则</th><th colspan="2">备注</th></tr>
<tr><td rowspan="7">解释变量</td><td>soc</td><td>社会观念
（+/+）</td><td>认为中国历史传统和社会观念不崇尚公平=0，不太崇尚公平=1，比较崇尚公平=2，非常崇尚公平=3</td><td>社会观念</td><td rowspan="7">由于这些指标均具有很强的主观性，因此也在一定程度上代表了认知偏差</td></tr>
<tr><td>igap</td><td>收入差距状况
（+/不定）</td><td>认为目前收入差距非常适当=0，比较适当=1，不太适当=2，非常不适当=3</td><td>收入分配状况</td></tr>
<tr><td>isou</td><td>高收入者来源正当性（+/不定）</td><td>认为目前高收入者收入 80% 以上是通过正当途径获得=0，60% 以上是通过正当途径获得=1，60% 以上是通过不正当途径获得=2，80% 以上是通过不正当途径获得=3</td><td rowspan="5">收入来源状况</td></tr>
<tr><td>adis</td><td>是否应当补贴因残疾疾病致贫者
（+/+）</td><td>不应当补贴=0，应当补贴=1</td></tr>
<tr><td>aabi</td><td>是否应当补贴因个人能力低致贫者
（+/不定）</td><td>不应当补贴=0，应当补贴=1</td></tr>
<tr><td>aenv</td><td>是否应当补贴因环境不公平致贫者
（+/+）</td><td>不应当补贴=0，应当补贴=1</td></tr>
<tr><td>ievn</td><td>环境不公是收入差距首要成因
（+/+）</td><td>同意=1，不同意=0</td></tr>
<tr><td rowspan="3">控制变量</td><td>lninc</td><td>收入的对数
（-/不定）</td><td>—</td><td colspan="2">—</td></tr>
<tr><td>age</td><td>年龄（不定/不定）</td><td>18≤age≤29=0，30≤age≤39=1，40≤age≤50=2，age>50=3</td><td colspan="2">—</td></tr>
<tr><td>gen</td><td>性别（不定/不定）</td><td>男=0，女=1</td><td colspan="2">—</td></tr>
</table>

续表

变量种类	变量名称	变量含义（系数预期符号）	取值规则	备注
控制变量	edu	学历（-/+）	初中及以下 =0，高中、中专或大专 =1，本科 =2，硕士及以上 =3	—

注：括号中的 +、- 分别表示变量系数在模型三和模型四中的预期符号。

（2）实证检验结果。

①模型一和模型二的估计结果。

模型一和模型二变量的特征描述见表 8-8。

表 8-8　　模型一和模型二的变量描述

变量	均值	标准差	最小值	最大值
opi	2.38	0.91	1	4
inf	0.46	0.43	0	1.16
sup	0.46	0.48	0	2.84
lninc	8.06	0.48	7.60	9.90
age	1.33	1.02	0	3
edu	0.84	0.69	0	3
gen	0.47	0.50	0	1

本部分使用 AMOS 22.0 软件进行分析。首先，对模型一和模型二实施“违犯估计”（offending estimates）检验，可发现二者的误差方差均大于0，模型一的标准化系数绝对值介于 0.035 和 0.324 之间，模型二的标准化系数绝对值介于 0.034 和 0.292 之间，均未超过 0.95，说明这两个模型都未发生违犯估计现象，能够实施整体模型拟合度的检验。整体模型拟合度检验结果见表 8-9。由表 8-9 可见，模型一和模型二的整体拟合度良好。

表 8－9　　　　　模型一和模型二整体模型拟合度检验指标

模型	CMIN/DF	GFI	CFI	RMSEA
模型一	0.051 (<4)	1.000 (>0.9)	1.000 (>0.9)	0.000 (<0.05)
模型二	0.139 (<4)	1.000 (>0.9)	1.000 (>0.9)	0.000 (<0.05)

模型一和模型二的非标准化系数（回归系数）见表 8－10。

表 8－10　　　　　模型一和模型二的路径分析结果

变量关系	模型一		模型二	
	非标准化系数	临界比值（C. R.）	非标准化系数	临界比值（C. R.）
lninc→inf	－1.097 ***	－8.06		
edu→inf	－0.089 **	－2.19		
lninc→sup			0.563 ***	7.125
edu→sup			0.029	1.22
inf→opi	－0.095 **	－1.72		
sup→opi			0.193 **	2.03
lninc→opi	0.365 *	1.83	0.363 *	1.84
edu→opi	－0.046	－0.79	－0.044	－0.76
gen→opi	0.087	1.16	0.090	1.21
age→opi	－0.197 ***	－5.21	－0.199 ***	－5.27

注：*** 表示在 1% 水平显著，** 表示在 5% 水平显著，* 表示在 10% 水平显著。

模型一和模型二的路径分析结果显示：

第一，收入低于他人程度（inf）越高，个体越支持再分配税制改革，即 $\alpha_i > 0$（inf 的系数为 $-\alpha_i$），且在 5% 水平显著，从而验证了假设 1，说明个体自认为收入低于他人确实会导致主观不公平感，并进而作用于对再分配税制改革的态度。

第二，收入高于他人程度（sup）越高，个体对待再分配税制改革的态度越消极，即 $\beta_i < 0$（sup 的系数为 $-\beta_i$），且在 5% 水平显著，从而否

定了假设2，说明个体并未因收入相对较高而产生主观不公平感，相反，收入相对较高反而使个体反对再分配税制改革。

第三，学历（edu）对个体税改意愿（opi）的直接影响不显著，但是，学历对个体收入低于他人程度（inf）有着显著的负向影响，并通过inf对税改意愿（opi）构成间接影响，即学历越高，个人自认为的收入低于他人程度越低，税改意愿越弱。

第四，收入（lninc）对税改意愿（opi）的影响较为复杂，一方面，其对税改意愿有直接影响，收入越高，越不支持税制改革；另一方面，其还通过对inf和sup的影响对opi构成间接影响，仍然是收入越高，越不支持税制改革。此外，个体年龄（age）越大，越支持税制改革。收入和年龄的影响均在统计上显著。但是，性别（gen）对税改意愿（opi）的影响不显著。

在模型一和模型二中，lninc、edu、gen及age等变量对opi的系数及临界比值非常相近，说明不论模型中纳入变量inf还是变量sup，模型的检验结果都是类似的，模型较为稳健。

②模型三和模型四的估计结果。

本部分使用Stata 14软件进行分析。

模型三和模型四的变量描述如表8－11和表8－12所示，对模型三和模型四的解释变量和控制变量进行方差膨胀因子（VIF）检验，发现不存在多重共线性。采用定序Logit模型实施分析，并使用AIC准则通过逐步回归对变量进行筛选，估计结果见表8－13。

表8－11　　模型三变量描述

变量名	变量取值	α				
		1 (n＝47)	2 (n＝333)	3 (n＝161)	4 (n＝57)	合计 (N＝598)
soc	0	8.51%	2.40%	3.11%	10.53%	3.85%
	1	19.15%	14.11%	31.06%	19.30%	19.57%
	2	48.94%	61.86%	43.48%	21.05%	52.01%
igap	0	14.89%	3.00%	4.97%	8.77%	5.02%
	1	31.91%	40.54%	14.29%	21.05%	30.94%
	2	42.55%	45.65%	54.66%	24.56%	45.82%

续表

变量名	变量取值	α				
		1 (n=47)	2 (n=333)	3 (n=161)	4 (n=57)	合计 (N=598)
isou	0	29.79%	26.13%	18.63%	10.53%	22.91%
	1	44.68%	52.25%	42.24%	22.81%	46.15%
	2	14.89%	14.41%	21.12%	26.32%	17.39%
adis	1	91.49%	90.69%	84.47%	77.19%	87.79%
aabi	1	17.02%	16.52%	21.12%	29.82%	19.06%
aenv	1	27.66%	35.44%	44.72%	42.11%	37.96%
ievn	1	34.04%	30.03%	47.83%	54.39%	37.46%
age	0	34.04%	28.53%	20.50%	17.54%	25.75%
	1	25.53%	31.23%	34.16%	15.79%	30.10%
	2	29.79%	27.33%	27.95%	45.61%	29.43%
edu	0	34.04%	27.93%	29.19%	59.65%	31.77%
	1	48.94%	53.75%	60.25%	33.33%	53.18%
	2	12.77%	17.12%	9.94%	7.02%	13.88%
gen	1	46.81%	51.35%	45.96%	29.82%	47.49%
lninc	均值	8.23	8.07	8.02	7.39	8.06
	SD	0.60	0.45	0.47	0.50	0.48

表8-12　　模型四变量描述

变量名	变量取值	β				
		1 (n=36)	2 (n=166)	3 (n=287)	4 (n=109)	合计 (N=598)
soc	0	13.89%	3.01%	2.79%	4.59%	3.85%
	1	33.33%	27.11%	16.03%	12.84%	19.57%
	2	36.11%	47.59%	60.28%	42.20%	52.01%
igap	0	5.56%	5.42%	3.83%	7.34%	5.02%
	1	13.89%	31.33%	31.71%	33.94%	30.94%
	2	47,22%	45.18%	49.83%	35.78%	45.82%

续表

变量名	变量取值	β				
		1 (n = 36)	2 (n = 166)	3 (n = 287)	4 (n = 109)	合计 (N = 598)
isou	0	33. 33%	25. 30%	19. 16%	25. 69%	22. 91%
	1	27. 78%	44. 58%	51. 57%	40. 37%	46. 15%
	2	25. 00%	19. 28%	17. 07%	12. 84%	17. 39%
adis	1	80. 56%	88. 55%	88. 15%	88. 07%	87. 79%
aabi	1	33. 33%	15. 06%	17. 07%	25. 69%	19. 06%
aenv	1	30. 56%	30. 12%	44. 95%	33. 94%	37. 96%
ievn	1	38. 89%	40. 36%	36. 24%	35. 78%	37. 46%
age	0	25. 00%	28. 92%	25. 44%	22. 02%	25. 75%
	1	27. 78%	37. 35%	28. 92%	22. 94%	30. 10%
	2	36. 11%	23. 49%	28. 92%	37. 61%	29. 43%
edu	0	41. 67%	27. 71%	27. 87%	44. 95%	31. 77%
	1	47. 22%	57. 23%	54. 01%	46. 79%	53. 18%
	2	11. 11%	13. 25%	16. 72%	8. 26%	13. 88%
gen	1	41. 67%	52. 41%	46. 69%	44. 04%	47. 49%
lninc	均值	8. 14	8. 07	8. 05	8. 04	8. 06
	SD	0. 67	0. 47	0. 45	0. 50	0. 48

表 8 - 13　　　　模型三和模型四的估计结果

变量	模型三		模型四	
	筛选自变量前	筛选自变量后	筛选自变量前	筛选自变量后
soc	1. 00 (0. 00)		1. 53 (3. 88)***	1. 56 (4. 16)***
igap	1. 63 (4. 28)***	1. 65 (4. 42)***	0. 87 (-1. 34)	
isou	1. 56 (4. 78)***	1. 57 (4. 91)***	1. 14 (1. 49)	
adis	0. 69 (-1. 37)		1. 54 (1. 63)	1. 54 (1. 65)*
aabi	1. 45 (1. 61)	1. 67 (2. 43)**	1. 36 (1. 38)	1. 41 (1. 56)
aenv	1. 32 (1. 55)	1. 38 (1. 88)*	1. 57 (2. 70)***	1. 49 (2. 46)**

续表

变量	模型三		模型四	
	筛选自变量前	筛选自变量后	筛选自变量前	筛选自变量后
ievn	1.44 (2.03)**	1.47 (2.19)**	0.88 (−0.78)	
lninc	0.55 (−3.09)***	0.59 (−2.86)***	0.92 (−0.47)	
age	1.12 (1.67)*	1.16 (1.82)*	1.15 (1.7)*	1.17 (2.06)**
edu	0.82 (−1.47)	0.81 (−1.61)	0.95 (−0.44)	
gen	0.82 (−1.17)		0.81 (−1.24)	
样本量	598	598	598	598
Log likelihood	−604.4294	−606.1377	−692.0275	−694.8861
LR 统计量	110.62	107.2	36.23	30.51
Pseudo R^2	0.0838	0.0812	0.0255	0.0215

注：表中括号前数据为 OR 值，括号中数据为 z 值。*** 表示在 1% 水平显著，** 表示在 5% 水平显著，* 表示在 10% 水平显著。

可以看出：

第一，嫉妒心理强度（α_i）受多种因素的影响，其中，收入差距状况（igap）、高收入者来源正当性（isou）、是否应当补贴因个人能力低致贫者（aabi）、是否应当补贴因环境不公平致贫者（aenv）、环境不公平是否为收入差距首要成因（ievn）、年龄（age）均对其具有显著正向影响，收入（lninc）则对其具有显著负向影响。换言之，个体认为当前收入差距越不适当、高收入者的收入来源越不正当，其 α_i 水平越高；当个体认为应当对因个人能力低或因环境不公致贫者进行补贴、环境不公是收入差距首要成因时，其 α_i 水平越高；个体年龄越大，其 α_i 越高；个体收入越高，其 α_i 越低。而社会观念（soc）、是否应当对因残疾疾病致贫者进行补贴（adis）、学历（edu）和性别（gen）对 α_i 的影响不显著。

第二，同情心理强度（β_i）主要受社会观念（soc）、是否应补贴因残疾疾病致贫者（adis）、是否应补贴因环境不公平致贫者（aenv）、年龄（age）的显著影响，且全部是正向影响，其中社会观念的影响最大，且非常显著，说明当个体认为中国历史传统和社会观念较为崇尚公平时，其收入相对较高更容易产生“负疚感”。但是，对 α_i 有显著影响的许多变量，如 igap、isou、aabi、ievn、lninc 等，对 β_i 的影响并不显著，与 α_i 相同，

学历和性别对 β_i 的影响也不显著。

上述结果显示，大量的主观因素会对 α_i、β_i 产生显著影响，这些因素中的大多数要么几乎完全取决于主观感受，如 aabi、aenv、adis，要么取决于客观状况和主观想象的结合，如 igap、isou、ievn、soc，这证实现实中的个体并非标准经济学模型中的理性人，有限理性对其决策构成重大影响。同时，对 α_i 构成显著影响的变量与对 β_i 构成显著影响的变量存在较大差异，其中，收入差距状况（igap）、高收入者来源正当性（isou）、环境不公平是否为收入差距首要成因（ievn）等对 α_i 构成显著影响，但对 β_i 的影响不显著，而社会观念（soc）对 β_i 的影响显著，对 α_i 则不显著，说明，同情心理强度 β_i 更主要还是受个人价值观念的影响，而嫉妒心理强度 α_i 则更多与个人对收入分配状况及其成因的主观判断和感受相关。

8.3.2.4 结论

本部分的研究表明，个体并非没有道德和情感的理性人，其决策除了受客观因素的影响外，主观感受也至关重要。在对再分配税制改革的支持与否方面，个体的主观公平感是一个重要影响因素。本部分的主要研究结论如下：

第一，收入相对低于他人会导致不公平厌恶，从而降低个人效用，使得个体倾向于支持具有收入再分配功能的税制改革。

第二，收入相对高于他人并不会导致不公平厌恶，相反，这种状况反而提高了个人效用，进而使得个体反对具有收入再分配功能的税制改革。

第三，嫉妒心理强度（α_i）和同情心理强度（β_i）也受多种因素的影响，其中许多因素带有主观色彩，如 soc、igap、isou、adis、aabi、aenv、ienv 等，即个体的主观因素对这两个心理强度的影响非常严重，但是，对 α_i 构成显著影响的变量与对 β_i 构成显著影响的变量存在较大差异，同情心理强度（β_i）更主要还是受价值观念的影响，而嫉妒心理强度（α_i）则更多与个人对收入分配状况及其成因的主观判断和感受相关。

第四，客观因素的影响不尽相同。首先，收入（lninc）对税改意愿的影响通过直接和间接两个路径实现，其直接影响及通过 inf 和 sup 的中介作用对税改意愿构成的间接影响均为收入越高，越不支持再分配税制改革。收入对 α_i 具有显著的负向影响，即收入越高，嫉妒心理强度越低，但收入对同情心理强度（β_i）的影响不显著。其次，学历（edu）通过对 inf 的中介作用对税改意愿构成间接影响，学历越高，税改意愿越弱。最后，年龄（age）越大，越支持税制改革，同时，年龄越大，α_i、β_i 越高，其越容易产生不公平厌恶。而性别（gen）对税改意愿和 α_i、β_i 的影响都不显著，说明在这些方面，不同性别的个体没有明显差异。

综上所述，我国在实施再分配税制改革时，决策者需要重视主观因素的影响，进行适当引导，从而尽量强化民众基于主观感受而产生的对税制改革的支持，降低其基于主观感受而产生的非理性因素对税制改革的抵触，以降低改革成本，提高改革成效。

第 9 章

中国个人所得税改革中的原则定位及改革取向

当前，我国个人所得税正处于改革之中，公平、效率、国际竞争力原则的定位对改革取向具有重大影响。

9.1 公平、效率、国际竞争力原则在中国个人所得税改革中的定位

9.1.1 客观界限和主观界限制约下的各原则定位

根据前文分析，公平、效率、国际竞争力原则在个人所得税改革中的定位是存在两类约束的：首先，它们的实施都具有“客观界限”，即都受制于税源、税收征管、路径依赖等因素的制约，因此决策者只能在这些客观界限之内做出定位决策；其次，它们的实施具有“主观界限”，即由于不同原则之间的要求不同，某个原则的实施还须受其他原则的限制，之所以称之为“主观界限”，是因为这类相互制约在很大程度上受决策者主观意图的影响。其中，“客观界限”是约束的低限，在短期内是无法突破的，“主观界限”则须在“客观界限”的范畴之内，其约束的方向和程度如何，更多取决于决策者的主观意图。

对于个人所得税改革，笔者认为长期而言应当将公平置于各原则的首要位置，原因如下：首先，收入分配状况要求提高对收入分配的调控力度。改革开放之初，我国的经济发展水平较差，人均收入很低，且由于实

行计划经济且所有制形式单一，个人收入水平差距很小，因此，当时的状况要求效率优先，兼顾公平；而随着市场化进程的逐步深入，市场在收入分配方面的自发效应日益凸显，个人收入差距不断扩大，近年来基尼系数一直保持在较高水平，这种状况要求政府加大对收入分配的调节力度，公平原则应当被强化。其次，税收制度是政府调节收入分配的重要政策工具，而个人所得税是最直接作用于个人收入的税种。政府调节个人收入分配的政策工具有多种，税收制度是其中之一。而各税种在调节收入分配方面的作用不同，一般消费税、公司（企业）所得税等虽然也会最终作用于个人收入，但其作用是间接的，因此很难度量和掌控，个人所得税对个人收入的调节则是直接的，这也是世界各国均将个人所得税作为再分配调节的首要税种的原因。同时，在现阶段的我国，同样具有再分配作用的税种，如房地产税、遗产税等还非常不健全，这就更凸显了个人所得税在收入分配调节方面的重要性。鉴于此，在个人所得税改革中，公平原则应当是被置于首位的。

但是，公平原则的前置是存在约束的。首先，在“客观界限”方面，税源、税收征管、路径依赖均对公平的强化形成了强烈制约。如前所述，税源约束、征管约束、路径依赖约束等都会使公平原则的强化路径受到限制，使决策者无法随心所欲地做出决策。其次，在“主观界限”方面，决策者不得不考虑公平原则对效率和国际竞争力原则的影响。一方面，虽然我国在 40 多年来取得了长足的发展，且收入差距过大已经成为面临的主要问题，但是，我国目前仍然是发展中国家，人均收入水平较发达国家仍有很大差距，需要继续追赶，同时，一个人口如此庞大的国家，只有保持一定的经济增长速度才能维持必要的就业水平和公共品供给水平，因此，效率也是不能被忽视的。另一方面，20 世纪 80 年代以来，世界各国的个人所得税就一直呈现简化税制、降低税负的趋势，虽然由于金融危机的影响，有些国家的个人所得税出现税率提高的现象，但这并不能改变总体取向。当前，美国特朗普政府又抛出了减税法案，这将对世界各国个人所得税的走向产生较大影响，因此，我国个人所得税改革也不得不考虑国际竞争力原则。所以，在个人所得税改革中，公平原则对效率原则和国际竞争力原则的冲击应当是有限的，这就限制了公平原则对个人所得税的影响。

9.1.2 财政政策视野下的个人所得税公平原则

上文提及税收制度是政府调节收入分配的重要政策工具，而个人所得税又是直接作用于收入的税种，但这不等于说个人所得税进而税收制度就是唯一的再分配工具，因此，当个人所得税的公平功能由于受到种种限制而无法较好实现时，也可以通过其他税种甚至财政支出政策对收入分配进行强化。

首先，若将视野扩大到整个税收制度的范畴，除个人所得税在收入环节具有再分配作用之外，消费税能够在消费环节实现再分配，房地产税能够在财产存量环节实现再分配，因此，个人所得税的再分配职能也是能够在一定程度上被其他相关税种补充甚至替代的。

其次，若将视野扩大到整个财政政策范畴，则除了税收政策之外，财政支出政策也具有较强的收入分配调节能力。一般而言，调节收入分配的税收政策侧重的是“削富”，而调节收入分配的财政政策则侧重“济贫”，有研究表明，当前我国政府转移性支出的收入分配效果远高于个人所得税(郭庆旺等，2016)。因此，当个人所得税的收入分配职能因囿于各类限制而无法充分发挥时，通过制度设置使得财政支出政策和税收政策在再分配领域密切配合也是一种解决之道，这样政府就不必对个人所得税的公平效应寄予不切实际的过高期望，而仅仅将个人所得税视为整体再分配财政政策的一个有机组成部分即可。

我国主要税种的收入和比重见表 9 - 1，可以看出，2018 年我国国内增值税占税收总额的 39.34%，国内消费税占税收总额的比重为 6.80%，而个人所得税仅为税收总额的 8.87%，房产税和土地使用税之和仅为税收总额的 3.37%。因此，在当前的我国需要将调节收入分配的视野扩大到整个税收制度，乃至整个财政制度范畴。一方面，应当注重特别消费税的收入分配调节功能，通过对消费税制度的合理设置努力挖掘其再分配潜力，同时，改革房地产税体系，使其发挥应有的收入调节作用；另一方面，在个人所得税比重短期内无法大幅提高的背景下，设计良好的转移支付制度，将较为中性的增值税的收入通过转移支付用于再分配。

表9－1　我国主要税种收入状况（2018年）

税种	收入数量（亿元）	收入比重（%）	税种	收入数量（亿元）	收入比重（%）
国内增值税	61529	39. 34	个人所得税	13872	8. 87
国内消费税	10632	6. 80	房产税和土地使用税	5277	3. 37
企业所得税	35323	22. 58			

资料来源：财政部 . 2018 年财政收支情况［EB/OL］. 2019－01－23. http：//gks. mof. gov. cn/zhengfuxinxi/tongjishuju/201901/t20190123_3131221. html.

9.2　中国个人所得税的改革取向

我国的个人所得税改革应当遵循公平、效率及国际竞争力原则的定位并考虑它们所面临的各类制约。

9.2.1　中国个人所得税改革的基本思路

依据前文的种种分析，笔者认为，我国个人所得税改革应当遵循如下基本思路：税负适当，累进程度适当，完善与简约并举。

9.2.1.1　税负适当

此处的税负指名义税负，税负适当是指应当保持适中的名义税负。由于名义税负与费用扣除额、税率水平和课税所得级次设计相关，因此，既不能采用过高的边际税率，也不能税率过低，而费用扣除额和不同级次税率所适用的所得水平也应当依据税负适中的原则设计。其原因简单而言，若税负过低，会减少税收收入，降低个人所得税的影响力，同时可能过度降低税制的累进程度，不利于收入再分配；而若税负过高，则会对效率和国际竞争力形成较大负面影响。

9.2.1.2　累进程度适当

在总体税负一定的前提下，累进程度不同个人所得税对公平和效率的效应也会截然不同，因为累进程度反映了总税负在不同收入水平纳税人之间的分布。如前所述，我国个人所得税的累进程度已经相当高，即个人所得税在再分配方面的欠缺并非累进程度低所致，而累进程度过高则明显损害效率，且在当前税率日趋扁平化的国际潮流下，也不利于税制国际竞争力的提高。

9.2.1.3 完善与简约并举

所谓完善，是针对我国个人所得税制当前的简陋之处而言。在 2019 年税改之前，这种简陋表现在不合理的分类课征模式、一刀切的费用扣除额、不够适当的税收优惠规定等方面，刚刚实施的税制改革对课征模式和费用扣除额进行了改进，使得我国的个人所得税制获得了一定的完善。今后仍须对税制中存在的简陋之处进行优化，使得税制更加完备。

而简约与简陋不同，简约并非不合理，而是一种税制设计思想。由前述分析可以看出，个人所得税的税制设计受多种因素的制约，应当综合权衡公平、效率和国际竞争力原则的要求，而并非越精致越好，尤其是对于我国这样的发展中国家更是如此，脱离了现实土壤的精致的个人所得税在实践中的效应会与理想条件下的名义效应差异巨大，很可能与决策者的主观意图背道而驰。同时，当前世界各国，尤其是发展中国家的个人所得税制存在一定的简化趋势，从国际竞争力原则考虑，我国逆潮流而动并非最优选择。

9.2.2 中国个人所得税的制度设计取向

个人所得税的制度设计即个人所得税课税模式及税制要素的设计。根据前文所分析的公平、效率和国际竞争力原则的定位，我国个人所得税的制度设计取向如下：

9.2.2.1 课税模式方面继续优化分类综合课征模式

我国个人所得税曾长期实行分类课征模式，多年来针对课征模式的研究层出不穷。虽然有文献建议个人所得税应实行累进的综合所得税制（何辉等，2014），还有文献认为应保持分类模式（余显财，2011），但多数文献均认为个人所得税的课税模式应由分类向分类综合转变（马海涛、任强，2016；施正文，2012；经庭如、曹结兵，2016；崔霞，2016；杨斌，2016）。2019 年的税制改革将个人所得税的分类课征模式转变为了分类综合课征模式，将工资薪金所得、劳务报酬所得、稿酬所得、特许权使用费所得纳入了综合所得。这是一种范畴较小的综合模式。之所以如此，也是有现实成因的：第一，这四类所得基本均属于劳动所得，性质相似，给予同等课税待遇较为公平；第二，这四类所得的数额均较为明确，且有扣缴义务人，税务机关监控较为容易，纳税人按综合方式自行申报纳税也相对不困难。但是，长远来看，仅仅就劳动所得实施综合，范畴仍然偏小，仍存在以往分类课征模式的一些弊端。

就其他所得而言，经营所得也是一种十分常见的经常性所得，若从公平角度出发，也应当一并纳入综合课税范围。但是，这种所得涉及生产经营过程中的各类收入和成本费用的核算，需要以完备的账簿记录为基础，而虽然近年来我国一直致力于强化个体工商户的建账建制，但当前不具备规范的账簿核算的个体工商户不在少数，他们一般都通过定期定额方式纳税，因此若贸然将这类所得纳入综合课税范围，则会引发综合部分所得额确定的困难，会同时导致公平和效率的扭曲。

虽然短期内无法将经营所得纳入综合所得，但可以将综合所得与经营所得的税率进行一定的协调，使得税负更加公平。当前经营所得的最高边际税率为35%，而综合所得的最高边际税率为45%。经营所得的最高边际税率水平之所以不能太高，应当是考虑到了企业所得税25%的税率。但是，如此一来，综合所得纳税人的名义税率就大大高于经营所得纳税人了，同时在税收征管方面，综合所得有扣缴义务人，监控情况较好，而经营所得无扣缴义务人，所得的确定又较为复杂，税收流失较严重。基于上述这两方面的原因，经营所得的实际税负可能远低于综合所得，从而损害公平。因此，在今后的改革中，应适当协调综合所得和经营所得的税率，尽量促使二者的税负更加公平。

对于其他种类所得，可以待目前的小综合实行一段时间较为成熟之后，再将一些易于确认的所得，如房屋租赁所得等纳入综合课征范畴，以改善横向公平。当然，由于政府目标的多元化和税收征收及遵从成本限制，不能简单地认为综合程度越高越好。

9.2.2.2　课税单位仍保持为个人

由于每个人的背景，如赡养和抚养人口、家庭支出类别等不同，即使对收入相同的个人课征同样数量的税额，也仍然会导致不公平的产生，而以家庭为单位申报纳税则会在很大程度上避免类似问题，因此有学者认为我国个人所得税改革中课税单位应当选择家庭（俞杰，2015）。但是，虽然以家庭为单位申报纳税较为公平，但目前在我国的实施条件尚不成熟（刘鹏，2016），在现阶段税务机关涉税信息获取能力存在欠缺的情况下，这种方式会大大提高税收征管的难度，不利于效率的提高。课税单位为个人所导致的不公平的缺陷，可以通过在费用扣除额中加入某些与家庭相关的项目来进行一定程度的矫正。

9.2.2.3 拓宽税基

随着社会经济发展，我国的个人所得种类日益繁多，因此税法的改革应当适应这种状况，努力将个人的所有所得均纳入课税范围。笔者认为，仍然可以采取列举方式列示个人所得税的应税所得类别，但是，应当根据当前现实扩充所得种类，同时，对每一种类所涵盖的所得进行细致的阐释，以便于有章可循，提高可操作性。例如，虽然根据我国现行个人所得税法的精神，非货币性所得也属于应税所得，但现实中，具有相当隐蔽性的附加福利往往游离在课税范围之外，这与税法的规定不够细致密切相关，因此，应当明确规定附加福利的种类、所得额的确定办法、计税时间等，以使其能够较为容易地纳入课税范围。税基的拓宽对于公平和效率都有一定的增强效应。

9.2.2.4 设定科学的费用扣除额

2019 年税制改革将专项附加扣除引入了个人所得税，改革了以往一刀切的费用扣除模式，这是我国个人所得税改革史上一个非常重要的举措。但是，鉴于各项条件限制，目前的专项附加扣除还存在不够成熟之处。首先，专项附加扣除的扣除标准较为粗放。目前的专项附加扣除均为定额扣除，与个人收入无关，同时，有的专项附加扣除，如赡养老人费用，未考虑老人本身的收入，这在一定程度上又形成了另一种一刀切。其次，专项附加扣除的涉及面仍然较窄。此外，专项附加扣除的减税收益，只有收入达到一定水平的纳税人才能够足额享受，而收入较低者无法享受。当然，我国刚刚开始尝试费用扣除额改革，目前的这种状况是可以理解的。

待条件成熟后，我国的专项附加扣除可以实施如下优化：首先，使专项附加扣除的扣除标准更加细化和科学。在此可以借鉴美国个人所得税的一些做法。如，美国曾经实行的个人税收扣除（personal exemption）就规定，纳税人及其每一个被抚养人均能够享受一定数额的税收扣除，但是，当个人调整后所得（AGI）超过一定数额后，个人税收扣除额会随所得的增加而逐步减少。随着我国税收征管大数据应用的进一步完善，也可以借鉴这种方式，将专项附加扣除与个人收入水平相结合，以更好体现量能负担原则。同时，赡养老人费用的扣除除应当与子女的收入水平相关外，也应当考虑老人自身的收入，扣除额应当随老人收入的提高而逐步降低，对于自身收入高于一定水平，正常情况下无须子女赡养的老人，不应再由子女扣除赡养费用。其次，建立退税制度。对于具有明显降低纳税人负担取向的专项附加扣除，如果纳税人没有足够的所得，可以就其无法享受的税额减少部分实施退税。这样就可以避免低收入者无法获益的现象。最后，可以适当扩大专项附加扣除的范围。如针对残疾人提供一定的专项附加扣除。

此外，应建立费用扣除额的物价调整机制。在较正常的经济环境中，物价一般都保持温和上涨，若出现通货膨胀，物价的涨幅就会更快。因此，如果不设立个人所得税费用扣除额随物价调整的机制，实际的费用扣除额就会逐年降低，实际个人所得税负则会逐年提高。

9.2.2.5　适当降低最高边际税率，缩减税率级次

由于发展中国家个人所得税的最高边际税率多数均未超过35%，出于国际竞争力方面的考虑，对于综合所得的最高边际税率，我国也可以从45%降低到35%，同时，基于效率原则，适当缩减税率的累进级次，可以从当前的7级缩减至5级。需要注意的是，在税率级次缩减时，一方面不同相邻级次税率之间的差距不要差别太大，否则会导致在不同的所得区间纳税人税负的爬升不均；另一方面要合理设定不同税率水平的所得级次，可适当加大不同税率级次之间的所得区间，尤其是提高最高边际税率所适用的所得水平，以使税负分布更加合理，也不对高层次人才来华工作造成障碍（杨斌，2016）。

此外，对于适用不同级次的所得水平，也应当设定随物价指数调整的机制，基于效率方面的考虑，可以每三年调整一次。

对于经营性所得，其现行最高税率为35%，考虑到对中小经营者的鼓励，可以将其最高边际税率降低到30%。其他所得的税率可以保持现有水平。

9.2.2.6　适当细化税收优惠政策

首先，应当明确个人所得税税收优惠的目的。同其他税种的税收优惠

类似，个人所得税的税收优惠也有两个基本目的：对某些特定对象进行鼓励或照顾。我国应当根据公平、效率、国际竞争力等各原则的定位，确定个人所得税税收优惠的鼓励和照顾取向，并据此对税收优惠政策进行适当调整。

我国当前的个人所得税税收优惠政策分别存在于个人所得税法及其实施条例、财政部和国家税务总局的各项规定之中，这些优惠措施在方向性、系统性、全面性等方面存在一定问题，在个人所得税的改革过程中，应当对这些优惠措施进行细致审视。

美国的个人所得税优惠主要集中于雇主提供的医疗保险免税、资本利得低税率、退休储蓄扣除、自住房抵押贷款利息扣除等（El - Sibaie，2017），这体现了现代国家个人所得税的重点鼓励和照顾方向。虽然我国与美国情况有所不同，但美国的税收优惠值得我国适当借鉴。

个人所得税的整体税收优惠设计较为复杂，笔者在此仅论述几个重点：

第一，我国仍应当鼓励投资，因而应当对符合条件的资本利得实施税收优惠。但当前针对个人转让上市公司股票的利得实行免税的规定存在优惠范围、优惠力度等方面的失当，应当予以调整，转变为对所有长期投资的利得实行低税率，而对短期投资利得则不应当鼓励。第二，在企业年金优惠方面，可以适当对小企业倾斜，以提高小企业参与企业年金的偏好。第三，应当通过个人所得税税收优惠将个人福利与工作关联起来。工作收入税收抵免（earning income tax credit，EITC）是美国个人所得税的一项重要优惠，其设立的初衷是希望将无条件给予不工作人群的福利转变为与工作相关联的福利。原因是无条件福利虽然能够通过转移支付提高低收入者的福利，有利于缩小收入差距，但却在很大程度上降低了福利获得者的工作偏好，有损效率。而 EICT 则通过对有工作的低收入者的税收优惠使个人福利与工作相关联，同时保证了公平和效率。随着我国的经济发展和社会进步，各项福利制度也处于日臻完善之中，福利支出的数额日益提高，因此，我国应当未雨绸缪，尽量避免陷入所谓“福利国家的困境”，而在个人所得税改革中引入这项优惠措施，对于工作所得低于一定限额的纳税人实施税收抵免将是一个有效举措，将同时有利于促进公平和效率。由于这项税收抵免针对的是较低收入者，为了使受惠人群能够充分享受优惠，可以对税收抵免设定一定限额内的退税。

9.2.3　中国个人所得税改革的配套措施

除了对个人所得税制度实施改革外，我国还须注重税制之外的配套措施。

9.2.3.1　强化税收征管

提高我国个人所得税的再分配能力，应当从两方面入手：加强税收征管和改革个人所得税税制，但是，由于通过税制改革来强化再分配效应会受到较为严重的客观因素限制，所以，加强税收征管是短期内优化我国个人所得税再分配效应的更为有效和可行的途径。

当前，加强我国个人所得税的征管，提高个人所得税征收率势在必行，原因是，首先，与税制的重大改革相比，加强征管的难度更小，也更加可行；其次，个人所得税税制的逐步优化将对税收征管提出更高的要求，有限的税收征管水平是税制改革的瓶颈，因此，优化税收征管也是税制改革的必要前提。近年来，我国在个人所得税税收征管方面也采取了多种措施，如建立了高收入纳税人自行申报制度、推广了个人所得税管理系统、出台了《个人所得税管理办法》《个人所得税自行纳税申报办法（试行）》《个人所得税全员全额扣缴申报管理暂行办法》《国家税务总局关于切实加强高收入者个人所得税征管的通知》等法规，但进一步改革的空间仍然较大。

今后，我国主要应当采取如下措施强化个人所得税的征收管理：

第一，优化涉税信息的采集。应当在全国范围内建立不同地区税务机关之间，税务机关与银行、工商、公安、民政等机构之间的涉税信息共享机制，并借助《税收征管法》的修订和《行政程序法》的出台，确立税收行政协助的概念，建立完整的税收行政协助机制，以从法律上强化涉税信息的采集和共享。

第二，加强对高收入人群的监控。在对扣缴义务人加强管理的基础上，对于年应纳税所得额高于一定数额的高收入纳税人逐步建立个人所得税纳税人档案，以身份证号码为标识，归集其个人的各种涉税信息。这一点对于强化无法实施源泉扣缴的经营净收入的征管具有直接意义。

第三，建立税收信用体系。对于逃税者的逃税行为，在税收信用体系中予以记录，并通过相关途径（如与相关部门联网、网络公示等）使有关机构和个人能够方便获得，从而使违法者在贷款、就业甚至乘坐交通工具等方面受到限制。

税收征管的优化，一方面将遏制税收流失，缩小个人所得税实际再分配效应与名义再分配效应之间的差距，提高个人所得税的实际再分配能力，另一方面也会弱化人为的差别税率，降低实际效率损失，从而有利于效率的提高。

9.2.3.2 减少纳税人的主观抵触[①]

为了提高民众对强化个人所得税的税制结构优化改革的接受程度，笔者认为可以采取多重措施来弱化基于心理因素而引发的民众对税制结构优化改革的抵触，推进改革的顺利实施。

第一，改变话语方式，设置收益前景。应当努力扭转税制结构优化在民众心目中的损失前景，而将其描述成一种收益前景。应当广泛宣传在我国当前失当的税制结构下，由于间接税比重过高，已经形成低收入者税负更重的累退性状态；由于我国个人所得税失当，个人非营业用房的房地产税缺失，高收入者并未承担应有的税收，这些状况一方面弱化了税收政策的“削富”效应，另一方面也减少了具有“济贫”效应的转移支付政策的资金来源。而税制结构优化及其相关的税制改革将改变上述状况，在收入再分配领域拨乱反正，提高整个社会的福利水平。这就会在一定程度上将民众的参照点设定在了不良的税收调控现状上，而税制结构优化改革对这种不良现状的改变就呈现出收益前景，从而改变民众的主观印象，使其感知改革的收益获得，进而提高对改革的价值评价，更易于接受改革，且不发生风险偏好逆转，保持税收遵从意愿。

第二，澄清不实传闻，矫正参照价格。应当纠正目前广泛流传的一些带有偏差的传闻，将各国税制的真实状况告知民众，并进行必要的中外对比，使民众能够了解真实和全面的国外涉税信息，确定更加适当的税收参照价格，从而避免引发过度的交易效用损失。实际上，如前所述，发达国家都开征税负较重的直接税，就个人所得税而言，一方面，发达国家的税率均较高，2017 年丹麦、日本、葡萄牙、瑞典等国的最高法定税率甚至超过了 55%[②]；另一方面，这些发达国家个人所得税的覆盖范围更加广泛，

---

① 本部分主要内容发表于：李文．税制结构优化的民众接受程度分析［J］．税务研究，2016，1：38 –44.

② 资料来源：OECD. OECD Statistics［DB/OL］. https：//stats. oecd. org/.

适用最高边际税率的所得级次较低，远低于我国。若民众了解了这些真实信息，就会将税收参照价格设定在较高的水平，对我国税制结构改革的接受程度就会提高。

第三，使民众真正了解改革，消除潜意识反感。必须将拟改革的税制以简单明了的方式让民众了解，应编制简单易懂的税制宣传材料，通过大众经常接触的传播渠道，如电视、报纸、微信、微博等对税制实施讲解，讲清课税范围、不同级次税率的适用对象、各种扣除、优惠等，使纳税人对自己可能会承担的税负有真正的了解和理智的评价，消除其对税制的潜意识的反感。

第四，做好改革前的铺垫，逐步改变参照点。在税制改革前，通过适当的方式，如提前通过媒体透露信息、进行小范围试点等，将税制要改革，直接税要提高的信息传递给社会，使民众逐渐习惯这个举措，从而将参照点从个人不缴纳或仅是少量缴纳直接税这一状态转移到个人应当缴纳更多的直接税上去，进而使得改革后民众所感知的价值损失较小，更容易接受改革。我国沪渝房产税改革虽然看似收入较少，并未达到预期效果，但笔者认为其最大的贡献就是在潜移默化中改变了中国民众根深蒂固的“个人非营业用房不缴房产税”的参照点，从而会减少将来开征房地产税时民众所感受到的主观价值损失。同时，随着直接课征于自然人的税收逐步被民众熟悉和接受，税收心理账户也会在民众中逐步普及。

第五，选择适当的改革节奏。首先，考虑到现状依赖，改革应尽量采取循序渐进的方式，不能急于在短期内大幅提高直接税比重。如个人所得税不宜通过改革大幅提高税收负担。这样的改革民众更容易接受，而待民众习惯（即已经将参照点设定在了新的状态下）之后，再逐步实施进一步的改革。其次，基于价值函数 v(x) 的形状，当有若干项加税措施时，应当尽量一并公布，因为分开公布会使民众所感知的主观损失增大；而当有若干项减税等利好措施时，则应当尽量分开一项一项地公布，这样会使民众所感知的主观收益提高。

参考文献

[1] 财政部拟定国务院批转．关于国营企业利改税试行办法［Z］．1983－04－24.

[2] 陈工，陈伟明．当前我国个人所得税改革的若干问题探讨［J］．税务与经济，2011（6）：96－99.

[3] 陈建东，夏太彪，李江．工资薪金所得个人所得税率及级距设定探究［J］．税务研究，2016（2）：38－43.

[4] 程莹，吴建．现阶段我国个人所得税三大功能定位研究——基于2000~2010年省级面板数据的实证分析［J］．财经论丛，2012（5）：34－40.

[5] 崔霞．新一轮个税改革的现实约束与理性选择［J］．经济问题，2016（6）：50－53.

[6] 杜莉．实行单一个人所得税制不利于调节收入分配吗？——基于2012年城镇住户调查数据的模拟分析［J］．财贸经济，2015（8）：12－24.

[7] 樊丽明，李昕凝．世界各国税制结构变化趋向及思考［J］．税务研究，2015（1）：39－47.

[8] 甘犁，尹志超，谭继军．中国家庭金融调查报告2014［M］．成都：西南财经大学出版社，2015.

[9] 甘犁，李运．中国农村家庭金融发展报告2014［M］．成都：西南财经大学出版社，2014.

[10] 格恩尔曼，斯坦利·L，罗伯特·E. 高尔曼．蔡挺，张林，李雅菁译．剑桥美国经济史［M］．北京：中国人民大学出版社，2008：741.

[11] 葛玉御．中国个人所得税的收入分配效应：新视角的评估［D］．济南：山东大学，2015.

[12] 古建芹，张丽微．税率调整：强化我国个人所得收入分配调节效应的选择．涉外税务，2011（2）：14－18.

[13] 观察者．皮尤研究中心：美国中产阶级比例已跌破50%．2015－12－10. http：//www. guancha. cn/america/2015_12_10_344252. shtml.

[14] 国家统计局. 马建堂就2012年国民经济运行问题答记者问 [EB/OL]. 2013-01-18. http://www.stats.gov.cn/tjgz/tjdt/201301/t20130118_17719.html.

[15] 国家统计局城市社会经济调查司. 主要统计指标解释 [A]. 中国城市(镇)生活与价格年鉴(2012). 北京: 中国统计出版社, 2012: 491-492.

[16] 郭健. 发达国家税制结构变迁路径、成因及启示 [J]. 宏观经济研究, 2015 (6): 152-158.

[17] 郭庆旺, 陈志刚, 温新新, 吕冰洋. 中国政府转移性支出的收入再分配效应 [J]. 世界经济, 2016 (8): 50-68.

[18] 国务院. 国营企业第二步利改税试行办法 [Z]. 1984-09-18.

[19] 国务院研究室课题组. 关于城镇居民个人收入差距的分析和建议 [J]. 经济研究, 1997 (8): 3-10.

[20] 何辉, 李玲, 张清. 个人所得税的收入再分配效应研究 [J]. 财经论丛, 2014 (2): 36-43.

[21] 金人庆. 关于《中华人民共和国个人所得税法修正案(草案)》的说明 [EB/OL]. 2005-8-23. 全国人民代表大会常务委员会公报2005.7. http://www.npc.gov.cn/wxzl/gongbao/2005-10/27/content_5343112.htm.

[22] 经庭如, 曹结兵. 提高直接税比重视角下的个人所得税改革定位及路径 [J]. 税务研究, 2016 (11): 36-39.

[23] 雷根强, 郭玥. 差别费用扣除与个人所得税制改革——基于微观数据的评估 [J]. 财政研究, 2016 (6): 28-41.

[24] 李林木, 赵永辉. 公共品供给效率对高收入者纳税遵从决策的影响 [J]. 财政研究, 2011 (10): 32-36.

[25] 李实, 罗楚亮. 中国收入差距究竟有多大? ——对修正样本结构偏差的尝试 [J]. 经济研究, 2011 (4): 68-79.

[26] 李文. 公平还是效率: 2019年个人所得税改革效应分析 [J]. 财贸研究, 2019 (4): 41-55.

[27] 李文. 税收认知影响个人所得税的劳动供给效应吗? ——基于似不相关双变量Probit模型的分析 [J]. 财贸研究, 2018 (9): 66-75.

[28] 李文. 主观公平感对再分配税制改革被接受程度的影响——一个行为经济学视角 [J]. 财贸研究, 2017 (7): 77-87.

[29] 李文. 税制结构与我国企业税收负担 [J]. 东北师大学报（哲学社会科学版），2017 (5): 16-24.

[30] 李文. 税制结构优化的限制——实施约束视角的分析 [J]. 税务研究，2017 (8): 27-33.

[31] 李文. 我国个人所得税的再分配效应与税率设置取向 [J]. 税务研究，2017 (2): 45-51.

[32] 李文. 税制结构优化的民众接受程度分析 [J]. 税务研究，2016 (1): 38-44.

[33] 李文. 我国的税制结构与收入再分配 [J]. 税务研究，2015 (7): 38-42.

[34] 李文. 我国房地产税收入数量测算及其充当地方税主体税种的可行性分析 [J]. 财贸经济，2014 (9): 14-25.

[35] 李文. 发展中国家的税制累进性与再分配 [J]. 财贸经济，2013 (5): 16-27.

[36] 李一花，董旸，罗强. 个人所得税收入能力与税收流失的实证研究——以山东省为例 [J]. 经济评论，2010 (2): 94-99.

[37] 刘华，黄熠琳，尹开国. 我国个人纳税遵从决策中的框架效应研究 [J]. 税务研究，2011 (1): 89-92.

[38] 刘鹏. 家庭课税：我国个人所得税改革的应然之举？[J]. 经济体制改革，2016 (4): 191-195.

[39] 刘杨，冉美丽，王忠丽. 个人所得税、居民收入分配与公平——基于中美个人所得税实证比较 [J]. 经济学动态，2014 (1): 9-17.

[40] 刘怡，聂海峰. 中国工薪所得税有效税率研究 [J]. 中国社会科学，2005 (6): 58-66.

[41] 刘佐. 中国税制五十年 [M]. 北京：中国税务出版社，1999.

[42] 马海涛，任强. 个人所得税改革对各收入群组税负的影响 [J]. 税务研究，2016 (4): 8-13.

[43] 马珺. 美国式的住房抵押贷款利息税前扣除制度不可行 [J]. 国际税收，2016 (10): 62-68.

[44] 彭海燕. 我国个人所得税再分配效应及累进性的实证分析. 财贸经济，2011 (3): 11-17.

[45] 饶海琴，冯仲华. 个人所得税调控居民收入分配差距的分层次功能——基于上海市城镇居民收入 1990~2006 年数据 [J]. 上海经济研

究，2010（4）：115－124.

［46］沈向民，吴健．我国当前个人所得税的劳动供给效应分析［J］. 税务研究，2016（2）：53－57.

［47］史耀疆，崔渝．公平观及其对社会公平评价和生活满意度影响分析［J］. 管理世界，2016（10）：39－49.

［48］施正文．论我国个人所得税法改革的功能定位与模式选择［J］. 政法论丛，2012（4）：53－58.

［49］斯蒂格利茨著．周建军，张晔译．不平等与经济增长［J］. 经济社会体制比较，2017（1）：46－70.

［50］搜狐财经．欧洲万名富翁近期加入俄罗斯国籍，为避高额个税［EB/OL］. 2013－01－14. http：//news. sohu. com/20130114/n363315399. shtml.

［51］孙健．中华人民共和国经济史（1949－90年代初）［M］. 北京：中国人民大学出版社，1992.

［52］田卫民．中国基尼系数计算及其变动趋势分析［J］. 人文杂志，2012（2）：56－61.

［53］万广华．不平等的度量与分解［J］. 经济学（季刊），2008，8（1）：347－368.

［54］万莹．个人所得税对收入分配的影响：由税收累进性和平均税率观察［J］. 改革，2011（3）：53－59.

［55］王韬，许评．框架效应影响税收遵从的实验研究［J］. 税务研究，2007（12）：76－79.

［56］王小鲁．我国国民收入分配现状、问题及对策［J］. 国家行政学院学报，2010（3）：23－37.

［57］辛浩，王韬．我国地下经济税收流失规模的测算——基于一个改良的现金比率法［J］. 管理现代化，2008（4）：50－52.

［58］新浪财经．税务总局：工薪收入者并非都属低收入阶层［EB/OL］. 2006－05－19. http：//finance. sina. com. cn/money/lcjyzsw/20060519/08302580733. shtml.

［59］徐建炜，马光荣，李实．个人所得税改善中国收入分配了吗［J］. 中国社会科学，2013（6）：53－71.

［60］徐静，岳希明．税收不公正如何影响收入分配效应［J］. 经济学动态，2014（6）：60－68.

[61] 闫坤，程瑜．我国个人所得税改革研究 [J]．税务研究，2016 (11)：40 – 44.

[62] 杨斌．综合分类个人所得税税率制度设计 [J]．税务研究，2016 (2)：30 – 37.

[63] 叶菁菁，吴燕，陈方豪，王宇晴．个人所得税减免会增加劳动供给吗 [J]．管理世界，2017 (12)：20 – 32.

[64] 尹音频，杨晓姝．劳动供给对个人所得税改革敏感吗——基于微观模拟的动态分析 [J]．财经科学，2013 (10)：99 – 107.

[65] 俞杰．个人所得税课税单位的选择与评析 [J]．税务研究，2015 (2)：95 – 99.

[66] 余显财．所得税劳动供给效应的实证研究 [J]．管理世界，2006 (1)：28 – 40.

[67] 余显财．个人所得税税制模式：公平与效率的权衡 [J]．中南财经政法大学学报，2011 (2)：3 – 9.

[68] 岳希明，徐静．我国个人所得税的居民收入分配效应 [J]．经济学动态，2012 (6)：16 – 25.

[69] 岳希明，徐静，刘谦，丁胜，董丽娟．2011 年个人所得税改革的收入再分配效应 [J]．经济研究，2012 (9)：113 – 124.

[70] 詹新宇，杨灿明．个人所得税的居民收入再分配效应探讨 [J]．税务研究，2015 (7)：54 – 59.

[71] 张世伟，周闯，万相昱．个人所得税制度改革的劳动供给效应 [J]．吉林大学社会科学学报，2008 (4)：98 – 106.

[72] 中国统计出版社，国家统计局住户调查办公室．中国住户调查主要数据—2019 [DB/OL]. http：//58. 194. 172. 13/rwt/CNKI_CYFD/http/MWZHKZSPMNYGX4JPN3TYE/kns/brief/result. aspx？ dbPrefix = CYFD.

[73] 中国新闻网．财政部：个税法修改后约 6000 万人不再缴纳个税 [EB/OL]. 2011 – 06 – 30. http：//www. chinanews. com/gn/2011/06 – 30/3148836. shtml.

[74] Adams，J. Stacy. Towards an Understanding of Inequity [J]. The Journal of Abnormal and Social Psychology，1963，67 (5)：422 – 436.

[75] Alm，James，Gary H. McClelland and William D. Schulze. 1992. Why Do People Pay Taxes? [J]. Journal of Public Economics，48 (1)：21 – 38.

[76] Alm, James and Benno Torgler. Do Ethics Matter? Tax Compliance and Morality [J]. Journal of Business Ethics, 2011, 101 (4): 635 -651.

[77] Amadeo, Kimberly. Trump's Tax Plan and How It Would Affect You [EB/OL]. The Balance, 2017 - 12 - 12. https: //www. thebalance. com/trump - s - tax - plan - how - it - affects - you -4113968.

[78] Ballard, Charles L. and Sanjay Gupta. Perceptions and Realities of Average Tax Rates in the Federal Income Tax: Evidence from Michigan [EB/OL]. 2016. http: //econ. msu. edu/faculty/ballard/docs/Perceptions%20and%20Realities%20of%20Average%20Tax%20Rates%20in%20the%20Federal%20Income%20Tax. pdf

[79] Blaufus, Kay, Jonathan Bob, Jochen Hundsdoerfer, Christian Sielaff, Dirk Kiesewetter and Joachim Weimann. Perception of Income Tax Rates: Evidence from Germany [J]. European Journal of Law and Economics, 2015, 40 (3): 457 -478.

[80] Bird, Richard M., Eric Zolt M. The Limited Role of the Personal Income Tax in Developing Countries. Journal of Asian Economics, 2005, 6: 928 -946.

[81] Bobek, Domma D. and Richard C. Hatfield. An Investigation of the Theory of Planned Behavior and the Role of Moral Obligation in Tax Compliance [J]. Behavioral Research in Accounting, 2003, 15 (1): 13 -38.

[82] Bordignon, Massiomo. A Fairness Approach to Income Tax Evasion [J]. Journal of Public Economics, 1993, 52 (3): 345 -362.

[83] Camerer, Colin, Richard H. Thaler. Anomalies: Ultimatums, Dictators and Manners [J]. The Journal of Economic Perspectives, 1995, 9 (2): 209 -219.

[84] Christiansen, Vidar. Norwegian Income Tax Reforms [EB/OL]. http: //www. cesifo - group. de/DocDL/dicereport304 - forum2. pdf.

[85] Davis, James A. A Formal Interpretation of the Theory of Relative Deprivation [J]. Sociometry, 1959, 22 (4): 280 -296.

[86] Dhami, Sanjit and Ali al - Nowaihi. Why Do People Pay Taxes? Prospect Theory versus Expected Utility Theory [J]. Journal of Economic Behavior & Organization, 2007, 64 (1): 171 -192.

[87] ECB. Flat Taxes in Central and Eastern Europe [EB/OL]. Monthly

Bulletin, 2007 - 09. https://www.ecb.europa.eu/pub/pdf/other/mb200709_focus10.en.pdf.

[88] Eissa, Nada. Tax Reforms and Labor Supply [J]. Tax Policy and the Economy, 1996, 10: 119 - 151.

[89] El - Sibaie, Amir. Corporate and Individual Tax Expenditures [EB/OL]. Tax Foundation Fiscal Fact, No. 556, 2017 - 08.

[90] Enrick, N. Lloyd. A Pilot Study of Income Tax Consciousness [J]. National Tax Journal, 1963, 16 (2): 169 - 173.

[91] Enrick, N. Lloyd. A Further Study of Income Tax Consciousness [J]. National Tax Journal, 1964, 17 (3): 319 - 321.

[92] European Union. Taxation Trends in the European Union [A]. Eurostat Statistical Books, 2014.

[93] Fehr, Ernst, Georg Kirchsteiger and Arno Riedl. Does Fairness Prevent Market Clearing? An Experimental Investigation [J]. The Quarterly Journal of Economics, 1993, 108 (2): 437 - 459.

[94] Fehr, Ernst and Klaus M. Schmidt. A Theory of Fairness, Competition, and Cooperation [J]. The Quarterly Journal of Economics, 1999, 114 (3): 817 - 868.

[95] Fehr, Ernst and Urs Fischbacher. Why Social Preferences Matter—The Impact of Non - Selfish Motives on Competition, Cooperation and Incentives [J]. The Economic Journal, 2002, 112 (478): 1 - 33.

[96] Fischbacher, U. and S Gächter. Social Preferences, Beliefs and the Dynamics of Free Riding in public Goods Experiments [J]. The American Economic Review, 2010, 100 (1): 541 - 556.

[97] Forsythe, Robert, Joel L. Horowita, N. E. Savin and Martin Sefton. Fairness in Simple Bargaining Experiments [J]. Games and Economic Behavior, 1994, 6 (3): 347 - 369.

[98] Gideon, Michael. Do Individuals Perceive Income Tax Rates Correctly? [J]. Public Finance Review, 2017, 45 (1): 97 - 117.

[99] Gordon, Roger and Wei Li. Tax Structures in Developing Countries: Many Puzzles and a Possible Explanation [J]. Journal of Public Economics, 2009, 93: 855 - 866.

[100] Gorodnichenko, Yuriy, Jorge Martinez - Vazquez and Klara Sabiri-

anova Peter. Myth and Reality of Flat Tax Reform: Micro Estimates of Tax Evasion Response and Welfare Effects in Russia [EB/OL]. IZA Working Paper No. 3267, 2007 - 12. http://ftp. iza. org/dp3267. pdf.

[101] Greenberg, Scott. Summary of the Latest Federal Income Tax Data, 2016 Update [EB/OL]. Tax Foundation Fiscal Fact, No. 540, 2017 - 02. https://taxfoundation. org/summary - latest - federal - income - tax - data - 2016 - update/.

[102] Güth, Werner, Rolf Schmittberger and Bernd Schwarze. An Experimental Analysis of Ultimatum Bargaining [J]. Journal of Economic Beavior & Organization, 1982, 3 (4): 367 - 388.

[103] Hall, R. E. & A. Rabushka. A Proposal to Simplify Our Tax System [J]. Wall Street Journal, 1981, 12.

[104] Hayes, Kathy J., Peter J. Lambert & Daniel J. Slottje. Evaluating Effective Income Tax Progression [J]. Journal of Public Economics, 1995, 56: 467 - 474.

[105] Hodge, Scott A. Headlines Reporting U. S. as a "Low - Tax" Nation Overlook Our Overreliance on Economically Harmful Income Taxes [EB/OL]. 2017 - 11 - 27. https://taxfoundation. org/headlines - reporting - u - s - low - tax - nation - overlook - overreliance - economically - harmful - income - taxes/.

[106] Hodge, Scott A. The Compliance Costs of IRS Regulations [EB/OL]. Tax Foundation Fiscal Fact, No. 512, 2016 - 06. https://files. taxfoundation. org/legacy/docs/TaxFoundation_FF512. pdf.

[107] Hofmann, Eva, Erik Hoelzl and Erich Kirchler. Preconditions of Voluntary Tax Compliance [J]. Journal of Psychology, 2015, 216 (4): 209 - 217.

[108] House of Representatives. Tax Cuts and Jobs Act [EB/OL]. Report 115. 2017 - 12 - 18. http://docs. house. gov/billsthisweek/20171218/CRPT - 115HRPT - 466. pdf.

[109] IMF. Tax Administration in Developing Countries: Strategies and Tools of Implementation [EB/OL]. IMF Policy, Planning and Research Working Paper, 1989, WPS 43.

[110] Ivanova, Anna, Michael Keen and Aloxander Klemm. The Russian

'Flat Tax' Reform [J]. Economic Policy, 2005, 20 (43): 398 -444.

[111] Kahneman, Daniel & Amos Tversky. Prospect Theory: An Analysis of Decision under Risk. Econometric Society, 1979, 47 (2): 263 -292.

[112] Kahneman, Daniel & Amos Tversky. Choices, Values and Frames [J]. American Psychologist, 1984, 39: 341 -350.

[113] Kahneman, Daniel, Jack L. Knetsch and Richard H. Thaler. Fairness as Constraint on Profit Seeking: Entitlements in the Market [J]. The American Economics Review, 1986, 76 (4): 728 -741.

[114] Kahneman, Daniel, Jack L. Knetsch & Richard H. Thaler. Anomalies: The Endowment Effect, Loss Aversion, and Status Quo Bias [J]. Journal of Economic Perspectives, 1991, 5 (1): 193 -206.

[115] Kakwani, N. C. Measurement of Tax Progressivity: An International Comparison. Economic Journal, 1977, 87: 71 -80.

[116] Kakwani, N. C. On the Measurement of Tax Progressivity and Redistributive Effect of Taxes with Applications to Horizontal and Vertical Equity. Advances in Econometrics, 1984, 3: 149 -168.

[117] Kayaga, Lisa. Tax Policy Challenges Facing Developing Countries: A Case Study of Uganda [EB/OL]. 2007. http://www.collectionscanada.gc.ca/obj/s4/f2/dsk3/OKQ/TC-OKQ-850.pdf.

[118] Keane, Michael P. Labor Supply and Taxes: A Survey [J]. 2011, 49 (4): 961 -1075.

[119] Kim, Chung Kweon. Does Fairness Matter in Tax Reporting Behavior? [J]. Journal of Economic Psychology, 2002, 23 (6): 771 -785.

[120] King, Mervyn A. An Index of Inequality: With Applications to Horizontal Equity and Social Mobility [J]. Econometrica, 1983, 51 (1): 99 -115.

[121] Kreidl, Martin. Perceptions of Poverty and Wealth in Western and Post - Communist Countries [J]. Social Justice Research, 2000, 13 (2): 151 -176.

[122] KPMG. Thinking Beyond Borders: Management of Extended Business Travelers (2017) [EB/OL]. https://home.kpmg.com/xx/en/home/insights/2012/11/thinking-beyond-borders.html.

[123] MaCurdy, Thomas, David Green and Harry Paarsch. Assessing

Empirical Approaches for Analyzing Taxes and Labor Supply [J]. The Journal of Human Resources, 1990, 25 (3): 415 -490.

[124] Manski, Charles. Identification of Income - leisure Preferences and Evaluation of Income Tax Policy [EB/OL]. Cemmp, UCL Working Paper CWP07/12, 2012, http://www.cemmap.ac.uk/wps/cwp071212.pdf.

[125] Musgrave, R., T. Thin. Income Tax Progression, 1929 - 48. Journal of Political Economy, 1948, 56 (6): 498 -514.

[126] Nayak, Pulin B., Satya Paul. Personal Income Tax in India: Alternative Structures and Their Redistributive Effects [J]. Economic and Political Weekly, 1989, 24 (50): 2779 -2783.

[127] Nielsen, N. C. Saving, Welfare, and the National Economy [M]. Copenhagen: Arnold Busck, 1980.

[128] OECD. Tax Effects on Foreign Direct Investment [EB/OL]. 2008. http://www.oecd.org/dataoecd/62/61/40152903.pdf.

[129] Ordeshook, Peter C. Property Tax Consciousness [J]. Public Choice, 1979, 34 (3/4): 285 -295.

[130] Owens, Jeffrey. Fundamental Tax Reform: The Experience of OECD Countries [EB/OL]. 2005. http://www.taxfoundation.org/files/fc748ce251c36b57b78dad5654d2898b.pdf.

[131] Patton, Mike: A Brief History of the Individual and Corporate Income Tax [EB/OL]. Forbes, 2015 -10 -31. https://www.forbes.com/sites/mikepatton/2015/10/31/a - brief - history - of - the - individual - and - corporate - income - tax/#316a14fb66b5.

[132] Pomerleau, Kyle. 2017 Tax Brackets [EB/OL]. Tax Foundation Fiscal Fact, No. 534, 2016 - 11. https://files.taxfoundation.org/20170123140911/TaxFoundation - FF534.pdf.

[133] Prelec, Drazen & George Loewenstein. The Red and the Black: Mental Accounting of Saving and Debt [J]. Marketing Science, 1998, 17 (1): 4 -28.

[134] Rabushka, Alvin. The Flat Tax at Work in Russia: Year Three [EB/OL]. Hoover Institution Public Policy Inquiry. 2004. http://www.hoover.org/research/russianecon/essays/5144587.html.

[135] Rabushka, Alvin. Countries or Jurisdictions with a Flat Tax as of

March 2015 [EB/OL]. 2015 - 03 - 20. http: //flattaxes. blogspot. com/2015/03/countries - or - jurisdictions - with - flat_20. html.

[136] Rohaly, Jeffrey, Joseph Rosenberg and Eric Toder. Options to Reduce the Taxation of Pass - through Income [EB/OL]. Urban Institute & Brookings Institution Tax Policy Center, 2017 - 5 - 16. http: //www. taxpolicycenter. org/publications/options - reduce - taxation - pass - through - income/full.

[137] Sabaini, Juan Carlos Gómez and Juan Pablo Jiménez. Tax Structure and Tax Evasion in Latin America [EB/OL]. CEPAL Serie Macroeconomía del Desarrollo Working Paper, 2012, 118. http: //www19. iadb. org/intal/intalcdi/PE/2012/12055. pdf.

[138] Samuelson, William & Richard Zeckhauser. Status Quo Bias in Decision Making [J]. Journal of Risk and Uncertainty, 1988, 1: 7 -59.

[139] Schneider, Friedrich. Shadow Economies Around the World: What Do We Really Know? [J] European Journal of Political Economy, 2005, 21: 598 -642.

[140] Stelcner, Morton and Jon Breslaw. Income Taxes and the Labor Supply of Married Women in Quebec [J]. Southern Economic Journal, 1985, 51 (4): 1053 -1072.

[141] Sørensen, Peter Birch. From the global income tax to the dual income tax: Recent tax reforms in the Nordic countries [J]. International Tax and Public Finance, 1994, 1 (1): 57 -79.

[142] Tax Foundation. U. S. Federal Individual Income Tax Rates History, 1862 -2013 [EB/OL]. 2013 - 10 - 17. https: //taxfoundation. org/us - federal - individual - income - tax - rates - history - 1913 - 2013 - nominal - and - inflation - adjusted - brackets.

[143] Tax Foundation. Options for Reforming America's Tax Code [EB/OL]. 2016. https: //files. taxfoundation. org/20170130145208/TF_Options_for_Reforming_Americas_Tax_Code. pdf.

[144] Tax Foundation. Individual Tax Compliance and Complexity [EB/OL]. 2017. https: //taxfoundation. org/federal - tax/individual - tax - compliance - complexity/.

[145] Tax Foundation. Preliminary Details and Analysis of the Senate's

2017 Tax Cuts and Jobs Act [EB/OL]. Special Report, No. 240, 2017 - 11 - 10. https: //files. taxfoundation. org/20171110174950/Tax_Foundation_SR240 - Sen - TCJA. pdf.

[146] Thaler, Richard. Toward a Positive Theory of Consumer Choice [J]. Journal of Economic Behavior and Organization, 1980, 1: 39 - 60.

[147] Thaler, Richard. Mental Accounting and Consumer Choice [J]. Marketing Science, 1985, 4 (3): 199 - 214.

[148] Thaler, Richard H. The Ultimatum Game [J]. Journal of Economic Perspectives, 1998, 2 (4): 195 - 206.

[149] The White House. Bringing Back Jobs and Growth [EB/OL]. 2017. https: //www. whitehouse. gov/bringing - back - jobs - and - growth.

[150] Trump. Tax Reform That Will Make America Great Again [EB/OL]. 2017. https: //assets. donaldjtrump. com/trump - tax - reform. pdf.

[151] Turbo Tax. A Brief History of Income Taxes [EB/OL]. 2010. https: //turbotax. intuit. com/tax - tools/tax - tips/General - Tax - Tips/A - Brief - History - of - Income - Taxes/INF18754. html.

[152] Tversky, Anos & Daniel Kahneman. The Framing of Decisions and the Psychology of Choice [J]. Science, 1981, 211 (4481): 453 - 458.

[153] Tversky, Amos & Daniel Kahneman. Loss Aversion in Riskless Choice: A Reference - Dependent Model [J]. The Quarterly Journal of Economics, 1991, 106 (4): 1039 - 1061.

[154] Wagstaff, Adam, Eddy van Doorslaer, Hattem van der Burg, Samuel Calonge, Terkel Christiansen, Guido Citoni, Ulf - G. Gerdtham, Michael Gerfin, Lorna Gross, Unto Häkinnen, Jürgen John, Paul Johnson, Jan Klavus, Claire Lachaud, Jørgen Lauridsen, Robert E. Leu, Brian Nolan, Encarna Peran, Carol Propper, Frank Puffer, Lise Rochaix, Marisol Rodríguez, Martin Schellhorn, Gun Sundberg & Olaf Winkelhake. Redistributive Effect, Progressivity and Differential tax treatment: Personal Income Taxes in Twelve OECD Countries [J]. Journal of Public Economics, 1999, 72: 73 - 98.

[155] Wagstaff, J. Van. Income Tax Consciousness under Withholding [J]. Southern Economic Journal, 1965, 32 (1): 73 - 80.

[156] Yaniv, Gideon. Tax Compliance and Advance Tax Payments:

A Prospect Theory Analysis [J]. National Tax Journal, 1999, 52 (4): 753 - 764.

[157] Young, Adam. The Origin of the Income Tax [EB/OL]. Mises Institute, 2004 - 07 - 09. https: //mises. org/library/origin - income - tax.